선한 청지기로 살아가라

Totally Committed to Christ

Originally published in the U.K. under the title: Totally Committed to Christ
Copyright ⓒ Evangelical Press 2004

All rights reserved.

Published by permission of Evangelical Press and Services Limited,
Darlington, England

Korean Edition Copyright ⓒ 2009 by Timothy Publishing House, Inc.,
1164-21 Gaepo-dong, Gangnam-gu Seoul 135-240, Korea

이 책의 한국어판 저작권은 Evangelical Press and Services Limited와 독점 계약한
(주)도서출판 디모데에 있습니다. 신 저작권법에 의하여 한국 내에서 보호를 받는 저작물이므로
무단 전재와 무단 복제를 금합니다.

※ 본문 성경은 한글개역개정을 사용하였습니다.

이 땅을 사는 크리스천의 온전한 헌신

선한 청지기로 살아가라

브라이언 러셀 지음 | 윤종석 옮김

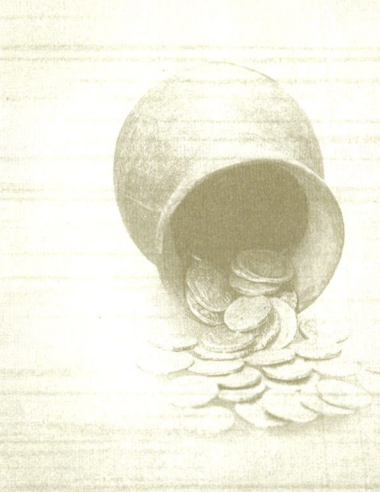

Totally Committed to Christ

나의 세 자녀 르넬(Renelle), 하이든(Haydn),

멜라니(Melanie)에게 이 책을 바친다.

내가 너희들에게 남길 수 있는 영원한 유산은

측량할 수 없는 그리스도의 풍성함뿐이란다.

 **감사의 말**

다음 사람들에게 감사를 표하고 싶다.

- 육체적, 영적 뿌리를 (나처럼) 남아공에 두고 있는 에럴 헐스는 그리스도인의 청지기 직분에 관한 책을 쓰도록 계속 나를 격려해주었다. 이 책을 탄생시킨 것은 그의 비전이었다.
- 복음주의 출판사(Evangelical Press)의 편집진들은 원고를 더 좋게 다듬고자 귀한 제안을 아끼지 않았다.
- 지난 45년간 아주 헌신적으로 내 원고 입력을 도맡아준 아내 뮤리엘(Muriel)이 이번에도 원고를 입력하고 또 입력해주었다. 아내가 없었다면 내 삶은 초라해졌을 것이다.

| 차례 |

Totally Committed to Christ

- 머리말 • 8
- 들어가는 말 • 12

1장. 하나님의 청지기란 무엇인가 — 17
2장. 은혜 아래 있는 청지기 — 39
3장. 몸의 청지기 — 61
4장. 사고의 청지기 — 81
5장. 재능의 청지기 — 105
6장. 시간의 청지기 — 125
7장. 믿음의 청지기 — 151
8장. 돈의 청지기 — 173
9장. 가정의 청지기 — 201
10장. 청지기직의 회계 — 221
11장. 깨어 있는 청지기 — 241
12장. 겸손한 청지기 — 259

- 가이드 시리즈의 활용법 • 277

Totally Committed to Christ

 머리말

　예수님의 부름을 받았을 때 부자 삭개오는 자기 재산의 절반을 가난한 자들에게 내줌으로써 즉각 사랑을 표현했다. 이는 아주 보기 드문 일이다. 여기서 우리는 회심이란 깊은 변화를 뜻하는 것임을 새삼 느끼게 된다. 회심은 어둠에서 빛으로, 사탄의 권세에서 하나님께로 부르는 부름이다. 그것은 영생의 선물이다. 새 회심자는 감사를 표하고 싶은 열의로 가득하다. 그때가 충성된 청지기가 되는 법을 배우기에 가장 좋은 때다. 내가 만일 이 책을 회심 직후에 읽었다면 이 내용이 어떻게 다가왔을까? 그렇다고 이 책이 새신자들만을 위한 것은 아니다. 이 책은 믿음이 어린 사람들은 물론, 가장 경험이 많은 그리스도인들까지 모두에게 도전을 줄 것이다.

　브라이언 러셀과 나는 똑같이 남아프리카 공화국 출신이다. 내 아내와 나는 회심하자마자 지체 없이 제자도를 배웠다. 매주 교회의 기도회에 절대로 빠지지 않는다는 원칙이 처음부터 마음에 새겨져서, 그 습관을 우리는 50년째 이어오고 있다. 이것은 우리가 남들보다 나아 보이려고 하는 말이 아니다. 그보다 그 습관에서 누적된 개인적인 유익들은 인간의 계산을 초월한다. 주일을 송두리째 영적 예배와 섬김에 바친다는 원칙도 마찬가지다. 우리는 아울러 십일조의 중요성, 우리의 믿음을 증거할 필요성, 봉사의 필요성도 배웠다.

이것들은 청지기 직분의 몇 가지 영역에 지나지 않는다. 러셀 목사는 은혜의 원리를 정립하여 문제의 핵심으로 들어간다. 거기서 그는 몸과 사고의 청지기 직분을 설명한다. 텔레비전이 위세를 떨치는 포스트모던 세대에 우리의 사고를 훈련하는 것의 중요성은 아무리 강조해도 지나치지 않다. 이어서 하나님이 개개인에게 주시는 다양한 은사에 감탄하게 되는 흥미진진한 장이 나온다. 모든 은사는 하나님 나라를 위하여 쓰여져야 한다. 시간이라는 아주 귀한 일용품을 살펴보는 부분도 유익이 많고 적용이 실제적이다.

장마다 일일이 다 말하지는 않겠지만 이것만은 짚어두고 싶다. 조직신학 서적들도 아주 귀하지만 이 책처럼 매일의 실제적인 삶을 다루는 책은 없다. 각 장은 질문과 기도로 마무리된다.

찬송가들이 실린 것도 이 책의 특징이다. 브라이언 러셀의 찬송가 사랑이 그의 사역에 중대한 역할을 해왔음을 생각하면 뜻밖의 일은 아니다. 2장에 가서 나는 프랜시스 리들리 해버갈의 찬송가 '나의 생명 드리니'가 전부 인용되어 있는 것을 보았다. 우리 부부가 혼례 예배 때에 골랐던 찬송가다. 우리는 오래된 찬송가와 새로 나온 찬송가를 모두 즐기며 현대어를 사용하는 것을 선호한다. 그러나 방금 말한 것 같은 찬송가들은 현대화를 거부하며, 현대식으로 고친다면 원래의 느낌을 살리기가 어려울 것이다.

나는 이 책이 나오게 된 것을 기뻐하며 모두에게 진심으로 이 책을 추천한다. 그 중에서도 특히 교인들의 유익을 위하여 이 책을 활용하고 싶어질 목사들, 말로는 그리스도인이라고 하지만 교회 생활의 언저리를 맴돌고 있는 사람들에게 도전을 주고자 하는 목사들에게 이 책을 권하고 싶다.

2004년 9월
영국 리즈에서 에럴 헐스[Erroll Hulse,
「청교도들은 누구인가(Who are the Puritans?) 저자]

당신을 구원하는 것은 하나님의 일이고 그분을 섬기는 것은 당신의 일이다.
- 토머스 풀러(Thomas Fuller)

사람을 이기심에서 섬김으로 구원하지 못하는 믿음은 절대로 그를 지옥에서 천국으로 구원하지 못한다.
- 마크 가이 피어스(Mark Guy Pearce)

그리스도인의 섬김은 하나님, 그분으로 인해 고결해졌다.
- 존 블랜차드(John Blanchard)

당신이 하나님께 선심을 써서 그분을 섬기는 것이 아니다. 하나님이 당신에게 그분을 섬길 수 있는 영광을 주시는 것이다.
- 빅터 나이퀴스트(Victor Nyquist)

주님을 만난 열일곱 살 때부터 낮이든 밤이든 병중에든 건강할 때든 잠에서 깨어날 때마다 내게 맨 처음 든 생각은 어떻게 하면 내 주님을 가장 잘 섬길 수 있을까 하는 것이었다.
- 엘리자베스 프라이(Elizabeth Fry)

하나님을 섬기는 삶이 조금이라도 가치가 있다면 전부를 다 바쳐야 한다.
- 찰스 스펄전(Charles Spurgeon)

조건도 없고 후회도 없고 후퇴도 없다.
- 데이빗 리빙스톤(David Livingstone)

당신이 어떻게 행동하든 반드시 하나님의 뜻을 이루게 되어 있으나, 다만 당신이 유다처럼 섬길 것이냐 요한처럼 섬길 것이냐에 따라서 달라질 것이다.
- C. S. 루이스(C. S. Lewis)

 들어가는 말

평소 대화 중에 우리는 개선의 여지(room)만큼 큰 방(room)은 없다는 말을 자주 한다. 현명한 말이고, 우리의 창조주요 구속자이신 하나님을 향한 우리의 헌신과 섬김에 특히 맞는 말이다. 우리의 전 존재와 소유에 대한 절대적인 권리는 그분께 있다. 우리는 다음의 두 가지 이유에서 그분의 것이다. 첫째, 하나님은 우리를 그분의 형상대로 지으셨고 천국의 천사들처럼 완전하게 그분을 섬길 수 있는 모든 능력을 주셨다. 물리적인 몸이 있어서 밤에 쉬어야 한다는 것만 다를 뿐이다. 둘째, 우리가 우리 자신을 "불의의 무기로 죄에게" 팔아서 "죄의 종"이 되었을 때(롬 6:13, 17) 하나님은 그 아들 예수 그리스도의 몸으로 이 땅에 오셔서 자기 목숨을 주심으로 우리를 그 지독한 악의 굴레에서 대속하셨다(막 10:45). 그래서 이제 "죄로부터 해방되고 하나님께 종이 된"(롬 6:22) 우리는 마땅히 절대적인 헌신으로 그분을 섬겨야 한다. 말 그대로 우리는 모든 것을 그분께 빚진 자다.

그러나 안타깝게도 오늘날 풍요롭고 물질주의적인 서구 교회의 대다

수 교인들은 하나님과 그분을 섬기는 삶에 별로 헌신되어 있지 않다. 그 교회들을 정직하게 관찰해본 사람이라면 누구도 이 말에 이의가 없을 것이다. 하나님의 도움으로 그분을 제대로 섬기려고 애쓰는 나머지 교인들도 전혀 자신의 행위에 만족스런 기색은 없다. 누가복음 17장 10절에 "이와 같이 너희도 명령 받은 것을 다 행한 후에 이르기를 우리는 무익한 종이라 우리가 하여야 할 일을 한 것뿐이라 할지니라" 하신 구주와 주님의 말씀을 그들이 진심으로 시인하기 때문이다. 세계 도처의 많은 그리스도인들이 자기 안에 끈질기게 내재하는 죄 때문에 하나님을 합당하게 섬기지 못하여 날마다 씨름하고 있다.

우리가 더 잘하려고 애쓰는 사람이든 아니면 이생의 것들에 집착하여 주저앉아 있는 사람이든, 하나님의 기록된 말씀으로 돌아가서 하나님의 더 충실한 청지기가 되어야 할 이유와 방법에 대해 알아볼 필요가 있다. 헌신된 일꾼들이 턱없이 부족하다보니 현대 서구 교회는 6기통 엔진이 겨우 2기통으로 돌아가는 것처럼 그렇게 비틀거리고 있다. 재적 교인수에 비하면 하나님의 뜻을 행하려는 교회들의 수고는 부끄러울 정도로 미약하다.

나는 내 경험으로밖에 말할 수 없고 그나마 그조차도 아주 제한된 것이다. 그러나 남아프리카 공화국과 짐바브웨와 미국의 여섯 교회에서 41년 동안 목회 사역을 하면서 내가 목도한 것은 대체로 다 똑같다. 영적으로 헌신된 소수의 핵심 멤버들이 주님의 일을 대부분 떠맡고 있으며, 그 수는 재적 교인의 4분의 1에서 3분의 1에 지나지 않는다. 미국, 캐나다, 영국, 유럽, 아프리카, 호주에서 섬기고 있는 동료 목사들도 그런 현실을 확증해준다. 그 모든 나라들의 교단별 통계로도 입증된다.

현재 내가 섬기고 있는 남침례교를 보자. 2001년 연례 보고서를 보면 믿음을 고백하고 침례를 받은 교인은 16,052,902명인데 헌금 총액은 미화 83억 달러다. 그렇다면 교인들이 1년간 교회에 내는 헌금 액수가 1인당 평균 518달러라는 말이다. 그것이 십일조라면 그들의 연평균 수입은 고작 5,180달러이며 이는 빈곤선보다 15,000달러나 밑도는 것이다. 남침례교 교인들이 해외 선교에 드린 헌금은 1인당 12.89달러였고, 국내 선교에 드린 헌금은 5.60달러였다(크리스마스와 부활절 특별 헌금에다 작정 헌금까지 다 합한 것이다). 같은 해에 남침례교의 파송 선교사는 국내 5,154명, 해외 5,100명이었다. 선교사 1명당 교인 1,566명이 후원했다는 말이 된다. 더 놀라운 것은 주일 아침 예배 참석자가 평균 5,730,980명으로 평균 총 재적의 3분의 1이 겨우 넘는다는 사실이다. 이런 통계를 분석할 때 중요하게 기억해야 할 것이 있다. 남침례교가 미국 최대의 개신교 교단이며 세계 최대의 개신교단 선교회를 후원하고 있다는 사실이다. 다른 서구 교단들의 상황이 이보다 더 암담할 것은 뻔하다. 영국과 유럽은 그야말로 최악이다.

다음 풍자는 현실과 그리 멀지 않은 것으로 어느 지역 교회 회보에 실린 것이다.

우리 교회의 재적은 87명이다. 그 중 27명은 군 복무나 대학 입학으로 타지에 나가 있어 주님의 일을 할 사람은 60명뿐이다. 그 60명 중 25명은 노인이거나 아프거나 그 밖의 이유로 일을 할 수 없어 정작 주님의 일을 할 사람은 35명밖에 남지 않는다. 그 중 15명은 이미 자기 몫을 했다는 뜻을 밝혔으므로 주님의 일을 어깨에 질 사람은 20명이 남는다. 그 20명 중 15명은 직장이나 가정이나 취미에 완전히 몰두해 있어 책임을 맡을 사람은 5명뿐이다. 그 중 3명은 자기에게 아무런 은사나 재능도 없다고 생각한다. 그래서 결국 2명이 모든 일을 해야 하는데, 그게 바로 형제인 당신과 나다. 그런데 나는 모든 것을 혼자 하는 것에 넌더리가 난다. 그러니 당신이 좀 일어나서 힘을 써주라(저자 미상).

이렇듯 모든 그리스도인들이 자기가 '하나님의 자녀'라는 신분은 좋아하지만, 자기가 은혜로 '하나님의 청지기'이기도 하다는 사실까지 똑같이 진지하게 대하려는 사람은 그리 많지 않은 것 같다. 이런 취사선택은 허용될 수 없는 것이다. 특권이 있으면 책임도 따라오는 법이다. 혈육의 자녀도 그렇고 하나님의 자녀도 그렇다. 주어진 자원을 하나님의 영광과 동료 신자들의 유익을 위하여 사용해야 할 책임을 면제받은 그리스도인은 아무도 없다. 하나님의 자원을 나 자신에게 낭비하는 것은 어리석음의 극치다. 마틴 루터가 지혜롭게 지적한 것처럼 "내 손에 많은 것들이 있었으나 전부 잃었다. 그러나 무엇이든 하나님의 손에 놓아드린 것은 여전히 내게 있다."

이 책은 그리스도인의 헌신에 관한 책이다. 나는 이 책을 통해 오늘날 허다한 교회들에 분명히 나타나고 있는 불충한 청지기직이라는 심각한 문제를 다루어보려 한다. 이렇게 할 마음도 능력도 하나님이 주셨다. 성경적인 청지기에 관한 이 단순하고 솔직한 내용을 우리의 교사이신 성령이 사용하셔서 당신에게 도전을 주시기를 기도한다. 당신이 하나님이 은혜로 맡겨주신 풍성한 자원들의 충성된 청지기가 되도록 말이다. 우리 존재의 깊은 곳으로 하나님의 말씀을 받아들이면 그 말씀이 영적으로 우리를 변화시킨다. 예수님이 말씀하신 것처럼 "너희가 내 말에 거하면 참으로 내 제자가 되고 진리를 알지니 진리가 너희를 자유롭게 하리라"(요 8:31-32).

2004년 9월
미국 버지니아 주 콥스 크릭에서
브라이언 A. 러셀

1장. 하나님의 청지기란 무엇인가

"사람이 마땅히 우리를 그리스도의 일꾼이요 하나님의 비밀을 맡은 자(청지기)로 여길지어다 그리고 맡은 자(청지기)들에게 구할 것은 충성이니라"(고전 4:1-2).

"그러므로 형제들아 내가 하나님의 모든 자비하심으로 너희를 권하노니 너희 몸을 하나님이 기뻐하시는 거룩한 산 제물로 드리라 이는 너희가 드릴 영적 예배니라… 부지런하여 게으르지 말고 열심을 품고 주를 섬기라"(롬 12:1, 11).

2001년 9월 11일, 이슬람 테러리스트들의 손에 뉴욕 세계무역센터가 처참히 무너진 뒤에 미국 텔레비전에서 어떤 사람이 인터뷰를 하는 중에 이런 말을 했다. "세상에서 가장 헌신된 사람들은 이슬람 근본주의자들입니다." 헌신의 방향은 잘못되었을지 몰라도 그 말을 부정하기는 어려울 것이다. 모든 그리스도인들이 어떤 대가를 치르는 것도 마다하지 않고 예수 그리스도를 섬기는 일에 동등하게 성경적으로 헌신되어 있다면 세상은 훨씬 달라질 것이다. 초대 그리스도인들이 오순절 이후에 보여준 절대적 헌신과 과감한 희생은 어디로 갔는가?

정말 어디로 갔는가? J. B. 필립스(J. B. Phillips)는 자신이 풀어쓴 사도행전 서문에 그 1세기에 대하여 말하면서, 그때만 해도 교회가 "풍요 때문에 비대해져서 숨을 헐떡이거나 과잉 조직으로 근육이 경직되기" 전이었다고 했다. 부분적 헌신이야말로 오늘날 기독교 제자도의 폐해이다. 하나님은 전부를 요구하신다. 그런데 우리 모두는 그분을 적당히 무마시키려고 한다(롬 12:1,11, 고전 15:58, 계 3:14-22).

1867년 어느 새벽, 한 무리의 남자들이 더블린에 모였다. 특별 기도와 자백과 새로운 헌신의 시간이었다. 그 중에는 그래턴 기네스(Grattan Guinness), 헨리 발리(Henry Varley), D. L. 무디(D. L. Moody)도 있었다. 고요한 시간에 발리가 말했다. "하나님께 철두철미 완전히 헌신된 한 사람 안에서, 그 한 사람을 통해서, 그 한 사람과 함께 그분이 무슨 일을 하실 수 있는지 세상은 아직 보지 못했습니다."

무디는 그 말에 깊은 감동을 받았다. 이틀 후 그가 하나님의 훌륭한 종의 하나인 찰스 스펄전의 설교를 들으며 앉아 있는데, 그때도 여전히 발리의 말이 그의 머릿속을 맴돌고 있었다. 그때 일을 무디는 이렇게 기록했다.

한 사람이라고 했다! 발리의 말은 아무나 한 사람이라는 뜻이다. 발리는 교육을 받았거나 똑똑하거나 뭐 그런 사람이어야 한다고 말하지 않았다! 그냥 한 사람이다! "그렇다면 나도 성령으로 말미암아 그런 사람 중의 하나가 되고 싶다"는 말이 내 입에서 나왔다. 그 높은 청중석에 앉아서 그는 전에 몰랐던 뭔가를 보게 되었다. 사람들의 심령을 움직이는 일을 하고 있는 것은 스펄전이 아니라 하나님이었다. 이런 생각이 들었다. "하나님이 스펄전 선생을 쓰실 수 있다면 나머지 우리들이라고 못 쓰실 이유가 무엇인가? 우리 모두는 왜 주님 발 앞에 엎드려 '주님, 저를 보내소서! 저를 써주소서!' 라고 말할 수 없단 말인가!"

하나님은 우리를 스펄전이나 무디를 쓰신 것과 똑같이 쓰시지는 않을지 모른다. 그러나 우리의 삶을 다 드려 그분을 섬긴다면 그분은 우리가 현재 하고 있는 어떤 일보다도 더 낫게 우리를 쓰실 것이고, 그 결과는 영원만이 말해줄 것이다. 어째서 우리는 자비롭고 공의로우신 하늘의 주님을 섬기는 영광스러운 삶에 자신을 완전히 드리는 것을 그토록 싫어하는 것인가? 더욱이 우리가 이룰 일들이 영원한 "보물을 하늘에 쌓아 두는" 것이고 "거기는 좀이나 동록이 해하지 못하며 도적이 구멍을 뚫지도 못하고 도적질도 못함"(마 6:20)을 잘 알면서도 말이다.

착각은 금물이다. 이것은 우리가 벗어날 수 없는 책임이다. 우리는 그것을 부정할 수 없다. 호사스럽게 이렇게 말할 수 있는 그리스도인은 아무도 없다. "나는 하나님의 자녀가 되어서 행복하다. 하나님의 상속자가 되어서 기쁘다. 하지만 하나님의 청지기나 종이 될 마음은 없다." 그것은 우리의 선택사항이 아니다. 하나님이 주신 은사를 그분의 영광을 위하여 써야 할 책임에서 우리는 면제될 수 없다.

그렇다면 하나님의 청지기란 무엇인가? 영어 성경에는 "청지기"라는 단어를 써서 그리스도인을 묘사한 예가 복음서에 세 번(마 24:45, 눅 12:42, 16:1), 바울과 베드로의 서신서에 네 번(고전 4:1-2, 딛 1:7, 벧전 4:10) 나온다 (한글 성경에는 종, 청지기, 맡은 자로 되어 있다 – 역주).

청지기의 어원

신약 성경에 나오는 청지기라는 단어는 그리스어 'oikonomos'를 번역한 것이다. 이 말은 두 단어가 합성된 것이다. 'oikos'는 집이라는 뜻이고 'nemo'는 분배한다, 관리한다는 뜻이다. 그러므로 'oikonomos'는 부잣집의 관리인이었고 그 직책을 'oikonomia'라고 한다. 그 말이 누가복음 16장 1-9절에 청지기로 번역되었다. 집주인 내지 가장은 'oikodespotes'라고 하고, 집안의 다른 종들은 'oiketai'라고 한다.

그렇다면 성경에서 청지기란 주인의 집과 재산과 그 집에 사는 사람들을 책임 맡은 관리인이다. 오늘날 우리는 청지기(steward) 하면 대부분 공장의 노조원들을 총괄하는 사람이나 기차나 비행기에서 음료수를 대접하는 사람을 생각하지만, 그렇더라도 의미는 매한가지다. 청지기는 다른 사람이 가진 재산을 책임 맡은 사람이며, 그의 임무는 주인에게 중요한 사람들인 다른 사람의 유익을 위하여 주인의 재물을 분배하는 것이다.

「그림 테이어 헬라어 사전(Grimm and Thayer's lexicon)」에 보면 'oikonomos'의 정의가 "집안이나 집안일의 관리자 특히 청지기, 집사(執事), 지배인으로… 가장이나 소유주가 자신의 사무 관리, 수입과 지출 관리, 모든 종들과 미성년 자녀들에게 적당한 몫을 분배하는 임무를 맡기는 사람"으로 되어 있다. 그러므로 'oikonomos'는 자유인이든 아니면 종이든 상관없이 집주인과 그의 집안 사이에서 중책의 직분을 맡은 사람이다. 마태복음 24장 45절과 누가복음 12장 42-43절에 나오는 청지기는 종으로 되어 있지만, 누가복음 16장 1-9절에 나오는 불의한 청지기는 자유인이었던 것으로 보인다. 로마서 16장 23절에는 그 말이 확실히 그런 의미로 쓰였다. 즉, 고린도 성의 "총무(또는 청지기)"인 에라스도는 자유인이 분명했다. 뿐만 아니라 갈라디아서 4장 2절을 보면 유복한 집안에서 자란 자식은 후견인(epitropous, 마태복음 20장 8절에는 청지기)과 청지기(oikonomous) 아래 있다고 했는데, 전자는 그의 법적인 후견인인 반면 후자는 그의 재산을 맡은 사람이었을 것이다.

청지기의 어원에 대한 공부를 다 마치기 전에, 우리는 그리스어 단어 'oikonomos'의 영어 번역이 적절한 것인지 살펴볼 필요가 있다. 영어 단어 'steward'는 잘된 번역일까? 잘된 번역이다. 그 단어는 고어 'stiward'에서 왔는데, 이 역시 두 단어가 합해진 것이다. 'sti'라는 말은 집을 가리키는 고어 'stig'가 줄어서 된 말이다. 이 어원에서 나온 현대어로 가장 가까운 예는 'pigsty(돼지우리)'의 'sty'라는 말이다. 또 한 단어는 'ward'인데 이는 물건이나 사람을 돌보는 사람을 가리킨다. 그러니까 두 단어를 합한 'steward'라는 영어 단어는 원어에 아주 충실한 번역인 셈이다.

성경에 나오는 청지기의 예들

집안 청지기의 개념은 우리 시대보다 성경 시대에 더 익숙한 개념이었다. 우리는 청지기(관리인)라는 단어를 교회의 기금 마련 캠페인과 연관시킨다. 그러나 고대 중동에서는 부유한 집주인이나 농부는 누구나 청지기를 두어 집안일과 재산을 관리하게 했다. 이것은 앞에서 관련 그리스어 단어들을 공부할 때 살펴본 바와 같다. 구약 성경에는 청지기 직무의 예가 많이 나온다. 청지기를 뜻하는 히브리어 단어가 따로 쓰인 것은 아니지만 그 직책이 여러 단어로 지칭되고 있다. 귀족 집안들과 이집트, 유다, 바빌론의 왕궁에서 청지기를 볼 수 있다.

예를 들어 이집트의 국무총리 격인 요셉도 청지기를 두었다. 요셉의 형제들을 돌보는 일을 이 "청지기"(창 43:16-25)가 맡았다. 짐승을 잡아서 그들에게 식사를 차려내는 일이 그의 책임이었다. 그는 또 그들에게 발씻을 물과 나귀에게 먹일 꼴을 내주었고, 곡식값으로 가져온 그들의 돈을 받았다(창 44:1-13).

이와 비슷하게 역대상 28장 1절에 보면 다윗에게도 "왕과 왕자의 모든 소유와 가축의 감독(청지기)"이라고 표현된 관리들이 있었다. 이사야 22장 15절에 보면 히스기야 왕에게 셉나라는 청지기가 있었는데 그는 왕가의 재산을 횡령하여 치부했다. 하나님은 셉나에게 엘리아김이 그를 대신할 것이라고 말씀하신다. "네 정권(책임)을 그의 손에 맡기리니 그가 예루살렘 주민과 유다의 집의 아버지가 될 것이며 내가 또 다윗의 집의 열쇠를 그의 어깨에 두리니 그가 열면 닫을 자가 없겠고 닫으면 열 자가 없으리라"(사 22:21-22). 엘리아김이 왕의 곳간 열쇠를 맡게 된다는 말이다.

또 느부갓네살 왕의 바빌론 궁에서 환관장은 다니엘과 그의 세 친구를 청지기의 수하에 두었다(단 1:11). 왕궁에서 섬기도록 청년들을 훈련시키고 그들에게 매일의 양식을 내주는 것이 그 청지기의 임무였다. 그의 판단에 따라 양식은 왕궁의 진미와 포도주가 될 수도 있었고, 다니엘의 요청대로 평범한 야채와 물이 될 수도 있었다.

신약 성경에 와서도 청지기의 역할은 변하지 않는다. 헤롯 안디바는 궁에 구사라는 청지기를 두었는데, 구사의 아내 요안나는 예수님의 제자였고 자기 소유로 예수님께 음식을 드렸다(눅 8:3). 그러나 여기 더 적절한 예가 있다. 예수님의 비유 중에는 청지기가 중책을 맡은 집을 배경으로 한 장면이 여럿 나온다. 포도원 품꾼들의 비유(마 20:1, 8)에 보면 포도원 주인이 청지기에게 명하여 품꾼들에게 삯을 주게 한다. 불의한 청지기의 비유(눅 16:1-9)에서는 주인이 자기 재산을 허비했다며 청지기를 문책한다. 이 청지기는 집안에 식량을 내주고 계산서를 지불하는 직책을 맡은 사람임이 틀림없다. 문서를 위조하여 사리를 챙길 수 있었던 것으로 보아 알 수 있다.

신약 성경에 사용된 청지기라는 말

이런 배경을 바탕으로 이제 우리는 우리 주 예수님과 사도들이 무슨 뜻으로 그리스도인들을 "하나님의 청지기"(눅 12:42, 고전 4:1, 벧전 4:10)라고 했는지 이해할 수 있다. 성령의 인도하심으로 그들은 이 사회적 관습에서 기독교 교회의 그림을 보았다. 하나님이 "우리 아버지"(마 6:9)시니 그리스도인 가족을 "하나님의 권속(집안 식구들)"(엡 2:19)으로 생각하는 것은 자연스러운 일이다. 그러나 성경은 그 그림으로 우리를 몰아가지 않는다. 하나님이 항상 집안의 가장이시기는 하다. 하지만 교회는 하나님이 거하시는 집이나 성전일 때가 있는 반면(딤전 3:15, 벧전 4:17, 고전 3:16), 때로는 "믿음의 가정들"일 때가 있고 그분의 아들딸들이 그분께 각자의 일을 책임져야 하는 하인일 때도 있는 것이다(롬 14:4).

이렇듯 신약 성경에 쓰인 "하나님의 청지기"라는 말은 획일적으로 다 똑같이 쓰이지는 않는다. 단어의 본뜻을 그대로 따른 경우도 있다. 집집마다 청지기가 딱 하나만 있어서 주인 집안의 다른 모든 하인들을 관리, 감독하는 책임을 맡는다는 의미로 말이다. 디도서 1장 7절에 바울이 장로 내지 목사를 "하나님의 청지기"라고 한 것이 곧 그런 의미로 쓰인 예다. 고린도전서 4장 1절에서 그는 사람들이 마땅히 자신과 아볼로를(그리고 암시적으로 다른 모든 설교자를) "하나님의 비밀을 맡은 자(청지기)"로 여겨야 한다고 말했다.

여기서 청지기란 분명히, 교회에 하나님 말씀을 전할 특권을 받은 모든 사람들의 직분을 말한다. 그리스도인 사역자들이 전해야 하는 "하나님의 비밀"이란 오직 그리스도 안에서 믿음으로 말미암아 은혜로 받는 구원의 진리인데, 이것은 이전 사람들에게는 숨겨진 것이었다. 그러나 아무도 멸망하기를 원하지 않으시는 선하신 하나님이 성령으로 말미암아 선지자들과 사도들에게 계시하셔서 그 진리들을 알리셨다(고전 2:9-10, 벧후 1:20-21, 히 1:1). 이 계시된 비밀들이 이제는 성경에 구체적으로 나와 있고, 그리스도인 설교자는 그것을 하나님의 모든 권속들에게 알리는 책임을 맡은 하나님의 청지기다.

그러나 신약의 신성한 청지기직은 교회 설교자들과 목사들에게만 국한되기에는 너무나 값진 특권이다. 모든 그리스도인들 역시 자신의 유익을 위해서가 아니라 "믿음의 가정들"(갈 6:10)의 복을 위하여 일정한 재산을 맡은 하나님의 청지기들이다. 예수님의 달란트 비유와 므나 비유(마 25:14-30, 눅 19:11-27)는 모든 그리스도인이 그리스도께 받은 여러 기회와 은사를 개발하고 활용해야 할 책임이 있음을 보여주는 예다. 하나님의 청지기는 자기에게 맡겨진 주인의 재산을 사장하거나 낭비해서는 안 된다. 하나님의 온 집안의 유익을 위하여 분배해야 한다.

베드로는 이 개념을 가장 명쾌하게 발전시킨다. 베드로전서 4장 10절에서 그는 이렇게 인상적으로 말한다. "각각 은사를 받은 대로 하나님의 여러 가지(직역하면 '여러 색의, 다채로운') 은혜를 맡은 선한 청지기같이 서로 봉사하라(직역하면 '그것을 써서 서로 섬기라')." 모든 그리스도인들은 서로 다른 은사를 받았고, 그것을 사용하여 서로 섬겨야 한다. 바울도 로마서 12장에서 똑같이 말한다.

"우리에게 주신 은혜대로 받은 은사가 각각 다르니 혹 예언이면 믿음의 분수대로, 혹 섬기는 일이면 섬기는 일(봉사)로, 혹 가르치는 자면 가르치는 일로, 혹 위로하는 자면 위로하는 일로, 구제하는 자는 성실함으로, 다스리는 자는 부지런함으로, 긍휼을 베푸는 자는 즐거움으로 할 것이니라"(롬 12:6-8).

청지기로 부름 받은 그리스도인

누구나 그렇게, 방금 우리가 정의하고 성경에서 예를 찾아본 대로 하나님의 청지기가 될 수 있는 것은 아니다. 그것은 하나님의 부르심이다. 신약 성경에 보면 거듭거듭 하나님은 "당신을 부르신 분"(롬 8:30, 고전 1:9, 살전 4:7, 5:24, 살후 2:14, 딤후 1:9, 벧전 1:15)으로, 그리스도인들은 "부르심을 입은 자"(롬 8:28)로 나온다. 이것은 지상에서 가장 영광스럽고(고전 2:9, 살후 2:13-14, 벧전 5:10) 가장 의미 있고 보람된 삶(고전 1:20-31, 엡 2:8-10, 빌 3:7-14, 골 1:9-10)으로 부르는 부르심이다. 그러나 이것은 하나님 쪽에서 은혜로 시작하셔야 하는 부르심이다. 우리는 다 하나님의 "원수"로 이 세상에 태어났고, 그 아들의 죽음으로 말미암아 하나님과 "화목하게" 되어야 할 자들이기 때문이다(롬 5:10, 골 1:21-22). 본래 우리는 하나님의 종이 아니라 "죄의 종"(롬 6:17)이며, 인간의 어떤 의지력도 우리를 죄와 자아에 찌든 성향에서 건져낼 수 없다. 그냥 두면 우리는 영원히 마귀와 우리 육체의 욕망을 기쁘게 하는 자로 살아갈 것이다. 오직 하나님만이 우리의 가장 깊은 존재를 변화시키실 수 있고, 우리를 "죄로부터 해방"시켜 "의의 종"이 되게 하실 수 있다(롬 6:18).

예수님의 표현대로 이렇게 영적으로 "거듭나는"(요 3:3-8) 기적을 체험하려면 우리는 하나님의 자비에 의지해야만 한다. 그분이 은혜를 주셔야만 우리는 죄를 등지고 예수 그리스도를 따르기 시작하여, 헌신적인 섬김의 삶으로 하나님께 영광을 돌릴 수 있다.

하나님이 불러일으켜 주시는 진지하고 진실한 믿음의 행위로 우리는 몸과 마음을 우리의 구주와 주님이신 그리스도께 바쳐야 하며, 악한 마음을 선한 마음으로 변화시켜주시도록 그분을 의지해야 한다. 우리를 마귀의 자식(요 8:44)에서 하나님의 자녀로 변화시켜주시는 신적인 능력은 오직 그분께만 있다. 이것이 요한복음 1장 12절에 우리에게 주신 약속이다. "영접하는 자 곧 그 이름을 믿는 자들에게는 하나님의 자녀가 되는 권세를 주셨으니." 하나님의 자녀가 되는 순간 우리는 하나님 집에 들어가서, 그 나라의 진보를 위하여 서로 섬기는 청지기로 임명된다.

이것을 이해하는 것이 매우 중요하다. 사람이 옛 생활을 청산하고 좀 더 종교적으로 사는 것처럼 보이려고 애쓸 수는 있으나, 그래서는 절대로 새 생명을 얻을 수 없다. 그것은 돈으로 살 수 없고 노력으로 얻어내거나 만들어낼 수 없는 것이다. 예수님이 니고데모에게 말씀하신 것처럼 "육으로 난 것은 육이요 영으로 난 것은 영이니 내가 네게 거듭나야 하겠다 하는 말을 놀랍게 여기지 말라"(요 3:6-7). 그것은 하나님만이 하실 수 있는 일이다. 하나님이 그 일을 하실 수 있는 유일한 이유는, 인간 안에 정한 마음과 정직한 영(시 51:10)을 지으실 수 없도록 하나님을 막고 있던 죄과를 그리스도가 십자가에서 제하셨기 때문이다. 십자가에서 하나님은 우리 악한 죄인들이 마땅히 당할 대우로 예수님을 대하셨고, 이제 그분은 자신이 크게 기뻐하시는 거룩한 아들 그리스도가 마땅히 받으실 대우로 우리를 대하신다. 믿는 죄인들의 죄는 그리스도께 전가되어 값이 지불되고 용서되었다. 반면 그리스도의 완전한 순종은 믿는 죄인들에게 전가되어, 이제 그들에게는 하나님의 수용과 그분 집의 청지기직 임명이 완전히 보장되었다.

우리는 하나님의 원수로 태어났기에 그분의 자녀로 새로 태어나야 한다.

– 리처드 백스터(Richard Baxter)

중생(重生)이란 말씀을 통한 성령의 활동으로, 하나님의 속성이 인간에게 전달되는 것이다.

– A. J. 고든(A. J. Gordon)

중생은 그 여러 가지 결과와 불가분의 관계인데 그 중 하나는 하나님을 높이는 섬김이다.

– 브라이언 러셀(Brian Russell)

당신은 이 하나님의 부르심을 경험했는가? 성경을 읽고 배우는 가운데 성령이 눈을 뜨게 하시어, 예수님 안의 진리를 보고 그분을 당신의 믿음과 애정의 최고 대상으로 품은 적이 있는가? 당신의 영은 거듭났으며, 당신의 의지는 모든 그리스도인이 예수 그리스도 안에서 행하도록 지음 받은 선행의 삶(엡 2:10)과 하나님을 선택할 수 있도록 자아에서 해방되었는가? 이 질문들에 긍정으로 답할 수 없는 한 당신은 그리스도인이 아니며 하나님의 충실한 청지기로 그분을 섬길 수 없다. 그래 보려고 당신의 교회에서 나름대로 봉사에 힘쓸 수는 있지만, 당신의 의무적인 섬김은 진실하고, 이타적이며, 지속적이고, 하나님을 높이며, 하나님의 복을 받는 그런 섬김이 아니다.

이 책을 더 읽기 전에 성령의 부르심에 응하여 당신의 구주와 주님이

신 예수 그리스도께 당신의 삶을 남김없이 바칠 것을 권한다. 당신이 누구이고 지금까지 어떻게 살아왔고 얼마나 오랫동안 지체했든 상관없이 예수님은 당신을 받아주시고, 그분을 기쁘시게 하는 것이 목표인 새 사람(고후 5:17)으로 만들어주신다. 그렇게 약속하셨기 때문이다. "아버지께서 내게 주시는 자는 다 내게로 올 것이요 내게 오는 자는 내가 결코 내쫓지 아니하리라"(요 6:37).

청지기직의 범위

바울은 빌립보서 2장 8-10절에 예수 그리스도가 "자기를 낮추시고 죽기까지 복종하셨으니 곧 십자가에 죽으심이라 이러므로 하나님이 그를 지극히 높여 모든 이름 위에 뛰어난 이름을 주사… 모든 무릎을 예수의 이름에 꿇게 하시고"라고 말한다. 베드로는 사도행전 10장 36절에 그분이 "만유의 주"라고 했다. 모든 피조물이 거기에 해당되지만 그리스도인들은 특히 더 그렇다. 바울은 "너희는 너희 자신의 것이 아니라 값으로 산 것이 되었으니 그런즉 너희 몸으로 하나님께 영광을 돌리라"(고전 6:19-20)고 말한다. 그리스도인인 나 당신의 삶에 예수 그리스도의 것이 아닌 부분, 그분이 주인이 아닌 부분이 하나도 없다는 뜻이다. 몸과 영 할 것 없이 우리의 전 존재와 소유는 그리스도의 것이다.

그 의미는 앞으로 여러 장에 걸쳐서 훨씬 자세히 살펴보겠지만, 여기서는 우리가 충실한 청지기가 되어야 할 주요 영역들을 개괄하는 것이 중요하다. 분명한 출발점은 몸이다. 몸은 모든 말과 행동이 표현되는 통로다. 그래서 우리는 우리의 손과 발과 눈과 귀와 혀와 갈망과 애정을 모두 하나님을 위하여 드려야 한다. 바울은 이렇게 말한다. "그런즉 너희가 먹든지 마시든지 무엇을 하든지 다 하나님의 영광을 위하여 하라"(고전 10:31).

청지기의 두 번째 영역은 사고다. 우리의 생각이 곧 우리다. 잠언 23장 7절에 "대저 그 마음의 생각이 어떠하면 그 위인도 그러한즉"이라는 경고가 나온다. 유혹은 생각을 통해 처음 와서, 우리의 감정에 불을 지피고, 결국 죄를 낳는다. 야고보는 "너희 중에 지혜와 총명이 있는 자가 누구냐 그는 선행으로 말미암아 지혜의 온유함으로 그 행함을 보일지니라"(약 3:13)고 말한다. 즉, "위로부터 난 지혜"(약 3:17)에 우리의 사고를 온유하게 복종시켜야 한다는 말이다.

청지기의 세 번째 영역은 하나님이 주신 은사 내지 재능이다. 우정의 은사가 있는 사람들도 있고, 말하는 은사가 있는 사람들도 있으며, 섬기는 은사가 있는 사람들도 있고, 정리의 은사가 있는 사람들도 있으며, 음악의 은사가 있는 사람들도 있고, 손재주의 은사가 있는 사람들도 있다. 말하자면 한이 없겠지만 이 모든 은사는 집에서든 일터에서든 교회에서든 하나님의 영광을 위하여 사용되어야 한다. 성경은 우리에게 "네 속에 있는 은사…(를) 가볍게 여기지 말라"(딤전 4:14)고 권면한다. 또 "각각 은사를 받은 대로 하나님의 여러 가지 은혜를 맡은 선한 청지기같이 서로 봉사하라"(벧전 4:10)고 했다.

청지기직의 네 번째 영역은 시간이다. 시간은 하나님이 우리에게 주신 귀한 일용품이다. 우리는 시간을 지혜롭게 - 그분의 영광과 다른 사람들의 유익을 위하여 - 사용해야 한다. 훈련되어 있지 않고 조심하지 않으면 우리는 지나가는 세상 것들을 좇느라고 시간을 허비할 수 있다. 바울은 에베소 교인들에게 이렇게 권면한다. "그런즉 너희가 어떻게 행할지를 자세히 주의하여 지혜 없는 자 같이 하지 말고 오직 지혜 있는 자 같이 하여 세월을 아끼라 때가 악하니라"(엡 5:15-16). 신미표준역(NASB)에는 "시간을 최대한 활용하라"고 되어 있다.

청지기의 다섯 번째 영역은 복음이다. 우리는 "하나님의 비밀을 맡은 자"(고전 4:1), 즉 복음의 청지기로 부름 받았다. 그리스도는 우리에게 복음을 주시면서 그것을 모든 나라에 전하도록 위임하셨다. 복음은 신성한 위탁물이다. 아직 모르는 사람들에게 전하지 않는 한 복음은 갚지 못한 빚과 같다(롬 1:14-15).

청지기의 여섯 번째 영역은 재물이다. 성경은 재물의 청지기직을 말한다. 우리 주님의 36개 비유 가운데 17개가 우리의 재산과 재물 사용과 관계된 것은 우연이 아니다. 성경은 우리에게 "네 재물(로)… 여호와를 공경하라"(잠 3:9)고 명한다. 우리에게 부를 얻을 수 있는 건강과 지혜와 기회를 주시는 분은 오직 하나님이시다. 그분은 우리가 그분께 받은 것을 그분 나라의 진보를 위하여 사용하기를 기대하신다. 다윗이 그것을 바로 이해했다. 성전 건축을 위하여 자신의 헌물과 하나님 백성들의 헌물을 드리면서 그는 이렇게 말했다.

"나와 내 백성이 무엇이기에

이처럼 즐거운 마음으로 드릴 힘이 있었나이까

모든 것이 주께로 말미암았사오니

우리가 주의 손에서 받은 것으로 주께 드렸을 뿐이니이다"(대상 29:14).

청지기의 일곱 번째 영역은 가정이다. 성경은 우리의 가정의 청지기직에 대하여 말한다. 가정은 하나님이 주시는 또 하나의 좋은 선물이다. 잠언 18장 22절에 "아내를 얻는 자는 복을 얻고 여호와께 은총을 받는 자니라"고 했다. 솔로몬은 "여호와께서 집을 세우지 아니하시면 세우는 자의 수고가 헛되며… 자식들은 여호와의 기업이요 태의 열매는 그의 상급이로다"(시 127:1, 3)라고 했다. 히브리서 기자는 "손님 대접하기를 잊지 말라 이로써 부지중에 천사들을 대접한 이들이 있었느니라"(히 13:2)고 권면한다. 베드로는 "서로 대접하기를 원망 없이 하"(벧전 4:9)라고 말한다.

청지기의 여덟 번째 영역은 환경이다. 성경은 처음부터 우리에게 환경을 관리하는 책임을 맡긴다. 세상은 우연히 생겨난 것이 아니다. 하나님이 세상을 창조하셨고(창 1:1) 그래서 세상은 그분의 것이다(시 24:1). 땅은 그분의 거대한 농장이고 우리는 그분 대신 그것을 경작하는 관리인이다. 이렇듯 하나님이 창세기 1장 28절에 우리에게 위임하신 땅의 지배권은 책임이 막중한 권한이다. 그 지배권을 우리에게 맡기신 것은 당연한 일이 아니라 특권이다. 우리에게 땅과 아울러 그 땅에 살면서 땅의 혜택을 입어야 하는 다른 피조물들까지 돌보도록 맡겨주신 하나님께 우리는 책임을 져야 한다.

청지기직의 이 마지막 영역은 요즘 뜨거운 쟁점이 되고 있는데다 아주 복잡한 학문적 연구 주제이므로 그 주제를 한 장 – 이만 한 부피의 책에는 그것밖에 허용되지 않는다 – 에 다 다루려 한다면 주제넘은 일일 것이다. 그래서 이 문제는 기존의 많은 생태학 책들을 통하여 나중에 따로 탐구하도록 독자들의 몫으로 남기고자 한다. 어쨌든 모든 인간은 하나님의 형상대로 지음을 받았기에 환경을 관리할 책임이 맡겨졌다는 것을 인식하는 것이 중요하다.

청지기직의 상급

예수님과 사도들의 가르침에 가장 반복되어 나타나는 주제 중 하나는 하나님이 그리스도인들에게 이 땅에서의 청지기직에 따라 하늘에서 상을 주신다는 것이다. 그래서 마태복음 25장의 달란트 비유에 보면, 다섯 달란트 받은 사람과 두 달란트 받은 사람은 둘 다 주인에게 이런 칭찬을 받았다. "잘하였도다 착하고 충성된 종아 네가 적은 일에 충성하였으매 내가 많은 것을 네게 맡기리니 네 주인의 즐거움에 참여할지어다"(마 25:21, 23). 하나님의 청지기들이 상을 받는 기준은 성공이 아니라 충성이다. 그래서 바울은 "그런즉 심는 이나 물 주는 이는 아무 것도 아니로되 오직 자라게 하시는 이는 하나님뿐이니라 심는 이와 물 주는 이는 한가지이나 각각 자기가 일한 대로 자기의 상을 받으리라"(고전 3:7-8)고 했다.

그렇다면 정녕 그리스도인들은 하나님이 맡기신 모든 것에 지혜롭고 충성된 청지기가 되기를 힘써야 한다. 그리스도의 얼굴을 뵙고 영원한 상을 받게 될 그날을 사모하고 그날을 위하여 살아야 한다. 이것은 쉽지 않은 삶이지만, 언젠가 스펄전이 말한 것처럼 "만일 우리가 너무 열심히 주를 섬기다가 지쳐서 인간의 평균 연령에도 이르지 못하고 죽는다면 그것은 하나님께 영광이요, 우리는 이 땅을 잃는 대신 하늘을 얻게 될 것이다."

모든 그리스도인은 바로 그 영광스러운 섬김으로 부름 받았다. 그 부름에 대해 하나님이 우리에게 은혜를 주셔서 찰스 웨슬리의 말로 응답하게 하시기를 기도한다.

벌레처럼 못난 이 몸
주 영광 위해 살도록
행실을 거룩케 하시고
말과 묵상 받으소서.
내 가진 것 나의 전부
주의 일에 바칩니다.

청지기로 산다는 것 Totally Committed to Christ

청지기직은 하나님의 부르심이다. 마귀의 자식이자 죄의 종인 사람을 취하여 하나님의 자녀이자 의의 종으로 변화시키는 능력은 오직 예수 그리스도께만 있다. 신약 성경에 보면 하나님의 자녀는 또한 청지기가 아닌 사람이 없다. 자녀라면 누구나 그분이 맡기신 재산을 온 집안의 유익을 위하여 분배할 책임이 있는 것이다.

삶을 바꾸는 질문 Totally Committed to Christ

1. 모든 그리스도인은 하나님의 청지기다. 이 주장을 최소한 다섯 가지 신약 성경 본문을 가지고 입증해보라.

2. 누가복음 16장 1-13절을 읽으라.

    1) 하나님이 당신에게 맡기신 "소유" 목록을 적어본다.

    2) 이 청지기가 지적받은 죄는 무엇인가?

    3) 당신도 똑같은 죄가 있는가? 있다면 어떤 영역에서 그런가?

3. 누가복음 12장 42-48절, 고린도전서 4장 2절, 베드로전서 4장 10절에 나오는 청지기의 여러 가지 책임을 찾아보라.

4. 마태복음 25장 14-30절과 고린도전서 3장 5-15절에서 모든 그리스도인에게 주는 격려와 경고는 무엇인가?

기도하기   Totally Committed to Christ

1. 하나님이 하늘에 계신 당신의 주인임을 인정하라. 외아들을 보내어 그 목숨을 대속물로 주심으로 당신을 죄의 굴레에서 구속하신 하나님께 감사를 드리라.

2. 하나님의 뜻을 거스르며 당신 자신과 세상만 섬기며 살아온 모든 세월에 대해 그리스도로 말미암아 용서를 구하라. 비록 당신의 죄가 클지라도 그보다 무한히 더 크신 하나님의 은혜에 의지하라.

3. 마지막 날까지 그리스도를 위하여 하나님 집에서 당신의 본분을 충실히 다할 수 있도록 하나님의 도우심을 구하라.

Totally Committed to Christ

나 같은 죄인 살리신 주 은혜 놀라와
잃었던 생명 찾았고 광명을 얻었네.

큰 죄악에서 건지신 주 은혜 고마와
나 처음 믿은 그 시간 귀하고 귀하다.

이제껏 내가 산 것도 주님의 은혜라
또 나를 장차 본향에 인도해주시리.

거기서 우리 영원히 주님의 은혜로
해처럼 밝게 살면서 주 찬양하리라.

― 존 뉴턴(John Newton, 1725-1807)

2장. 은혜 아래 있는 청지기

"또한 너희 지체를 불의의 무기로 죄에게 내주지 말고 오직 너희 자신을 죽은 자 가운데서 다시 살아난 자 같이 하나님께 드리며 너희 지체를 의의 무기로 하나님께 드리라 죄가 너희를 주장하지 못하리니 이는 너희가 법 아래에 있지 아니하고 은혜 아래에 있음이라"
(롬 6:13-14).

그리스도인은 "법 아래에 있지 아니하고 은혜 아래 있"다고 바울은 말한다(롬 6:14). 하나님의 은혜 아래 있다는 것은 우리의 삶 전체가 은혜의 지배를 받는다는 말이다. 우리의 삶은 은혜로 인정과 동기 부여와 능력과 통치를 받아야 한다. 그러므로 그리스도인의 청지기직은 강요당하는 섬김이 아니라 하나님이 그리스도 안에서 후히 베푸신 은혜에 대한 반응으로 우리가 자원하여 전심으로 즐거이 드리는 것이다. 자격 없는 우리를 하나님이 무한한 대가를 치르시고 구속해주셨다. 그렇다면 이제 우리의 가장 큰 열망은 "그의 은혜의 영광을 찬송하"기 위해서 사는 것이다(엡 1:6).

은혜는 기독교의 생명이다. 복음에는 선포와 부르심이 함께 들어 있다. 선포란 예수 그리스도 안에서 예수 그리스도를 통하여 죄인들에게 은혜가 왔다는 것이다(롬 5:15-17). 부르심이란 "그 은혜의 말씀(이)… 여러분을 능히 든든히 세우사 거룩하게 하심을 입은 모든 자 가운데 기업이 있게"(행 20:32) 하실 것이므로 죄인들이 이 은혜를 받아들이고(고후 6:1), 계속 그 가운데 있으라는(행 13:43) 하나님의 명령이다.

은혜의 의미

그리스어로 은혜는 'charis' 다. 기본 의미는 분에 넘치는 선물을 거저 받는다는 뜻이다. 은혜란 공로도 자격도 없는 인간에게 순전히 하나님이 너그러운 사랑으로 주시는 무엇이다. 로마서 6장 23절은 이 단어의 본질적인 의미를 잘 보여주는 예다. 거기 보면 "죄의 삯"과 "하나님의 은사(선물)"가 서로 대비된다. 삯으로 번역된 단어는 'opsonia' 인데 군인의 봉급을 가리키는 말로 흔히 쓰였다. 그러니까 우리가 죄에 복무하고 버는 봉급은 사망이다. 그러나 완전히 대조적으로 "하나님의 은사(charisma)는 영생"이다. 그것은 우리 주 예수 그리스도를 통하여 하나님이 그 선하신 마음으로 값없이 거저 주시는 것이다.

이것이 사도들이 설교한 요체였다. 사도행전 15장 11절에서 베드로는 "(우리가) 주 예수의 은혜(charitos)로 구원받는 줄을 믿노라"고 했다. 그러니까 우리가 자격도 없이 예수님의 과분한 호의와 사랑으로 구원을 받는다는 말이다. 그분은 자신의 자유 의지로 먼저 나서서 친히 하늘의 영광을 비우시고 우리의 종이 되어 "자기 목숨을 많은 사람의 대속물로 주"시었다(막 10:45). 모두가 은혜로 하신 일이다. 이유 없이 그분을 미워하는(요 15:23-25) 죄인들에게 그분은 자비를 베푸실 아무런 의무가 없었다. 그들이 마땅히 받아야 할 선고는 지옥의 영원한 형벌뿐이었다(마 25:46). 우리를 향한 그분의 사랑은 오로지 그분 자신의 의지에서 온 것이다. 하나님은 죄인들에게 은혜를 베풀지 않으실 자유가 있었다.

그러므로 "주 예수의 은혜로"(행 15:11) 구원받는다는 말은 우리가 (털끝만큼이라도) 우리 힘으로 구원받는 것이 아니라는 말의 다른 표현이다. 그것은 전부 하나님이 그리스도 안에서 행하시는 일이다. 분에 넘치는 자발적인 선하심으로 그분은 죄인들을 구원하신다. 하나님이 사랑받지 못할 자들을 사랑하시고, 그들에게 자신을 계시하시며, 그들을 감화하여 반응하게 하시고, 그들의 죄를 사해주시고, 그들을 자신의 자녀로 입양하시며, 모든 장애물을 물리치셔서 마침내 그들을 영광 중에 그분을 즐거워하는 온전한 교제 속에 들여놓으시는 것이다.

예수 그리스도의 사도들에게 은혜는 비할 나위 없는 경이로움이다. 그들은 그것을 묘사할 충분한 단어를 찾지 못한다. 사실 바울은 그것을 "말할 수 없는 그의 은사"(고후 9:15)라고 부른다. 다른 데서 그는 "그리스도 예수 안에서 우리에게 자비하심으로써 그 은혜의 지극히 풍성함을"(엡 2:7)이라는 표현을 썼고, 또 "측량할 수 없는 그리스도의 풍성"(엡 3:8)이라고도 했다. 하나님 앞에서 인간의 타락과 죄를 생각할 때 사도들은 하나님이 우리를 그런 상태에서 구원하시려고 지옥의 고통까지 자원하여 당하실 정도로 우리를 사랑하신다는 사실에 깜짝 놀랐다.

교회의 위대한 찬송 작사자들도 하나님의 경이로운 은혜에 매료되었다. 그들은 "나 같은 죄인 살리신 주 은혜 놀라와"나 "놀랍다 주님의 큰 은혜 우리의 죄를 속하시려"를 노래했다. 또 "내 하나님 날 위하여 죽으시니 어찌 놀라운 사랑인가!"라고 했고, 또 "놀랍다 비할 데 없는 예수의 은혜… 내 입으로 어찌 표현하랴"라고 했다. 그들은 범죄한 인간이 마땅히 당할 공의의 심판을 하나님이 대신 당하실 정도로(고후 5:19) 기꺼이 은혜를 베푸셨다는 사실에 압도되었다. 새뮤얼 데이비스(Samuel Davies)는 하나님의 모든 기이한 행사 중에서도, 비할 데 없는 영광으로 빛나는 하나님의 은혜를 보고, 이런 아름다운 찬송을 지었다.

하나님의 많은 경이! 그 길마다
주의 거룩한 속성 선포하지만
한없이 베푸시는 용서의 은혜
주의 어떤 경이보다 더욱 빛나네.
이런 용서의 하나님 또 누구이며
값없이 큰 이 은혜 또 어디 있나.

경이에 젖어 떨리는 기쁨으로
하나님의 용서를 우리 받으니
먹빛같이 검은 죄도 사하시는
예수의 보혈로 사신 용서로다.
이런 용서의 하나님 또 누구이며

값없이 큰 이 은혜 또 어디 있나.

묘하고 비할 데 없는 이 은혜

사랑의 하나님 같은 이 기적.

하늘에 울려 퍼지는 찬양처럼

온 땅에 감사 찬양 가득하여라.

이런 용서의 하나님 또 누구이며

값없이 큰 이 은혜 또 어디 있나.

하나님 안의 은혜는 자격 없는 자에게 베푸시는 그분의 긍휼이다.

- 앤드류 머레이(Andrew Murray)

은혜란 모두에게 필요한 것이고, 아무도 얻어낼 수 없는 것이며, 하나님만이 주실 수 있는 것이다.

- 조지 발로우(George Barlow)

하나님의 은혜는… 일개 왕이 충성된 신민들에게 베푸는 은혜보다 훨씬 높은 것이다. 그 은혜의 감화는 받는 자들의 자격에 있지 않고 전적으로 하나님 자신의 마음에 있다.

- 어니스트 F. 키번(Ernest F. Kevan)

은혜의 충족성

본래 인간은 다 "죄의 종"(롬 6:17)이며 그 비참한 굴레에서 스스로 구원할 힘이 없는 "연약한"(롬 5:6) 상태다. 죄인들은 은혜로만 - 하나님의 자비롭고 주권적이며 전능하신 개입으로만 - 구원받을 수 있다(엡 2:4-10). 타락한 상태의 남녀 인간들은 회개와 믿음으로 하나님께 나올 마음도 없고 능력도 없다. 회개와 믿음은 하나님이 은혜로 주셔야만 하는 선물이다. 그래야 죄인들은 죄에서 돌이켜 예수 그리스도를 믿을 수 있고, 그럴 때 하나님은 죄의 형벌과 세력과 실재에서 그들을 구원하신다.

우선 회개를 생각해보자. 베드로는 하나님이 "이스라엘에게 회개함과 죄 사함을 주시려고 그를 오른손으로 높이사 임금과 구주를 삼으셨느니라"(행 5:31)고 했다. 또 로마 백부장과 그 집안이 어떻게 신기하게 회심했는지 베드로가 동료 사도들에게 말하자 그들은 "하나님께 영광을 돌려 이르되 그러면 하나님께서 이방인에게도 생명 얻는 회개를 주셨도다"라고 했다(행 11:18). 회개는 하나님의 선물이다.

그러나 신약 성경에 보면 그리스도를 믿고 그분께 삶을 드리려는 마음도 역시 하나님의 은혜의 선물이다. 그래서 바울은 "너희는 그 은혜에 의하여 믿음으로 말미암아 구원을 받았으니 이것은 너희에게서 난 것이 아니요 하나님의 선물이라 행위에서 난 것이 아니니 이는 누구든지 자랑하지 못하게 함이라"(엡 2:8-9)고 썼다. 여기 "이것"이 그냥 믿음이든 아니면 믿음으로 말미암은 구원 경험 전체이든 그것은 중요하지 않다. 당신의 입장이 어느 쪽이든 믿음이 하나님의 선물이라는 바울의 말은 달라지지 않는다. 문맥을 보면 분명히 알 수 있듯이, 믿음이란 허물로 죽은 우리를 하나님이 영적 생명으로 그리스도와 함께 살리셨고, 믿을 능력을 주셨기 때문에만 가능한 것이다. 바울이 그 앞에 쓴 것처럼 "긍휼이 풍성하신 하나님이 우리를 사랑하신 그 큰 사랑을 인하여 허물로 죽은 우리를 그리스도와 함께 살리셨고 (너희는 은혜로 구원을 받은 것이라) 또 함께 일으키"셨다(엡 2:4-6). 누가는 아볼로가 "은혜로 말미암아 믿은 자들에게 많은 유익을 주"었다고 했다(행 18:27).

그러나 그리스도인 안에서 행하시는 하나님의 은혜의 일은 회심에서 멈추지 않는다. 하나님의 은혜는 구원하시는 사랑이자 또한 지키시는 사랑이다. 그래서 하나님은 성령으로 말미암아 믿음으로 그 아들과 연합시키신 사람들을 또한 은혜로 그리스도 안에 주도적으로 보존하신다. 예를 들어서 베드로는 그리스도인들이 "말세에 나타내기로 예비하신 구원을 얻기 위하여 믿음으로 말미암아 하나님의 능력으로 보호하심을 입었"다고 했다(벧전 1:5). 바울도 회심자들에게 동일한 확신을 나눈다. "너희 안에서 착한 일을 시작하신 이가 그리스도 예수의 날까지 이루실 줄을 우리가 확신하노라"(빌 1:6). 바울은 디모데에게 "내가 믿는 자를 내가 알고 또한 내가 의탁한 것을 그날까지 그가 능히 지키실 줄을 확신함이라"고 썼고, 또 "주께서 나를 모든 악한 일에서 건져내시고 또 그의 천국에 들어가도록 구원하시리니"라고 했다(딤후 1:12, 4:18). 그러나 가장 확실한 것은 우리 구주 자신의 약속이다. "내 양은 내 음성을 들으며 나는 그들을 알며 그들은 나를 따르느니라 내가 그들에게 영생을 주노니 영원히 멸망하지 아니할 것이요 또 그들을 내 손에서 빼앗을 자가 없느니라"(요

10:27-28).

처음부터 끝까지 구원은 충족하고도 남는 하나님의 은혜의 일이다. 은혜는 어디에 있든지 그곳을 통치한다(롬 5:21). 하나님이 택하신 각 사람의 삶 속에 그분의 뜻이 이루어지지 못하게 막을 수 있는 것은 전무하다. 그리스도인의 확신을 시로 옮겨낸 어거스터스 톱레이디(Augustus Toplady)는 그것을 이렇게 압축했다.

내게 있는 전능하신 보호자
보이지 않게 늘 곁에 계시네.
불변의 사랑으로 구원하시고
권능으로 다스리고 명하시네.
그 웃음에 내게 위로 넘치고
이슬처럼 은혜 내려주시니
이 영혼 즐거이 보호하시고
구원의 울타리 둘러주시네.

적은 은혜로 만족할 수 있는 은혜란 없다.
- 토머스 맨턴(Thomas Manton)

하나님의 은혜는 놀라운 은혜일 뿐 아니라 넘치는 은혜다.
- 밴스 해브너(Vance Havner)

> 인간을 은혜로 이끄시는 것이 이미 은혜 상태에 들어온 사람을 영광으로 이끄시는 것보다 하나님께 더 큰 일이다. 은혜와 영광의 거리보다 죄와 은혜의 거리가 훨씬 더 멀기 때문이다.
>
> – 존 트랩(John Trapp)

은혜와 율법의 관계

그리스도인들은 선행의 삶으로 부름 받았다. 바울은 "우리는 그의 만드신 바라 그리스도 예수 안에서 선한 일을 위하여 지으심을 받은 자니 이 일은 하나님이 전에 예비하사 우리로 그 가운데서 행하게 하려 하심이니라"(엡 2:10)고 썼다. 그리스도인들은 "선한 사업을 많이" 해야 한다(딤전 6:18, 또한 딤후 3:17, 딛 2:7, 2:14, 3:8, 3:14도 참조). 그런데 신약 성경에서 선한 일이란 성경에 계시된 하나님의 뜻에 따라 행하는 일로서, 하나님과 이웃들을 향한 사랑에서 비롯되어 하늘에 계신 우리 아버지를 영화롭게 하는 것이 궁극의 목표다(마 5:16).

믿음을 고백하는 그리스도인들은 선행의 실천에 있어서 두 가지로 길을 잘못 들 수 있다. 하나는 일종의 교만인 율법주의에 빠지는 것이다. 율법주의자들은 선행을 하는 동기와 목표가 잘못되어 있다. 선행을 현재 자신들이 누리고 있는 것보다 더 하나님의 호의를 얻어내는 방법으로 보기 때문이다. 그들은 하나님의 수용에 자기들도 뭔가 기여할 수 있어야만 한다. 내 쪽에서 기여할 수 없는 구원 방식은 그들에게 아무런 매력이 없다. 이것이 하나님의 은혜에 대한, 타락한 우리의 본능적 반응이다. 우리는 거지 취급 받으며 하늘의 자선에 전적으로 의존하는 것을 싫어한다. 성자 하나님께 완전히 빚지는 것을 원치 않는다. 우리는 이렇게 말한다. "제발 예수님, 저도 뭔가 기여하게 해주십시오. 주님께 받아들여지는 데에 저도 조금은 한몫했다고 느끼고 싶습니다. 저를 전혀 쓸모없는 사람처럼 보이게 해서 제 자존심을 상하게 하시면 안 됩니다." 예수님께는 어림도 없는 일이다! 우리는 아무런 자격도 없고, 따라서 아무것도 기여할 수 없다. 윌리엄 템플(William Temple)의 말을 인용하여 "내가 유일하게 나 자신의 구속(救贖)에 기여할 수 있는 것은 구속받아야 하는 내 죄뿐이다." 그게 전부다. 그것밖에 우리는 기여할 것이 없다. 앞에서 이미 본 것처럼 하나님이 그리스도 안에서 전부 다 하신다.

그럼에도 불구하고 복음의 역사를 보면 인간들은 늘 교만하게 하나님의 은혜에 반항해왔다. 그래서 갈라디아 교회들의 유대주의자들은 "그야 예수께서 하신 일도 좋지! 하지만 그래도 너희는 할례를 받아야 돼. 예수님이 하신 일에 너희 자신의 행위도 좀 보태야 돼. 그래야 하나님이 받아주신다"(갈 2-3장, 저자가 풀어쓴 말)고 말했다. 골로새 교회에도 예수님 외에 무슨 비밀 철학이 더 있어야만 그리스도인들이 영적 완성에 이를 수 있다고 말한 사람들이 있었다. 그러나 바울은 "예수님 외에 더 필요하다"는 그 두 가르침을 모두 거짓 복음으로, 예수님 안에 계시된 하나님 은혜의 완전 충족성을 흐려놓고 부정하는 거짓 복음으로 정죄했다. "보라 나 바울은 너희에게 말하노니 너희가 만일 할례를 받으면 그리스도께서 너희에게 아무 유익이 없으리라… 율법 안에서 의롭다 함을 얻으려 하는 너희는 그리스도에게서 끊어지고 은혜에서 떨어진 자로다"(갈 5:2, 4). 또 "누가 철학과 헛된 속임수로 너희를 사로잡을까 주의하라… (그리스도) 안에는 신성의 모든 충만이 육체로 거하시고 너희도 그 안에서 충만하여졌으니"(골 2:8-10).

현대의 사이비 신자들도 똑같은 오류를 범하고 있다. 그들은 자기 영혼의 구원이 공동 사업이기를 원한다. "하나님은 스스로 돕는 자들을 도우신다"고 그들은 말한다. 하나님 앞에서 입지를 굳히려면 우리도 우리 몫을 해야 한다는 것이다. 어떤 사람들에게 그것은 사도직을 계승한 주교들에게 안수 받은 사제의 손에서 매주 성찬을 받는다는 뜻이다. 먼저 세례를 받아야만 하나님이 참으로 우리를 받아주신다고 주장하는 사람들도 있다. 그런가 하면 반드시 방언을 해야 하며 그렇지 않으면 완전히 구원받은 것이 아니라고 말하는 사람들도 있다. 통탄스럽게도 구원에 기여하는 행위 목록은 그렇게 계속된다. 술과 담배를 끊어야 한다, 주일마다 교회에 두 번 가야 한다, 적어도 하루에 한 사람에게 그리스도를 전해야 한다, 모든 수입의 십일조를 해야 한다 등등 그야말로 끝이 없다! 본질은 다 똑같다. 그리스도가 이미 우리에게 이루어주신 것 이상으로 하나님의 안정을 더 받으려면, "예수님 외에 더 필요하다"는 주장인 것이다. 이렇게 율법주의로 되돌아가는 것은 그리스도를 욕되게 하고 은혜를 폐하는 일이다(갈 2:21).

이렇듯 모든 형태의 율법주의는 그 주장과는 달리, 하나님의 호의를 더 사기는커녕 오히려 정반대의 결과를 가져온다. 그것은 우리를 그리스도에게서 끊어지게 한다. 누구를 막론하고 자신의 종교적인 선행으로 하나님과의 관계를 개선할 수 있다고 믿는 사람은 사실상 예수님 한 분만 믿을 수는 없다고 말하는 것이기 때문이다. 예수님이 죄인들의 세상을 위하여 하신 모든 일로는 부족하다는 것인데, 여기에 해당되는 단어는 딱 하나뿐이다. 바로 배교(背敎)다. 어떤 사람들은 은혜에서 떨어졌다. 칭의는 오직 그리스도 안에서 오직 믿음으로만 얻어야 한다. 오직 그리스도만 하나님의 율법의 요구를 전부 충족시키셨기 때문이다. 당신의 목표가 규정들에 순종하여 하나님을 만족시키는 것이라면, 당신은 모든 규정을 단 하나도 빼놓지 않고 다 준수해야 한다. 바울이 갈라디아서 3장 10절에 논증하는 것처럼, 50점으로는 하나님의 도덕 시험에 합격하기에 부족하다. 그분은 100퍼센트 시간에 100퍼센트 순종을 요구하신다. 그런 불가능한 수준에 스스로 도달할 수 있다고 믿는 사람들은 바보들뿐이다. 우리는 모든 형태의 율법주의적인 종교를 멀리하고 경계해야 한다. 그것이 우리의 교만을 부추기며 영혼을 굶어 죽게 만들기 때문이다.

이것의 반대쪽 극단에 율법을 배척하는 율법폐기론이 있다. 그리스도인들이 그리스도 예수 안에서 행하도록 지음 받은 선행의 실천은 성경에 나오는 하나님의 도덕법(그분의 계시된 뜻)에 따라 정해져야 하건만, 율법폐기론은 그것을 부정한다. 우리가 구원의 방법으로서의 도덕법에서 해방될 때 그리스도인의 행동 규범으로서의 율법에서도 함께 해방되었다는 것이다. 이렇듯 율법주의자들은 율법을 확대하고 은혜를 축소하는 반면 율법폐기론자들은 은혜를 확대하고 율법을 축소한다. 그들은 그리스도의 완벽한 율법 준수가 신자들에게 전가되었으므로 하나님이 신자들의 죄를 보지 않으신다고 주장한다. 따라서 계속 그리스도를 믿고 있는 한 우리의 일상적 행실은 중요하지 않다. 그러나 요한일서 1장 8절-2장 1절과 3장 4-10절에 더없이 분명히 나오는 것처럼, "그리스도 안에" 있으면서 동시에 우리 삶의 반복적인 죄와 불순종을 나 몰라라 한다는 것은 있을 수 없는 일이다.

성경에 계시된 하나님의 도덕법을 지키는 것은 모든 그리스도인들의 지속적인 의무다(롬 3:31). 바울은 "내가 하나님께는 율법 없는 자가 아니요 도리어 그리스도의 율법 아래에 있는 자"(고전 9:21)라고 했다. 아울러 그리스도인들은 날마다 회개하는 삶, 하나님의 율법을 지킬 수 있도록 지속적으로 그분의 도우심을 구하는 삶으로 부름 받았다. 사실 우리에게 성령을 주신 것은 하나님의 도덕법을 우리 마음에 기록하시고(렘 31:33) 그분의 규례대로 행하게 하시기 위함이다(겔 36:26-27). 말로는 그리스도를 믿는다고 하면서, 우상을 버리고 하나님께로 돌아와서 살아계시고 참되신 하나님을 섬기고자 하지 않는 사람에게 성경은 구원을 보장하지 않는다(고전 6:9-11, 살전 1:9, 계 21:8).

은혜는 우리에게 하나님의 율법을 어길 구실을 주기는커녕 오히려 도덕법을 그리스도인의 행실 규정으로 떠받든다. 바울은 "모든 사람에게 구원을 주시는 하나님의 은혜가 나타나 우리를 양육하시되 경건하지 않은 것과 이 세상 정욕을 다 버리고 신중함과 의로움과 경건함으로 이 세상에 살고"(딛 2:11-12)라고 썼다. 이보다 명확한 말이 또 어디 있겠는가? 값없는 주권적 은혜에 대한 신약 성경의 교리는 율법주의자들의 교만을 낮춤과 동시에 율법폐기론자들의 방종을 단죄한다. 그것은 우리가 마땅히 해야 함에도 본성상 하지 않으려는 선행을, 즐거워서 하는 섬김으로 바꾸어준다. 선행이 즐거운 것은 친히 무한한 값을 치르시고 우리를 구속하신 "모든 은혜의 하나님"을 우리가 사랑하기 때문이다(벧전 1:15-19, 5:10).

은혜가 주는 자유

법 아래 살지 않고 은혜 아래 사는 것은 참 자유를 아는 것이다. 우리 주 예수 그리스도가 "그러므로 아들이 너희를 자유롭게 하면 너희가 참으로 자유로우리라"(요 8:36)는 말씀에서 제자들에게 약속하신 것이 바로 그것이다. 은혜 아래 있는 그리스도인들은 첫째로 율법의 정죄에서 자유롭다(롬 8:1-2). 그들은 하나님의 도덕법의 요구를 완전히 충족시켜서 하나님의 인정을 얻어내려 하는 무지막지한 짐에 더 이상 눌려 있지 않다. 은혜로 구원받은 그들은 자신이 영원히 용서받았으며, 설령 자신이 하나님을 실망시켜도 – 삶 속에 남아 있는 죄 때문에 실패할 수밖에 없다 – 구원을 잃을 수 없다는 확신 속에서 살아간다. 그들은 실패해도 주저앉지 않는다. 대신 그들은 털고 일어나서 하나님의 용서와 은혜를 구하며 그리스도인의 삶을 계속 살아간다.

둘째, 은혜 아래 있는 그리스도인들은 죄의 지배에서 자유롭다. 로마의 그리스도인들에게 바울은 "죄가 너희를 주장하지 못하리니 이는 너희가 법 아래에 있지 아니하고 은혜 아래에 있음이라"(롬 6:14)고 썼다. 회심 전에 즐기던 것처럼 죄 짓기를 즐길 수 있는 그리스도인은 아무도 없다.

십자가에 죽으시고 부활하신 그리스도와 믿음으로 연합함으로써 그들의 본질이 바뀌었기 때문이다. "그런즉 누구든지 그리스도 안에 있으면 새로운 피조물이라 이전 것은 지나갔으니 보라 새 것이 되었도다"(고후 5:17). 회심 전에는 자신의 낙만 좇던 그들이지만 이제는 하나님을 기쁘시게 하는 것이 그들의 목표가 되었다(고후 5:9).

바울은 로마서 7장 21-25절에 그것을 이렇게 표현했다.

"그러므로 내가 한 법을 깨달았노니 곧 선을 행하기 원하는 나에게 악이 함께 있는 것이로다 내 속사람으로는 하나님의 법을 즐거워하되 내 지체 속에서 한 다른 법이 내 마음의 법과 싸워 내 지체 속에 있는 죄의 법으로 나를 사로잡는 것을 보는도다 오호라 나는 곤고한 사람이로다 이 사망의 몸에서 누가 나를 건져내랴 우리 주 예수 그리스도로 말미암아 하나님께 감사하리로다 그런즉 내 자신이 마음으로는 하나님의 법을 육신으로는 죄의 법을 섬기노라."

그리스도인의 삶은 죄와의 싸움이지만, 회심 때의 하나님의 은혜 덕분에 그리스도인들에게는 하나님의 뜻을 행할 마음도 있고 그럴 힘도 있다. 그리고 그들은 그렇게 행할 때에만 행복과 만족을 누린다.

셋째, 은혜 아래 있는 그리스도인들은 역경의 위협에서 자유롭다(롬 8:28-39). "환난이나 곤고나 박해나 기근이나 적신이나 위험이나 칼"의 위협이 있을 수 있으나 그리스도인은 겁먹지 않는다. 자신이 그리스도께 속한 자이며 아무것도 자신을 우리 주 그리스도 예수 안에 있는 하나님의 사랑에서 끊을 수 없음을 알기 때문이다. 그리스도인은 "하나님을 사랑하는 자 곧 그의 뜻대로 부르심을 입은 자들에게는 모든 것이 합력하여 선을 이루"는 것을 안다. 그래서 때때로 두려움이 영혼을 사로잡을 때에도 그리스도인은 어찌할 바를 안다. 하나님이 우리를 위하시면 우리를 대적할 자가 없다는 사실을 상기하면서 믿음을 더욱 굳건히 하는 것이다.

은혜가 동기가 된다

하나님의 값없는 주권적 은혜의 교리를 바로 이해하면 또한 "하나님이 전에 예비하사 우리로 그 가운데서 행하게 하려" 하신 그 "선한 일"을 행할 지칠 줄 모르는 에너지가 생겨난다(엡 2:10). 그리스도인의 교리가 은혜라면 그리스도인의 본분은 감사이기 때문이다. 요한의 말처럼 "우리가 사랑함은 그가 먼저 우리를 사랑하셨음"(요일 4:19)이다. 오늘날 그리스도인들이 하나님의 은혜를 더 안다면 세상은 경건한 섬김을 지금보다 훨씬 많이 보고 있을 것이다. 그리스도는 크신 자기 희생의 사랑으로 하나님께 버림받으시고, 죄인인 우리가 마땅히 당했어야 할 십자가의 죽음을 당하셨다. 그래서 우리는 그 나라의 진보를 위하여 아낌없이 헌신적으로 우리 자신을 바치게 된다. 말로는 그리스도인이라 하면서 감사가 충만하지 않고, 자기 인생을 하나님께 바치려는 동기가 없는 사람은 자신이 정말로 구원받았는지 따져볼 이유가 있다.

하나님의 은혜는 그리스도인의 삶에 변화를 낳는데, 다소의 사울에게 일어난 극적인 변화가 그 생생한 예다. 교회를 핍박하던 그가 후에 이방인의 사도가 되었던 것이다. 그는 "그러나 내가 나 된 것은 하나님의 은혜로 된 것이니 내게 주신 그의 은혜가 헛되지 아니하여 내가 모든 사도보다 더 많이 수고하였으나 내가 아니요 오직 나와 함께 하신 하나님의 은혜로라"(고전 15:10)고 썼다. 이 구절에 나와 있듯이, 바울은 자신의 회심뿐 아니라 자신이 사도로서 삶과 사역 노정에서 행하고 이룰 수 있었던 모든 일까지도 다 하나님의 은혜로 돌렸다.

그러므로 바울과 다른 사도들이 자신과 구주의 관계를 지칭할 때 다른 어떤 단어보다 더 즐겨 쓴 단어가 둘로스(doulos)라는 사실은 의미심장하다. 그것은 문자적으로 "예수 그리스도의 종 또는 노예"(롬 1:1)라는 뜻으로, 그야말로 철저하고 완전한 예속을 나타내는 매우 강한 단어다. 하지만 신약 성경에서 이 말은 즐겁게 자원하는 예속, 전심을 다한 자발적인 예속을 뜻한다.

나아가 이것은 뭔가 받기를 바라고 섬기는 것이 아니라 이미 받은 것에 대한 반응으로 섬기는 것이다. 바울은 "그리스도의 사랑이 우리를 강권하시는도다"(고후 5:14)라고 했다. 그리스도인의 모든 섬김은 바울이 다음 구절에 말한 대로 "모든 사람을 대신하여 죽으신" 그분의 놀라운 사랑에서 비롯된 것이라야 한다. 그분이 "죽으심은 살아 있는 자들로 하여금 다시는 그들 자신을 위하여 살지 않고 오직 그들을 대신하여 죽었다가 다시 살아나신 이를 위하여 살게 하려 함"(고후 5:15)이다.

그리스도인이 예수 그리스도의 헌신적인 종이라는 이 개념은 율법의 지배를 받던 히브리인 노예들에게서 온 것이 틀림없다. 그것이 출애굽기

21장에 이렇게 나와 있다.

"네가 히브리 종을 사면 그는 여섯 해 동안 섬길 것이요 일곱째 해에는 몸값을 물지 않고 나가 자유인이 될 것이며 만일 그가 단신으로 왔으면 단신으로 나갈 것이요 장가 들었으면 그의 아내도 그와 함께 나가려니와 만일 상전이 그에게 아내를 주어 그의 아내가 아들이나 딸을 낳았으면 그의 아내와 그의 자식들은 상전에게 속할 것이요 그는 단신으로 나갈 것이로되 만일 종이 분명히 말하기를 내가 상전과 내 처자를 사랑하니 나가서 자유인이 되지 않겠노라 하면 상전이 그를 데리고 재판장에게로 갈 것이요 또 그를 문이나 문설주 앞으로 데리고 가서 그것에다가 송곳으로 그의 귀를 뚫을 것이라 그는 종신토록 그 상전을 섬기리라"(출 21:2-6).

동일한 원리다. 히브리인 노예는 섬길 연한을 채웠고 하나님의 은혜의 법령에 따라 마땅히 해방되어야 한다. 그러나 자신에게 처자식을 준 좋은 상전이라서 그가 상전을 사랑하면, 그는 자기 마음의 직관에 따라 스스로 예속되어 남은 평생 즐겁게 헌신적으로 상전을 섬길 수 있다.

예수님의 비유에 나오는 탕자도 비슷한 헌신적 사랑을 느꼈다. 먼 나라에서 정신이 든 이 죄인은 이기적인 쾌락을 좇은 자신의 정욕이 아버지에게 얼마나 상처와 해를 주었는지 깨닫고는 이렇게 말했다. "내가 일어나 아버지께 가서 이르기를 아버지여 내가 하늘과 아버지께 죄를 지었사오니 지금부터는 아버지의 아들이라 일컬음을 감당하지 못하겠나이다 나를 품꾼의 하나로 보소서 하리라"(눅 15:18). 탕자가 바란 것은 그것뿐이었다. 아버지가 자신의 허랑방탕한 삶을 용서해주기만 한다면 그는 남은 여생을 바쳐 감사히 아버지의 집에서 봉사할 참이었다. 바로 이것이 하나님 앞에서 진정으로 회개한 모든 죄인들의 심정이다. 우리는 우리가 오직 하나님의 영원한 진노를 받아 마땅한 존재임을 안다. 그런데 만일 그리스도를 통하여 우리를 용서하실 자비로운 마음이 그분께 있다면, 우리는 영원히 그분을 사랑하고 섬길 것이다.

누가복음 7장의 죄 많은 여자도 그런 심정이 아니었던가? 그리스도는 그녀의 많은 죄를 사해주셨고, 그래서 그녀는 바리새인 시몬의 집에서 예수님과 함께 식탁에 앉은 종교 당국자들의 비판과 경멸에도 아랑곳하지 않았다. 고마운 사랑에 이끌려 그녀는 눈물로 구주의 발을 씻고, 머리털로 닦은 뒤 그 발에 입을 맞추며 값비싼 향유를 부었다. 이것은 용감하고 희생적인 예배 행위였다. 사람들은 그녀의 감사와 사랑의 섬김을 받고 계신 그리스도를 비난했다. 그러자 그분은 "그의 많은 죄가 사하여졌도다 이는 그의 사랑함이 많음이라 사함을 받은 일이 적은 자는 적게 사랑하느니라"(눅 7:47)고 대답하셨다. 하나님을 가장 많이 사랑하고 섬기는 사람은 그리스도 안에서 자신에게 베푸신 하나님의 사랑을 가장 많이 자각하고 있는 사람이다. 로버트 트레일(Robert Trail)의 말을 인용하여 "그분의 사랑에 반응하여 그리스도를 향한 당신의 사랑에 불을 붙였거든… 그분을 섬기고 찬양하는 가운데 끝까지 다 타게 하라."

청지기로 산다는 것   Totally Committed to Christ

교리를 제대로 적용할 경우, 오직 은혜로만 구원받는다는 교리보다 경건한 삶에 더 도움이 되는 교리는 하나님 말씀 전체에 없다.
- R. B. 카이퍼(R. B. Kuiper)

주의 귀한 은혜 받고
일생 빚진 자 되네.
주의 은혜 사슬 되사
나를 주께 매소서.
- 로버트 로빈슨(Robert Robinson)

구덩이에서 사람들을 구원하신 주께서 그들에게 감사의 표현을 청하셔야만 하다니 얼마나 이상한 일인가!
- 도널드 그레이 반하우스(Donald Grey Barnhouse)

삶을 바꾸는 질문   Totally Committed to Christ

1. 하나님의 은혜의 본질과 정도를 설명하고, 신약 성경의 말씀들을 가지고 당신의 말을 뒷받침해보라.

2. 로마서 6장 1-23절을 읽고 바울의 가르침에서 "은혜 아래" 있다는 것에 함축된 의미를 찾아보라.

3. 율법주의와 율법폐기론이 그리스도인의 삶에 끼치는 위험은 무엇인가? 갈라디아서 5장 2-4절, 골로새서 2장 8-10절, 로마서 6장 1-4절, 디도서 2장 11-12절, 요한일서 1장 8절-2장 1절, 3장 4-10절을 참조하라.

4. 어떤 면에서 은혜는 그리스도인의 삶에 자유를 가져다주는가? 로마서 8장 1-2절, 6장 14절, 7장 21-25절, 8장 28-39절을 참조하라.

5. 하나님을 섬기는 지칠 줄 모르는 에너지는 은혜에서 나온다. 은혜의 이런 측면이 나와 있는 말씀을 신약 성경에서 세 곳 찾아보라. 당신의 삶 속에서도 그것이 사실로 입증되고 있는가?

기도하기

Totally Committed to Christ

1. 당신이 그리스도인이라면 당신이 우상을 버리고 하나님께 돌아와 살아계시고 참되신 하나님을 섬기게 하신 것에 감사를 드리라. 그분을 더 잘 섬기도록 성령으로 말미암아 당신을 은혜로 더 강권해주시기를 기도하라.

2. 당신이 그리스도인이 아니라면 죄인인 당신에게 자비를 베풀어주시도록 하나님께 기도하라. 회개하고 죄에서 돌이켜, 믿음으로 주 예수 그리스도를 당신의 구주로 영접할 수 있는 은혜를 구하라. 그러고나서 다소의 사울처럼, 어떻게 섬겨야 할지 보여주시기를 주님께 기도하라(행 9:6).

Totally Committed to Christ

나의 생명 드리니 주여 받아주셔서
세상 살아갈 동안 찬송하게 합소서.

손과 발을 드리니 주여 받아주셔서
주의 일을 위하여 민첩하게 합소서.

나의 음성 드리니 주여 받아주셔서
주의 진리 말씀만 전파하게 합소서.

나의 보화 드리니 주여 받아주셔서
하늘나라 위하여 주 뜻대로 쓰소서.

나의 시간 드리니 주여 받아주셔서
평생토록 주 위해 봉사하게 합소서.

- 프랜시스 리들리 해버갈(Frances Ridley Havergal, 1836-1879)

Totally Committed to Christ

3장. 몸의 청지기

"그러므로 형제들아 내가 하나님의 모든 자비하심으로 너희를 권하노니 너희 몸을 하나님이 기뻐하시는 거룩한 산 제물로 드리라 이는 너희가 드릴 영적 예배니라"(롬 12:1).

청지기직은 우리 모두가 배우고 자라가야 할 기독교 제자도의 핵심이다. 우리는 하나님을 섬기는 일에 게을러지기 아주 쉽다. 주님을 따르는 모든 사람들이 자신이 하나님의 청지기라는 이 부르심을 더 깊이 이해하고, 거기에 더 깊이 헌신하는 것이 주님의 열망이다.

출발점은 당연히 우리 자신, 곧 우리의 몸과 사고다. 시간과 재능과 돈과 가정과 전도를 드리기 전에 먼저 자신을 주님께 드리는 것이 성경의 순서다. 먼저 우리 자신을 하나님께 바치기 전에는 우리에게 소중한 것들을 하나님께 바치는 일에 절대로 충실할 수 없다.

마게도냐 교회들이 사도 바울의 사랑을 받은 것도 이런 헌신적인 섬김 때문이었다. 기근을 당한 유대 지방의 그리스도인들을 위하여 특별

구제 헌금을 마련하고 있던 바울은 마게도냐의 그리스도인들에게도 동참할 것을 당부했었다. 그런데 고린도후서 8장 2-5절에서 바울은 마게도냐의 그리스도인들이 "환난의 많은 시련"과 "극심한 가난"을 겪는 중에도 "힘에 지나도록 자원하여 이 은혜와 성도 섬기는 일에 참여함에 대하여 우리에게 간절히 구"했다고 말한다. 그리고 과연 "우리의 바라던 것뿐 아니라 그들이 먼저 자신을 주께 드리고 또 하나님의 뜻을 따라 우리에게 주었도다"라고 그는 말한다. 하나님께 충성하는 청지기직은 우리 자신에게서 시작되어야 한다. 이상하게 들릴지 모르지만, 우리는 그리스도인이면서도 온전히 헌신되지 않은 그리스도인이 될 수 있다. 필요 이상으로 오래 "그리스도 안에서 어린 아이"로 남아 있을 수 있다(고전 3:1-3, 히 5:12-14). 그리스도께 한 자리나 어쩌면 제법 높은 자리까지는 드려도 최고의 자리는 드리지 않는 삶이 가능하다. 우리의 모든 소원과 행동 속에서 그분은 첫째가 아니다. 그래서 바울은 그리스도인이 된 지 꽤 오래된 사람들에게 로마서 12장 1절을 쓰면서, 그들의 삶을 하나님께 전부 바치라고 촉구하고 있다. "그러므로 형제들아 내가 하나님의 모든 자비하심으로 너희를 권하노니 너희 몸을 하나님이 기뻐하시는 거룩한 산 제물로 드리라 이는 너희가 드릴 영적 예배니라."

우리 몸을 하나님께 드리라는 호소

바울은 "그러므로 형제들아 내가… 너희를 권하노니 너희 몸을 하나님(께)… 드리라"고 말한다. 이것은 남녀노소 유대인과 이방인으로 구성된 로마 교회의 모든 그리스도인들에게 하는 호소다. 바울은 그들을 "형제들"이라고 부른다. 즉, 그들은 하나님의 국제적인 가정 안에서 그의 형제자매들이었다. 당시에 바울은 로마에 한 번도 가본 적이 없었지만, 다른 도시들에서 함께 일한 것을 계기로 그 교회 신자들을 꽤 알고 있었다. 16장에서 그는 그들을 주 안에서 많이 수고한 자들로 표현하고 있다(롬 16:6, 12). 그런데 바울은 자기가 모르던 다른 사람들과 한가지로 그 신자들에게도 주님께 몸을 드리라고 명하고 있다.

여기서 중요하게 짚어둘 것이 하나 있다. 그리스도인의 헌신은 신앙생활이 시작되는 시점에서 끝나지 않는다. 그리스도인의 삶은 예수 그리스도께 우리 자신을 드리는 행위로 시작된다. 그때 우리는 회개와 믿음으로 그분께 나아가 그분을 나의 구주와 주님으로 모신다. 그러나 그 없어서는 안 되는 시작이 끝은 아니다. 사도는 하나님과 그분을 섬기는 일에 우리 몸을 계속 산 제사로 드리라고 촉구하고 있다.

성경에 자주 강조되는 것처럼, 이런 의미에서 그리스도인의 삶은 결혼과 비슷하다. 결혼은 서로를 향한 두 사람의 헌신의 결단으로 시작된다. 그들은 공적인 예식을 통하여 그 헌신을 고백한다. 그러나 서로를 향한 그 헌신의 결단 후에도 상호 간의 사랑과 자기 희생을 통하여 평생 동안 계속 서로를 향한 재헌신이 있어야 한다. 첫 헌신의 순간은 서로를 향하여 점점 자라가는 평생의 섬김으로 이어진다. 그리스도인의 삶도 그런 면에서 결혼과 같다. 회개와 믿음으로 그리스도께 처음 올 때 우리는 그분과 그분을 섬기는 일에 자신을 드리는 것을 피할 수 없다. 그러나 그 헌신의 순간 이후에 평생의 순응이 뒤따라야 한다. 우리 몸을 계속 그리스도께 드리면서, 그분을 섬기는 일에 점점 더 가담해야 하는 것이다.

이제 우리는 "몸"이라는 단어에 집중한다. 바울의 글을 읽던 그리스인들에게는 하나님께 자기 몸을 드리라는 이 명령이 이상해 보였을 것이다. 그들은 플라톤의 철학 속에서 자랐기 때문에 몸을 거추장스러운 방해물로 여겼다. 그리스인들의 일대 구호는 "몸은 무덤이다"였고, 그래서 그들은 무덤인 육체에서 자신들의 영이 놓여나기를 무엇보다도 간절히 바랐다. 그러니 하나님께 우리 몸을 산 제사로 드려야 한다는 개념이 그리스인들에게는 아주 질색이었을 것이다. 오늘날 동양의 신비 종교들을 따르는 사람들도 거기에 눈살을 찌푸린다. 심지어 그리스도인들도 자기 몸을 필요악으로 여기는 사람들이 있다. 말콤 머거리지(Malcolm Muggeridge)는 종종 자신이 시체를 끌고 다닌다고 말하곤 했다.

그러나 그리스도인은 자신의 몸을 그렇게 생각해서는 안 된다. 우리 가운데는 예수님께 우리의 마음을 드려야 한다고 배운 사람들도 있다. 그래서 우리는 자신의 몸이 배제된 채로 그리스도와 함께 무슨 신비 체험을 하는 것으로 생각한다. 하지만 그것은 아주 잘못된 사상이다. 바울은 우리가 무엇보다 먼저 몸을 하나님께 드려야 한다고 말한다. 나아가 그는 몸을 드리는 것이 비(非)영적인 일로 보일 수 있으나 사실은 그렇지 않다며 그것을 "영적인 예배"라고 부르고 있다. 이것은 흥미로운 역설이다. 하나님께 우리 자신을 드리되 단순히 내적이고 영적인 부분만 드린다면 절대로 그분을 기쁘시게 할 수 없다고 사도는 분명히 말하고 있다. 그것은 우리 몸의 구체적인 활동들로 표현되어야 한다. 인간은 몸과 영으로 된 존재이기 때문이다.

거기에 이의를 제기할 사람은 분명 아무도 없을 것이다. 우리의 혼과 사고는 몸이 없이는 이 땅에서 아무것도 할 수 없다. 우리가 성인(聖人)이든 죄인이든, 그리스도인이든 그리스도인이 아니든, 몸은 우리의 성품이 표현되는 통로다. 레위기 8장 22-24절을 읽어보면, 아론과 그 아들들이 제사장 직분에 위임될 때 모세는 "위임식의 숫양"을 잡아서 "그 피를 가져다가… 아론의 오른쪽 귓부리와 그의 오른손 엄지 손가락과 그의 오른쪽 엄지 발가락에 바"른다. 이것은 무슨 의미인가? 그 순간부터 그들의 귀는 하나님 말씀에 바쳐졌고, 손은 하나님의 일에 쓰이며, 발은 하나님의 길로 행해야 한다는 뜻이었다. 그들은 자신의 것이 아니었다. 제물의 피로 말미암아 그들의 몸은 하나님의 제사장직에 바쳐졌다. 성자 하나님의 구속의 피가 우리에게 요구하는 것도 그와 똑같다.

로마서 3장에서 바울이 하나님 없는 인간의 상태를 기술할 때 굳이 인체의 다양한 부위들이 하나님을 대항하고 있는 것으로 표현한 것도 흥미롭다. 바울은 이렇게 말한다.

"그들의 목구멍은 열린 무덤이요

그 혀로는 속임을 일삼으며

그 입술에는 독사의 독이 있고

그 입에는 저주와 악독이 가득하고

그 발은 피 흘리는 데 빠른지라…

그들의 눈 앞에 하나님을 두려워함이 없느니라"(롬 3:13-18).

회심 전만 해도 우리 몸의 이 다양한 부위들은 마귀를 섬기는 데 쓰였다. 그러나 이제는 "너희 지체(다양한 신체 부위)를 불의의 무기로 죄에게 내주지 말고 오직 너희 자신을 죽은 자 가운데서 다시 살아난 자 같이 하나님께 드리며 너희 지체를 의의 무기로 하나님께 드리라"(롬 6:13, 또한 6:16, 19 참조)고 바울은 말한다.

그리스도인의 헌신은 몸의 행실로 분명히 나타나야 한다. 구원과 함께 우리 몸을 회복하여 이토록 고귀하게 써주시니 하나님은 얼마나 은혜로우신 분인가! 그분의 종으로서 우리의 입술은 진리를 말하고 복음을 전할 수 있다. 우리의 혀는 낙심한 자들에게 격려를, 삶 속에서 상처를 입은 자들에게 치유를 가져다줄 수 있다. 우리의 손은 넘어진 자들을 일으켜주고, 환자들을 간호하며, 장애인들에게 요리와 집 청소를 해주고, 수선과 타이핑과 글쓰기와 잔디 깎기 등 다른 많은 일상적인 일들을 할 수 있다. 우리의 팔은 외롭고 사랑받지 못하는 자들을 애정으로 안아줄 수 있다. 우리의 귀는 괴로운 자들의 하소연, 축복받은 자들의 감사, 혼란에 빠졌거나 하나님을 구하는 자들의 의문을 들어줄 수 있다. 우리의 눈은 목자 없는 양처럼 잃어버린 영혼들을 긍휼로 바라볼 수 있고, 도움이 필요한 부분들이나 하나님을 더 잘 섬길 수 있는 방법들을 살필 수 있으며, 자신의 약속과 뜻을 이루실 하나님을 겸손과 인내로 바라볼 수 있다.

히브리서 10장 5-7절에 보면 예수의 영이 말씀하신다. "하나님이 제사와 예물을 원하지 아니하시고 오직 나를 위하여 한 몸을 예비하셨도다… 이에 내가 말하기를 하나님이여 보시옵소서… (내가) 하나님의 뜻을 행하러 왔나이다 하시니라"(시 40편 참조). 이 땅에서 하나님의 뜻을 행하시기 위해서 예수님은 인간의 몸을 입으셔야 했다. 하나님을 섬기시고 자기 사람들의 구원을 이루시기 위해서 행하신 모든 일을 그분은 자신의 몸으로 하셨다. 그분의 발은 그분을 팔레스타인의 마을들로 데려가셨다. 그분의 손은 병든 자들을 고쳐주셨다. 그분의 입술은 생명의 말씀을 들려주셨다. 그분의 귀는 궁핍한 자들의 부르짖음을 들어주셨다. 그분의 눈은 멸망하는 자들을 인하여 눈물을 흘리셨다. 그리고 마침내 그분이 자기 양들을 위하여 목숨을 버리려고 예루살렘에 오셨을 때, 베드로는 그분이 "친히 나무에 달려 그 몸으로 우리 죄를 담당하셨으니"(벧전 2:24)라고 했다.

예수 그리스도는 하나님의 완전한 "종"이었다(사 49:3-6, 52:13-53:12). 우리를 구원하시는 일을 그분이 몸으로만 이루실 수 있었던 것처럼, 오늘 우리도 그 구원의 소식과 열매를 몸으로 표현하는 종으로 부름 받았다.

고린도전서 6장 15-20절에 바울은 "너희 몸이 그리스도의 지체인 줄을 알지 못하느냐… 너희 몸은 너희가 하나님께로부터 받은 바 너희 가운데 계신 성령의 전인 줄을 알지 못하느냐 너희는 너희 자신의 것이 아니라 값으로 산 것이 되었으니 그런즉 너희 몸으로 하나님께 영광을 돌리라"고 말한다. 이것은 심각한 문제다. 내생에서 우리가 받을 상급 또는 손해가 이생에서 우리 몸으로 하는 일로 결정되기 때문이다. "이는 우리가 다 반드시 그리스도의 심판대 앞에 나타내게 되어 각각 선악간에 그 몸으로 행한 것을 따라 받으려 함이라"(고후 5:10).

우리 몸을 하나님께 드리는 방법

바울은 "그러므로 형제들아 내가… 너희를 권하노니 너희 몸을 하나님이 기뻐하시는 거룩한 산 제물로 드리라"(롬 12:1)고 말한다. 하나님을 섬기기 위해 우리 몸을 드리는 일의 특징이 이 말씀 속에 최소한 세 가지가 나온다.

1. 결단으로 해야 한다

이것은 "드리라"는 동사에 암시되어 있다. 그것은 부정과거 능동태 부정사로, 한번 하면 끝내 철회되지 않을 행동을 뜻한다. 마리아와 요셉이 성전에서 아기 예수를 하나님께 드릴 때도 그 단어가 쓰였고, 그리스도가 어느 날 자기 앞에 흠 없고 영광스러운 교회를 바치신다고 한 말씀에도 이 단어가 쓰였다. 이렇게 하나님을 섬기는 삶에 전폭적으로 헌신하는 것은 우리의 회심 때에 이루어지는 것이 이상적이다. 다메섹으로 가던 길의 사도 바울이 그랬다. 눈부시게 환한 부활의 영광으로 자신에게 나타나신 분이 예수님임을 깨닫는 순간 그의 반응은 "주님, 무엇을 하리이까"(행 22:10)였다. 그리스도인으로서 자신이 삶이 시작되는 바로 그 순간부터 바울은 그리스도를 섬기는 데에 자신의 삶을 바쳤다. 철회될 수 없는 결단이었다. 단호했다. 조건이나 단서가 없었다. 그의 헌신은 절대적이고 무조건적이었다.

그러나 이런 헌신은 회심한 후 자신의 삶을 향한 하나님의 뜻을 더 명확히 알게 되면서 이루어질 때가 많다. 교회사를 보면 그리스도인이 되고 꽤 시간이 지나서야 하나님을 섬기려고 자신의 삶을 진지하고 엄숙하게 그분께 드린 사람들의 전기(傳記)가 가득하다. 18세기 뉴잉글랜드의 위대한 전도자 조나단 에드워즈(Jonathan Edwards)를 생각해보라. 하나님과 그런 계약을 맺은 후에 그는 일기장에 이렇게 썼다.

> 오늘 나는 하나님 앞에 있었고 나 자신, 내 소유와 존재 전부를 하나님께 드렸다. 이제 나는 어느 모로나 나 자신의 것이 아니다. 나 자신, 내 지식, 내 의지, 내 감정에 나는 더 이상 어떤 권리도 주장하지 않는다. 이 몸이나 몸의 어떤 지체에 대해서도 나는 권리가 없다. 이 혀, 이 손, 이 발, 이 눈, 이 귀에도 아무런 권리가 없다. 나 자신을 깨끗이 다 드렸다.

위대한 주석가 매튜 헨리의 아버지인 필립 헨리(Philip Henry)도 비슷한 맥락에서, 자기 자녀들이 예수 그리스도를 믿기 시작했을 때 이런 헌신의 기도를 드리도록 가르쳤다.

> 저는 성부 하나님을 제 하나님으로 삼고,
> 성자 하나님을 제 구주로 삼고,
> 성령님을 저를 성화시켜주시는 분으로 삼고,
> 하나님의 말씀을 제 규례로 삼고,
> 하나님의 백성을 제 백성으로 삼습니다.
> 이로써 저는 저의 자아를 전부 주님께 바치고 헌신합니다.
> 신중히, 아낌없이, 영원히 그리합니다. 아멘.

헌신은 희생을 두려워하지 않는 결단이다. 타 종교의 헌신한 사람들이 우리를 부끄럽게 할 때가 종종 있다. 한번은 아름다운 신전 건축을 지켜보고 있던 한 선교사가 옆에 서 있던 인디언 여자에게 "비용이 얼마나 들겠습니까?"라고 물었다. 여자는 "우리 신들을 위한 것입니다. 우리는 비용이 얼마나 들지 따지지 않습니다"라고 대답했다. 당신은 혹 어떤 대가가 따를지 두려워서 아직 움켜쥐고 있는 것이 있는가? 하나님은 당신의 전 존재를 완전히 그분의 처분에 맡길 것을 요구하신다. 지금 그렇게 하라. 앙투아네트 부리뇽(Antoinette Bourignon)의 말로 기도하라.

이후로 그 어떤 세속의 낙도
제 드려진 영혼을 나누지 못하게 하소서.
제 전부의 주인 되신 주님,
주의 권리이니 주님이 소유하소서.

지금 사도 바울은 바로 이 단순한 드림의 행위, 위탁의 행위를 호소하고 있는 것이다. 그것은 결혼할 때 우리가 배우자에게 하는 헌신처럼 단호한 결단이어야 한다. 어떤 조건도, 돌이킴도, 철회도 있을 수 없다.

2. 평생의 헌신으로 해야 한다

바울은 여기서 구약의 죽은 피 제사와 신약의 산 제사를 대비시킨다. 죽은 제사는 한순간의 제사다. 한 번 드리면 그것으로 끝이다. 다시 드릴 수 없다. 얼마 후에 다시 다른 제사를 드려야 한다. 구약 시대 하나님 백성의 제사와 섬김은 그런 것이었다. 그러나 신약에 오면 하나님께 드리는 그리스도인의 제사와 섬김은 다르다. 이것은 평생 계속되는 제사다.

그리스도인의 헌신과 섬김은 단지 교회에 가느라 일주일에 하루를 희생하거나 사순절 기간 중에 호사스런 삶을 희생하는 것이 아니다. 아니, 그것은 그보다 훨씬 더 근본적인 것이다. 바울의 당부대로 우리 몸을 하나님께 산 제사로 드리는 것보다 어쩌다 한 번씩 하나님을 위해서 희생하는 편이 훨씬 쉽다. 그러나 그분이 우리에게 바라시는 것은 그것이 아니다. 믿음의 집에서 하나님의 진정한 청지기로 살아가는 삶은 끊임없는 제사의 삶이다. 우리는 종이다. 하루 24시간 날마다 대기 중이다. 우리 주님이 친히 모든 제자들에게 그것을 요구하셨다. 그분은 그들에게 "아무든지 나를 따라오려거든 자기를 부인하고 날마다 제 십자가를 지고 나를 따를 것이니라"(눅 9:23)고 말씀하셨다. 바울도 그것을 받아들였기에 고린도 교인들에게 "나는 날마다 죽노라"(고전 15:31)고 말할 수 있었다. 그는 날마다 자신을 위한 삶을 버리고 하나님을 위해서 살았다. 그는 반복해서 자신을 "그리스도의 종"(롬 1:1, 갈 1:10, 딛 1:1)이라고 부르고 있다.

스티븐 올포드(Stephen Olford)의 책에 나오는 이야기인데, 한번은 집회가 끝난 후에 어떤 여자가 그에게 다가와 이렇게 말했다. "하나님께 자신의 삶을 전적으로 드리는 것에 대한 그의 말은 모두 터무니없는 소리예요! 해도 소용없어요." 올포드 박사는 그녀에게 강경하게 말할 필요가 있음을 즉각 느끼고는 이렇게 대답했다. "아가씨, 정말로 솔직하신 건 아니군요. 틀림없이 아가씨는 자신의 삶을 그리스도께 완전히 드려본 적이 한 번도 없습니다." 그녀는 크게 동요한듯 무슨 뜻이냐고 물었다. 그는

"신약에서 말하는 헌신은 하루나 일주일이나 1년의 문제가 아니라 평생의 계약입니다. 아가씨가 자신의 말대로 하나님께 인생을 드렸다면, 지금 제단에서 내려와 무엇을 하고 계신 겁니까?" 바로 그것이다. 하나님께 우리 몸을 드린다는 것은 지속적인 산 제사다. 하지만 하나님께 우리 몸을 드리라는 바울의 말은 거기서 끝나지 않는다.

3. 하나님이 기뻐하시는 거룩한 제사라야 한다

구약 시대에 하나님을 섬기던 방식에 계속 빗대어 바울은 로마 교인들에게 "너희 몸을 하나님이 기뻐하시는 거룩한 산 제물로 드리라"고 권한다. 구약 시대에 제사를 드리려면 먼저 짐승을 제사장에게 가져와 흠이 있는지 조사해야 했다. 제사장이 살펴야 하는 흠은 스무 가지였다. 동물에 흠이 없다는 확신이 서면 그제야 비로소 제사장은 그것을 하나님께 제물로 드리도록 허용했다.

감사하게도 우리는 반드시 흠이 없어야 하는 것은 아니다. 우리 몸에 죄가 없을 때까지 기다려야 한다면 우리 중에 누구도 하나님을 섬기는 일에 영영 쓰임 받지 못할 것이다. 우리가 부족한 죄인임에도 불구하고 하나님이 써주시는 것은 그분의 크신 겸손의 일환이다. 하지만 그렇다고 해서 우리가 아무렇게나 살아도 된다는 말은 아니다. 우리가 하나님을 섬기는 데 드릴 몸은 그분이 기뻐하시는 거룩한 몸이어야 한다. 우리 삶 속에 회개하지 않은 죄가 있어서는 안 된다는 말이다. 우리의 몸과 영은 우리 주 예수 그리스도의 보혈의 공로로 그리고 날마다 씻어주시는 하나님의 말씀으로 계속 깨끗해져야 한다(요일 1:7, 엡 5:26).

좋은 요리사가 깨끗한 그릇만 쓰고, 좋은 의사가 살균 처리된 기구만 사용하는 것처럼 로마서 6장 13절에서 바울은 하나님도 "의의 무기(도구)"만 쓰신다고 말한다. 디모데후서 2장 19-22절에서는 더 노골적으로 이렇게 말한다. "주의 이름을 부르는 자마다 불의에서 떠날지어다… 누구든지 이런 것(불의)에서 자기를 깨끗하게 하면 귀히 쓰는 그릇이 되어 거룩하고 주인의 쓰심에 합당하며 모든 선한 일에 준비함이 되리라 또한 네가 청년의 정욕을 피하고… 의(를)… 따르라." 경건한 로버트 머레이 맥체인(Robert Murray M'Cheyne)은 이렇게 말했다고 한다. "나는 '주여, 용서받은 죄인이 거룩해질 수 있는 만큼 저를 최대한 거룩하게 해주소서'라는 기도를 자주 드린다." 하나님의 종들인 우리에게도 그것이 매일의 기도가 되었으면 좋겠다.

> 헌신하기를 거부하는 것과 무관심한 태도는 사실 절대로 중립적일 수 없다.
> – J. B. 필립스(J. B. Philips)

> 나는 그리스도를 안다. 나는 절대로 다 갚지 못할 것이다. 죽을 때까지 그분께 빚진 상태일 것이다.
> – 새뮤얼 러더포드(Samuel Rutherford)

> 죄 없이 완전하다는 교리가 이단이라면, 죄 있는 불완전한 상태에 만족하는 교리는 더 큰 이단이다.
> – A. J. 고든(A. J. Gordon)

당신의 전부를 하나님의 전부 앞에 내어드리면 하나님의 전부가 당신의 전부 앞에 놓여진다.

– 이언 토머스(Ian Thomas)

하나님을 섬기는 삶에 우리 몸을 드려야 하는 까닭

로마서 12장 1절에서 바울은 어떤 근거로 우리에게 그렇게 호소하는 것일까? 답은 아주 분명하다. "하나님의 모든 자비하심으로" 우리는 그런 명을 받고 있는 것이다. 그리스도인의 본분인 하나님을 섬기는 삶을 진술하기 위해서 바울이 동원할 수 있는 말로 이보다 더 감동적인 것이 있을 수 있을까? 앞에 열한 장에 걸쳐서 바울은 전능하신 하나님의 자비하심을 전개해왔다. 그 내용은 무엇인가? 그것은 바로 우리처럼 변명의 여지도 없고 자격도 없는 죄인들을 구원하시는 그분의 호의와 은혜의 행위들이다.

그 은혜의 행위들을 요약해보자. 1-3장에서 바울은 우선 모든 인간이 하나님 앞에서 유죄이고 죄인이며 마땅히 그분의 진노와 의로운 심판을 받아야 함을 보여준다. 주변의 피조 세계와 내면의 양심을 통해서 우리 모두는 하나님을 섬길 자신의 본분을 인식하도록 되어 있었다. 그런데 우리는 자기 마음대로 살려고 고의로 그 지식을 억눌렀다. 하나님께 반항했으니 당연히 정죄를 받아야 할 우리인데 그분은 크신 자비로 그 아들 예수 그리스도를 보내셔서, 우리가 받을 자격도 없고 스스로 이룰 수도 없는 구원을 대신 이루시게 하셨다. 놀라운 겸손의 행위로 하나님은 예수 그리스도를 통하여 인간이 되셔서 친히 우리 죄를 담당하셨다. 예수님은 마땅히 우리가 져야 할 십자가를 지신 채 어둠 속에서 하나님께 처참히 버림받으셨다.

그러나 하나님의 자비하심은 그 아들을 주시는 데서 끝나지 않았다. 우리를 자기중심성의 굴레에서 건지시고 그리스도를 닮게 하셔서 천국에 들어갈 준비를 하게 하시려고 그분은 또한 성령을 보내셨다(롬 8장). 로마서 1장부터 11장까지 펼쳐지는 하나님의 모든 자비하심의 파노라마는 얼마나 놀라운 것인가! 우리의 구원은 "원하는 자로 말미암음도 아니요 달음박질하는 자로 말미암음도 아니요 오직 긍휼히 여기시는 하나님으로 말미암은"(롬 9:16, NIV) 것이라고 바울은 말한다. 그리스도 안에서 우리에게 베푸신 하나님의 이 모든 자비하심에 근거하여 바울은 하나님을 섬기는 삶에 우리 몸을 드리라고 권하고 있는 것이다. 하나님을 섬기는 우리의 섬김은 우리 자신의 선의에서 비롯되는 것이 아니다. 그것은 하나님이 우리를 구원하시려고 이미 주도적으로 베푸신 자비에 대한 반응이다. 내가 십대 때 즐겨 불렀던 찬송을 인용한다.

갈보리 산 위에서 죽으신 내 구주
잔혹한 못에 찔려 십자가 지셨네.
주 예수 날 위하여 그 길 가셨으니
이제부터 나도 주만 위하여 살리라.

신약 성경에 보면 구원은 은혜에서 나오고 섬김은 감사에서 나온다. 하나님의 엄청난 자비에 한 번도 압도당해본 적이 없다면 우리는 절대로 그분을 섬기는 삶에 아낌없이 자신을 드릴 수 없다. 바울은 우리 몸을 하나님께 드리는 것이 우리의 "영적 예배(합당한 섬김, NKJV)"라는 말로 로마서 12장 1절을 맺는다.

여기 "영적"이라는 말은 그리스어 단어 'logikos'를 번역한 것이다. 논리적이라는 뜻의 영어 단어 'logical'도 거기서 나왔다. C. E. B. 크랜필드(Cranfield)는 말하기를 바울의 "요지는 그것이 사리에 맞다, 복음의 바른 이해에 부합된다"는 것이라고 했다. 한편 "예배"로 옮겨진 'latreian'이라는 단어에 대해서 윌리엄 바클레이(William Barclay)는 "이 단어는 신들에게 바치는 섬김의 의미로 쓰이게 되었다. 성경에서는… 이 말이 항상 하나님께 드리는 섬김과 예배의 의미로 쓰였다"고 말했다. 그러니까 바울의 말은, 우리에게 베푸신 그분의 희생적인 자비에 비추어볼 때 우리 몸을 드려 하나님을 섬기는 것이야말로 유일하게 사리에 맞고 논리적이며 적절한 반응이라는 것이다.

십자가 앞에서 살아가는 삶은 끊임없이 제단 위에서 사는 삶이다. C. T. 스터드(Studd, 1862-1931)는 아주 부유한 집안 출신으로 영국의 뛰어난 크리켓 선수였고 케임브리지 학생이었다. 그러나 어느 날 그는 자신의 창창한 미래를 기독교의 다섯 가지 대의에 양도하고 세상에 등을 돌렸다. 그리고는 처음에는 중국에서, 나중에는 중앙아프리카에서 복음을 전했다. 그는 "예수 그리스도가 하나님이시고 나를 위하여 죽으셨다면 내가 그분께 바칠 너무 큰 희생이란 없다"면서, 그 일을 세상에서 가장 사리에 맞는 일로 보았다. 그것이 바로 면면한 교회사 속에서 하나님의 사람들이 보인 반응이었다. 아이작 와츠(Isaac Watts)가 그리스도의 십자가를 보면서 보인 반응은 우리 모두를 대변하는 것이다. 자신의 애창되는 찬송가에서 그는 "놀라운 사랑 받은 나 몸으로 제물 삼겠네"라고 노래했다.

청지기로 산다는 것   Totally Committed to Christ

하나님은 인간을 몸과 영의 존재로 지으셨다. 몸 없이 우리 영혼은 절대로 이 세상에서 하나님과 다른 사람들을 섬기는 일을 할 수 없다. 우리의 몸과 그 지체들은 창조와 구속이라는 이중의 근거로 그리스도의 것이다. 그러므로 청지기직이 몸으로, 몸의 모든 부위의 위탁으로 시작되는 것이 하나님의 뜻이다. 그리스도인의 감사는 결코 그 이하에 머물 수 없다.

> 기독교는 내가 아는 예수 그리스도께 내가 아는 내 전부를 완전히 바치는 것이다.
> – 윌리엄 템플(William Temple)

삶을 바꾸는 질문   Totally Committed to Christ

1. 고린도전서 3장 1-16절, 히브리서 5장 12-14절, 누가복음 12장 47-48절을 읽고 당신이 다음의 말에 동의하는지 보라. "그리스도인이면서 하나님을 섬기는 삶에 온전히 헌신하지 않는 것은 가능한 일이다."

2. 로마서 6장 1-23절에서 우리 몸의 각 지체를 "의의 무기로 하나님께" 드려야 할 필요성과 중요성에 관한 바울의 논지를 요약해보라.

3. 누가복음 9장 57-62절에서 그리스도인이 주를 따르는 것의 결단적 측면에 대하여 말해주는 바는 무엇인가?

4. 바울은 왜 우리의 몸을 "하나님이 기뻐하시는 거룩한 산 제물"로 드려야 한다고 말하는가? 로마서 6장 13절, 디모데후서 2장 20-26절, 에베소서 4장 17-32절을 보고 답해보라.

5. 그리스도인의 헌신의 주요 동기에 대하여 고린도후서 5장 14-15절, 누가복음 7장 36-50절에서 무엇을 배울 수 있는가? 성경에서 적어도 한 가지 예를 더 들어보라.

기도하기

Totally Committed to Christ

1. 하나님을 영화롭게 할 수 있는 몸을 주신 창조주 하나님께 감사하라.

2. 당신이 스스로 죄의 노예로 팔렸을 때에도 당신을 포기하지 않으시고, 사랑하시는 아들을 보내어 당신을 구속하시고 "선한 일을 열심히 하는 자기 백성"의 하나로 삼아주신 하나님께 감사하라.

3. 그리스도를 섬기되 간헐적으로 이랬다저랬다 했던 것에 대해서 하나님께 용서를 구하라. 그리고 당신이 이 땅에서 생이 다하는 날까지 전심으로 그분의 영광을 찬미하는 삶을 살게 해주시도록 성령의 능력을 간구하라.

하나님의 진리 제한하지 않으리 좁은 사고의 반경으로,
조잡하고 미흡하며 유한한 우리 시대와 분파의 사상으로.
우리의 심령 속에 새롭고 더 나은 희망 일으켜주소서.
말씀에서 쏟아질 더 많은 빛과 진리 아직 주께 있으니.

누가 감히 모든 나라, 언어, 기후, 지나간 모든 세대, 천국의 계시를
자신의 무지한 감각으로 제한하려 하는가?
우주는 얼마나 미지의 공간이며 대양은 또 얼마나 미답의 세계인가!
말씀에서 쏟아질 더 많은 빛과 진리 아직 주께 있으니.

성부 성자 성령이여 위로부터 큰 마음을 보내주소서.
모든 신자의 영혼을 넓히시어 주의 사랑을 알게 하소서.
더 고귀한 능력 주께 받아 계속 더 알아가게 하소서.
말씀에서 쏟아질 더 많은 빛과 진리 아직 주께 있으니.

― 조지 로슨(George Rawson, 1807-1889)

4장. 사고의 청지기

"너희는 이 세대를 본받지 말고 오직 마음(생각)을 새롭게 함으로 변화를 받아 하나님의 선하시고 기뻐하시고 온전하신 뜻이 무엇인지 분별하도록 하라"(롬 12:2).

로마서 12장에서 사도 바울은 우리 몸을 드려 하나님을 섬기라고 호소할 뿐만 아니라, 우리의 "마음을 새롭게 함으로 변화를 받"으라고 권하고 있다. 왜 그럴까? 우리는 하나님을 섬기되 몸의 행위로만 아니라 그리스도처럼 하나님의 "선하시고 기뻐하시고 온전하신 뜻"을 인정함으로 그렇게 해야 하기 때문이다. 하나님의 청지기들, 곧 종들이 하기 원하는 바가 바로 그것이 아닌가? 그들은 하나님의 뜻을 하나님의 방식대로 행하기 원한다. 아무리 선행이라도 그리스도를 닮은 방식으로 하지 않으면 하나님을 기쁘시게 할 수도 없고 사람들에게 복이 되지도 않는다. 하나님의 청지기의 삶에서 성품과 행실은 서로 일치해야 한다.

그리스도를 닮은 섬김만이 하나님을 영화롭게 하는 영원히 가치 있는 섬김이다. 그것은 오로지 하나님의 뜻만 생각하는 섬김이다. 빌립보서 2장 5-8절에 우리에게 본받으라고 명한 것이 바로 그 섬김이다.

> "너희 안에 이 마음을 품으라 곧 그리스도 예수의 마음이니 그는 근본 하나님의 본체시나 하나님과 동등 됨을 취할 것으로 여기지 아니하시고 오히려 자기를 비워 종의 형체를 가지사 사람들과 같이 되셨고… 자기를 낮추시고 죽기까지 복종하셨으니 곧 십자가에 죽으심이라."

예수님이 하나님을 섬기신 것처럼 우리도 그렇게 섬겨야 한다. 어떤 대가가 따를지라도 하나님의 뜻을 행하겠다는 각오로 말이다. 예수님은 하나님의 뜻을 인정하셨고 자신의 몸과 영을 거기에 다 바치셨다.

바로 그것이 바울이 로마서 12장에서 말하려는 것이다. 우리의 몸을 드려서 하나님을 섬길 뿐 아니라 우리의 생각도 아낌없이 바쳐서 하나님이 원하시는 사고를 하는 사람이 될 것을 그는 도전하고 있다. 그러나 그렇게 되려면 먼저 우리의 옛 사고방식이 바뀌어야 한다. 먼저 하나님의 뜻이 우리가 기피할 대상이 아니라 오히려 즐거워할 대상이라는 사실부터 깨달아야 한다. 그것이 선하시고 기뻐하시고 온전하신 뜻이라는 확신이 있기에 우리는 그것을 즐거워할 수 있다.

이것은 하나님의 종으로서 우리의 청지기직의 또 하나의 핵심 영역이다. 짐승의 사고가 아니라 하나님의 형상대로 지음 받은 인간의 사고에 대한 청지기직이다. 위대한 개혁가 존 캘빈은 하나님께 받은 지성의 충실한 청지기였다. 이 문제에 관하여 그는 "자신의 것이 되어 자신의 이성에 지배당하지 않고 오히려 하나님께 지성을 드리는 법을 배운 사람들이 이룬 진보는 얼마나 큰 것이었는가?"라고 말했다.

과거에 하나님은 자신의 영광과 자기 백성의 유익을 위하여 모세, 다윗, 이사야, 바울, 어거스틴, 틴데일, 루터 같은 사람들의 훌륭한 지성을 즐거이 사용하셨다. 하지만 하나님은 당대의 종교 학자들에게 "학문 없는 범인"(행 4:13)이라는 판단을 받았던 베드로와 요한 같은 비천한 어부들의 지성도 똑같이 사용하셨다. D. L. 무디(Moody), 빌리 브레이(Billy Bray), 윌리엄 니콜슨(William Nicholson), 집시 스미스(Gypsy Smith) 등이 이 부류에 맞는 현대인들의 예다. 인간의 사고는 하나님이 그분을 위하여 쓰라고 우리에게 맡기신 놀라운 선물이다.

생각을 새롭게 하는 것의 중요성

바울이 인간의 사고와 몸의 필연적인 연관성을 알고 있었다는 것은 중요한 일이다. 그 연관성은 짐승의 몸과 두뇌 사이에 존재하는 연관성보다 훨씬 더 중요하다. 인간이란 본능의 동물이 아님을 바울은 인식하고 있다. 사고는 우리 몸의 행동을 지휘하고 관장하는 관제탑이다. 성경은 한결같이 그 입장을 견지하고 있다. 잠언에 보면 "대저 그 마음의 생각이 어떠하면 그 위인도 그러한즉"(잠 23:7)이라고 했다. 또 시편 기자는 "내가 내 행위를 생각하고 주의 증거들을 향하여 내 발길을 돌이켰사오며 주의 계명들을 지키기에"(시 119:59-60)라고 말한다. 청교도들은 모든 구원의 은혜는 사고를 통해서 온다고 말하고는 했다. 이사야 1장 18절에 "여호와께서 말씀하시되 오라 우리가 서로 변론하자"고 했다. 또 "내가 네 갈 길을 가르쳐 보이고 너를 주목하여 훈계하리로다 너희는 무지한 말이나 노새 같이 되지 말지어다 그것들은 재갈과 굴레로 단속하지 아니하면 너희에게 가까이 가지 아니하리로다"(시 32:8-9)라는 말씀도 있다. 호세아 4장 6절에서 하나님은 "내 백성이 지식이 없으므로 망하는도다 네가 지식을 버렸으니 나도 너를 버려 내 제사장이 되지 못하게 할 것이요"라고 말씀하신다. 사도 바울이 자신의 편지를 받는 그리스도인들을 위하여 기도하면서 무엇보다도 그들이 지식 가운데 자라가기를 사모한 것도 무리가 아니다. 골로새서 1장 9절에 그는 "우리도… 너희를 위하여 기도하기를 그치지 아니하고 구하노니 너희로 하여금 모든 신령한 지혜와 총명에 하나님의 뜻을 아는 것으로 채우게 하시고"라고 말한다.

하나님은 우리를 이성적인 인간으로 대하시고 말씀하신다. 그분은 우리와 변론하시고, 우리를 훈계하시며, 우리를 책망하시고, 우리에게 호소하신다. 그분은 우리의 사고를 통하여 일하셔서, 우리로 그분의 뜻을 행하게 하신다. 하나님이 우리를 구원하실 때도 그렇다. 믿음은 어떻게 오는가? 믿음은 감정의 자극을 통해서 오지 않는다. 바울은 로마서 10장 17절에 "믿음은 들음에서 나며 들음은 그리스도의 말씀으로 말미암았느니라"고 했다. 죄가 작용하는 원리도 동일하다. 죄는 우리의 사고에 호소한다. 죄는 하나님의 법을 어기는 것이 좋은 일이고 괜찮은 일이며 안전한 일이라고 우리를 설득한다.

창세기 3장으로 돌아가서 인간이 에덴동산에서 타락하는 이야기를 읽어보라. 그 패배는 어디에서 비롯되었는가? 하와는 어떻게 유혹을 받았던가? 그녀의 생각을 통해서다. 마귀는 그녀를 대화에 끌어들였다. 논증이라는 수단을 통해서 사탄은 그녀의 생각 속에 의심을 뿌렸다. 그는 하나님의 계명에 불순종하는 것을 합리화했다. 그렇게 사고에서 패배했을 때 하와는 바로 뒤이어서 도덕적, 영적으로 패배했다. 악한 자는 항상 그렇게 활동한다. 그는 우리의 사고를 눈멀게 한다. 하나님을 섬기는 것이 순전히 고역이라는 생각을 심어준다. 그는 이생과 그 모든 일시적인 쾌락이 아주 중요해 보이게 만든다. 머잖아 우리는 그를 믿고 그리하여 미혹에 빠진다.

사실 아담과 하와가 타락한 결과로 우리 모두는 영적 소경으로 이 세상에 태어났다. 바울은 고린도 교인들에게 이렇게 썼다.

"만일 우리 복음이 가리었으면 망하는 자들에게 가리어진 것이라 그 중에 이 세상 신이 믿지 아니하는 자들의 마음을 혼미하게 하여 그리스도의 영광의 복음의 광채가 비치지 못하게 함이니 그리스도는 하나님의 형상이니라"(고후 4:3-4).

그러므로 신약 성경이 말하는 중생은 본질적으로 빛과 생명을 주시는 것이다. 하나님의 영이 우리의 어두워진 마음에 빛을 비추시고, 우리는 전에 몰랐던 방식으로 처음 진리를 알게 된다. 우선 우리는 새로운 시각이 생긴다. 회심 전에는 모든 것이 우리 자신과 우리의 사사로운 이해관계를 중심으로 돌아갔다. 심지어 교회에 다닐 때에도 우리의 사고는 자기중심적이었다. 우리는 "나와 내 가족을 행복하게 해줄 프로그램이 이 교회에 어떤 것들이 있을까?"를 생각했지 "이 교회는 성경적인 교회인가? 이 교회의 예배의 궁극적인 초점은 하나님인가? 이 교회에서 나는 좀 더 그리스도를 닮아가고 하나님을 기쁘시게 하는 사람이 될까?"를 묻지 않았다. 중생하지 않은 사람은 그 사고가 완전히 자기중심적이다. 반면 생각이 새롭게 된 사람은 초점이 주로 하나님께 있다. 사고의 중심이 하나님이며, 모든 것을 하나님 말씀에 계시된 하나님의 뜻에 비추어 따져보고 시행한다.

또 하나 중요한 것으로, 생각이 새롭게 된 사람은 영원을 본다. 생각이 새롭게 되지 않으면 우리는 하나님을 기쁘시게 섬길 수 없다. 중생하기 전의 옛 사고방식이 이 세상으로 제한되어 있기 때문이다. 구원받지 못한 사람은 이 세상의 관점으로밖에 생각할 줄 모른다. 물질적인 부와 성공, 육체적인 건강과 행복이 모든 것의 평가 기준이 된다. 그러나 하나님의 은혜로 새롭게 된 사람은 자기가 한낱 이 세상에 속한 사람이 아니라 영원에 속한 사람이라는 사실에 눈을 떴다. 여기서 우리는 하늘의 본향을 향하여 가는 "외국인과 나그네"일 뿐이다(히 11:13, 벧전 2:11). 그래서 우리는 이생의 좁은 울타리를 벗어나 장차 올 삶을 내다본다.

물론 이것은 우리에게 근본적인 영향을 미친다. 앞으로 살 시간이 24시간밖에 없다는 것을 확실히 안다면, 그날 우리가 하는 모든 일에 그것이 근본적인 영향을 미칠 것이다. 우리는 영원을 준비할 것이다. 그러나 죽음은 우리의 생각에서 멀리 떨어져 있을 때가 너무 많다. 우리는 이 세상에서 영원히 살 것처럼 살아가는 경향이 있다. 물론 우리는 영원히 살겠지만 그것은 다음 세상의 일이다. 그러므로 우리는 이 세상의 하루하루를 마지막 날처럼 살아야 한다. 새롭게 된 생각으로 우리는 날마다 영원의 문턱에서 살아가야 한다. 항상 하나님의 뜻의 관점에서 생각하고 그 뜻을 행하며 살아야 한다.

그러나 생각을 새롭게 하는 일이 중요한 이유가 또 하나 있다. 그것을 통해서 하나님께 대한 우리의 절대적 의존성을 더 깊이 인식하게 된다는 것이다. 회심 전에 우리는 완전히 자신으로 충분했고 독립적이었다. 우리는 자신의 지혜를 믿었고, 자신의 힘과 자원을 의지하여 자기가 원하는 일을 했다. 그러나 회심과 함께 생각이 새롭게 되면서 우리는 자기가 얼마나 어리석고 하나님의 뜻을 알거나 행할 능력이 없는지 보기 시작한다. 죄에 물든 자기 육신의 연약함이 느껴진다. 그래서 우리는 성령의 능력을 받고자 기도하고 거기에 전적으로 의존한다. 그분이 능력을 주셔야만 우리는 하나님의 뜻을 분별하고 기분을 기쁘시게 할 수 있다.

> 내가 생각하는 나는 내가 아니고, 나의 생각 그것이 나다.
> – 무명

> 사고는 좋은 것이다. 하나님이 주신 것이다. 그분이 우리에게 머리를 주셨다. 우리의 머리가 모자걸이 역할이나 하는 것은 그분의 취지가 아니다.
> – A. W. 토저(Tozer)

인간의 지성은 그 타락한 상태에서도 하나님의 멋진 작품이다. 그러나 성령이 빛을 비추어주시기까지는 그것은 어둠 속에 있다.

– A. W. 토저

생각을 새롭게 한다는 것의 의미

우리의 생각은 어떻게 새롭게 되어, 하나님을 섬기는 일에 충실히 쓰여 열매 맺을 수 있을까? 우리의 생각은 어떻게 바르게 될 수 있을까? 성경이 주는 답은, 우리의 사고도 우리의 영이나 혼이 새롭게 된 것과 똑같은 방식으로 새롭게 되고 있다는 것이다. 바로 성령의 역사와 활동을 통해서다(요 3:3-8, 요일 2:20-21, 26-27). 하지만 성령은 어떻게 우리의 사고를 새롭게 하시어, 하나님과 영원과 우리 자신에 대하여 똑바로 생각할 수 있게 하실까? 어떻게 그분은 우리 삶을 향한 하나님의 뜻을 분별할 수 있게 하실까?

먼저 부정적인 측면에서, 우리 눈에서 영적 비늘이 벗겨져야 한다. 죄 가운데 소경으로 태어난 인간이 하나님과 그분의 세계를 볼 수 있게 될 때, 그것은 얼마나 감격스러운 일인가! 요한복음 9장에 예수님이 안식일 날 고쳐주신 시각 장애인이 바로 그렇게 고백하지 않았던가? 바리새인들은 예수님이 그를 고쳐주셨다는 것을 믿으려 하지 않았다. 예수님을 죄인으로 여겼기 때문이다. 그들은 "이 사람이 안식일을 지키지 아니하니 하나님께로부터 온 자가 아니라"고 말했다. 그러나 나음을 입은 사람은 "그가 죄인인지 내가 알지 못하나 한 가지 아는 것은 내가 맹인으로 있다가 지금 보는 그것"이라고 대답했다. 그는 몸과 영이 다 나음을 입었다. 눈을 떠 그리스도를 자신의 구주로 보았던 것이다.

그러나 긍정적인 측면에서, 우리를 진리(하나님의 뜻)에 눈뜨게 하는 작업은 성령의 지속적인 사역이다. 그것은 회심에서 끝나지 않는다. 에베소 그리스도인들을 위한 바울의 기도를 보라. 그는 이렇게 썼다.

"내가 기도할 때에 기억하며 너희로 말미암아 감사하기를 그치지 아니하고 우리 주 예수 그리스도의 하나님, 영광의 아버지께서 지혜와 계시의 영을 너희에게 주사 하나님을 알게 하시고 너희 마음의 눈을 밝히사 그의 부르심의 소망이 무엇이며 성도 안에서 그 기업의 영광의 풍성함이 무엇이며 그의 힘의 위력으로 역사하심을 따라 믿는 우리에게 베푸신 능력의 지극히 크심이 어떠한 것을 너희로 알게 하시기를 구하노라 그의 능력이 그리스도 안에서 역사하사 죽은 자들 가운데서 다시 살리시고"(엡 1:16-20).

우리가 하나님의 뜻을 행하고 그분을 온전히 섬기려면, 성령님이 말할 수 없이 부요한 하나님의 진리에 우리의 눈을 뜨게 해주시고 그 진리에 관한 우리의 생각을 고쳐주셔야 한다. 그것은 한순간의 조명으로 오지 않는다. 그것은 지속적인 과정으로, 이 땅에서 평생 동안 계속되다가 우리가 천국에 이를 때에야 완성된다. 그때에는 우리도 "온전히 알"게 된다(고전 13:12). 하지만 그 동안에는 날마다 하나님의 영으로 생각이 새롭게 되는 가운데 "우리 주 곧 구주 예수 그리스도(를)… 아는 지식에서 자라가"야 한다(벧후 3:18).

그러나 이 조명의 과정에서, 성령이 아무런 도움도 없이 일하시지 않는다는 것을 깨닫는 것이 중요하다. 그렇다면 하나님의 영이 그리스도인의 사고를 새롭게 하시기 위해 사용하시는 도움 내지 도구는 무엇일까? 맨 처음에 그분이 우리의 눈을 뜨게 하셔서 그리스도를 믿도록 인도하실 때에 사용하셨던 도구와 똑같다. 바로 하나님의 말씀이다(시 119:105, 130, 169, 고후 4:3-6). 성령은 바로 성경을 통하여 우리의 눈을 열어 그리스도의 아름다움을 보게 하셨다. 그전까지만 해도 우리는 예수님 안에서 그분을 흠모할 만한 아름다움을 전혀 보지 못했다. 그러나 성령이 우리의 영안을 뜨게 해주시면서 성경에 나오는 그리스도의 사랑스러움을 보여 주셨다. 그래서 우리가 예수님을 붙든 그 믿음은 말씀에서 생겨난 믿음이다(롬 10:17).

그러나 거기서 끝나지 않는다. 일단 그리스도인이 된 후에는, 하나님 말씀의 진리를 점점 더 깊이 알아가는 것이 우리 삶의 특징이 되었다. 성령이 진리를 깨닫게 해주시기 때문이다. 그분은 성경이 우리의 일상생활에 어떻게 적용되는지 볼 수 있게 해주신다. 그래서 우리는 성경을 그저 추상적인 진리의 책이 아니라 현 세대에서 하나님의 뜻대로 살아가는 법을 보여주는 책으로 대하게 된다. J. I. 패커(Packer)는 "우리의 모든 지성은 생각보다 좁고, 그 안에는 맹점들과 망상들이 꽃잎 속의 꿀벌들만큼이나 득실거린다"고 말했다. 그래서 우리의 사고는 하나님의 말씀을 통하여 하나님의 영으로 말미암아 계속 새롭게 되고 조명을 받아야 한다. 이것이 충성된 청지기직의 길이다. 그러나 성경 공부에 관한 한 우리는 너무 소극적이고 게을러서 하나님의 뜻을 행하거나 인정하지 못할 때가 많다. 하나님은 그분의 말씀을 생각의 소재로 삼도록 우리를 부르신다. 그래야 성령이 우리의 사고를 새롭게 하시고, 우리에게 하나님의 뜻 안에서 전진할 힘을 주실 수 있다. 그것이 우리의 생각을 새롭게 한다는 것의 의미다.

생각을 새롭게 한 결과

이렇게 생각을 새롭게 하면 우리 삶에 놀라운 영적 변화가 나타난다고 바울은 말한다. J. B. 필립스는 이 구절을 이렇게 풀어썼다. "주변 세상이 당신을 세상의 틀에 맞추도록 그냥 두지 말고 하나님이 당신의 사고를 안에서부터 다시 빚으시게 해드리라." 그리스도인이 된다는 것은 결국 우리를 변화되지 않은 채로 남겨두는 어떤 종교적 체험이 아니다. 반대로 거기에는 우리의 성품과 행동 둘 다의 근본적인 변화가 수반된다. 로마서 12장 2절에서 바울은 우리에게 분명한 대안을 제시한다. 이 세상을 본받는 일은 그만두고 하나님의 뜻에 따라 당신의 사고를 새롭게 함으로 지속적으로 변화를 입으라는 것이다.

사도는 지금 모든 인간은 본질상 무언가를 모방한다는 사실에 기초하여 둘을 대비시키고 있다. 우리는 자기 마음에 끌리는 모범을 선택하는 경향이 있고, 그 다음에는 그것을 흉내 낸다. 결국 우리 삶의 모범 내지 기준이 될 수 있는 것은 둘뿐이다. 하나는 바울이 말한 "이 세상"이다. 즉, 하나님과 그분이 요구하시는 것을 한 번 돌이켜보지 않는 이 사회의 덧없는 유행과 가치관이다. 그것은 대중매체에 푹 빠진 대다수 사람들의 생활 방식이다. 또 다른 모범은 바울이 말하는 "하나님의 뜻", 하나님의 말씀에 계시된 뜻이다. 우리가 따를 수 있는 모범은 이 두 가지뿐이다. 우리는 이 세상의 변하는 풍조를 따라갈 수도 있고, 하나님 말씀에 담긴 그분의 변치 않는 뜻대로 변화될 수도 있다. 다른 대안은 없다. 착각은 금물이다. 세상과 말씀은 근본적으로 대립 관계다. 세상의 가치관과 하나님의 뜻 사이에 중립 지대란 없다. 그리스도인은 달라야 한다. 우리는 시류에 역행하는 자들이 되어야 한다. 이것은 성경 전체에서 하나님의 백성들에게 주시는 소명이다. 레위기 18장 3-4절에 하나님은 이스라엘 백성에게 이렇게 말씀하신다.

"너희는… 내가 너희를 인도할 가나안 땅의 풍속을 따르지 말며 내가 너희를 인도할 가나안 땅의 풍속과 규례도 행하지 말고 너희는 내 법도를 따르며 내 규례를 지켜 그대로 행하라 나는 너희의 하나님 여호와이니라."

산상 수훈에서 또 다른 예를 볼 수 있다. 한쪽에는 바리새인들, 한쪽에는 이교도들의 그릇된 행위들에 에워싸인 상태에서 예수님은 제자들에게 "저희를 본받지 말라"(마 6:8)고 하셨다. 그리고 로마서 12장에서 바울도 하나님의 백성들에게, 세상의 길을 본받지 말고 하나님의 뜻대로 변화를 받으라고 똑같이 명하고 있다. 이 두 가지 가치관이 양립될 수 없음을 보여주는 몇 가지 예가 있다. 세상은 "너 자신을 위해 살라. 얻을 수 있는 만큼 얻으라"고 말한다. 하나님의 말씀은 "주는 것이 받는 것보다 복이 있다"(행 20:35)고 말한다. 세상은 크다는 것의 기준이 성공이라고 말한다. 하나님의 말씀은 크다는 것의 기준이 섬김이라고 말한다. "너희 중에 누구든지 크고자 하는 자는 너희를 섬기는 자가 되고"(마 20:26). 세상은 "이생의 것들을 구하라. 먹을 것과 마실 것과 입을 것과 돈을 구하라"고 말한다. 하나님의 말씀은 "너희는 먼저 그의 나라와 그의 의를 구하라 그리하면 이 모든 것을 너희에게 더하시리라"(마 6:33)고 말한다. 세상은 "섹스란 재미로 하는 것이다. 배우자에게 평생 헌신하지 않고도 섹스를 즐길 수 있다"고 말한다. 하나님의 말씀은 "모든 사람은 결혼을 귀히 여기고 침소를 더럽히지 않게 하라 음행하는 자들과 간음하는 자들을 하나님이 심판하시리라"(히 13:4)고 말한다.

말하자면 끝이 없다. 하나하나마다 세상의 변하는 풍조와 하나님의 변치 않으시는 뜻은 너무 달라서 타협의 여지가 전혀 없다. 우리는 하나를 택해야만 한다. 다른 대안은 없다. 우리의 선택은 이래저래 우리에게 영향을 미치게 마련이다. 세상을 택하면 우리는 세상을 본받는 것이다(점점 더 세상과 같이 되어간다). 하나님의 뜻을 택하면 우리는 점점 더 그분의 아들의 형상으로 변화된다.

"변화를 받다"로 번역된 그리스어 단어는 'metamorphoo'로, 마태와 마가는 예수님의 온몸이 투명하게 된 변화를 바로 그 동사로 표현했다. 그밖에 성경에 이 단어가 나오는 곳은 고린도후서 3장 18절 한 곳뿐이다. 거기서 바울은 우리가 계속해서 하나님 말씀이라는 거울을 들여다보며 그리스도의 영광(완전히 하나님과 같은 모습)을 보는 사이에 "그와 같은 형상으로 변화하여 영광에서 영광에 이르니 곧 주의 영으로 말미암음이니라"

고 말한다.

바울의 말에 들어 있는 논리가 보이는가? 그의 말인즉, 당신이 만일 하나님의 형상 곧 그리스도의 형상으로 변화되기 원한다면, 계속 생각이 새롭게 되어 우리 주 예수 그리스도의 삶과 가르침 속에서 점점 더 하나님의 뜻을 이해하게 되어야 한다는 것이다. 하나님의 뜻이 얼마나 "선하시고 기뻐하시고 온전하신" 뜻인지 분별할 때에만 우리는 기쁨으로 즐거이 그것을 인정하고 행할 수 있기 때문이다. '본받지 말라'는 동사와 '변화를 받으라'는 동사는 둘 다 현재시제 수동태 명령형으로, 우리가 그 지속적인 태도들로 돌아가야 함을 보여주고 있다. 우리는 세상의 방식을 본받는 것을 계속 거부해야 하고, 생각을 새롭게 함으로 계속 변화를 받아야 한다. 그런 변화는 하나님의 영이 하나님의 말씀을 통하여 역사하셔야만 가능하다. 우리를 위하여 하나님의 말씀에 계시된 하나님의 뜻에 우리를 눈뜨게 하시는 하나님의 영, 오직 그분만이 우리에게 하나님의 뜻이 "선하시고 기뻐하시고 온전하신" 뜻이라는 확신을 주실 수 있다.

그 말은 무슨 뜻인가? 하나님의 말씀을 사용하시는 하나님의 영이 우리에게, 하나님의 뜻은 영속적인 가치가 있기에 선하신 것이라는 확신을 주신다는 뜻이다. 이것은 마치 순금으로 만든 물건을 금박만 입힌 물건과 비교하는 것과 같다. 하나는 품질이 확실하고 속까지 진품이지만, 하나는 껍데기일 뿐이다. 마찬가지로 우리를 향한 하나님의 뜻은 도덕적으로 확실하며 그 가치가 영속적이다. 이제 이것을 당신의 청지기직 내지 섬김에 적용해보라. 만일 당신의 일 – 머리로 하는 것이든, 손으로 하는 것이든, 입으로 하는 것이든 – 이 하나님의 뜻대로 하는 일이 아니라면 그것은 확실하지 않고 영구적이지도 못하다. 그것은 "나무나 풀이나 짚" (고전 3:12-15)과 같아서 마지막 심판의 날에 불에 타버릴 것이다. 그것은 "금이나 은이나 보석" 같지 못하다. 품질이 확실하지 못하고 영속적인 가치도 없다.

다시 말하지만, 하나님이 기뻐하시는, 즉 받으실 만한 섬김이 무엇인지는 오직 하나님의 영만이 하나님의 말씀을 통하여 우리에게 보여주실 수 있다. 이것은 모든 사람의 삶에 적용해야 할 얼마나 결정적인 시험인가! 당신이 최근에 말하거나 행한 것들만 한번 생각해보라. 하나님이 기뻐하실 만한 것들인가? 이것은 단지 하나님의 청지기에게 요구되는 수준을 겨우 턱걸이로 해내는 문제가 아니다. 당신의 섬김을 하나님이 기뻐하시는가? 그것은 하나님 자신의 마음에 즐거움을 가져다 드릴 정도인가? 당신은 그분께 전폭적인 순종을 드리고 있는가? 당신도 예수님처럼 "나는 항상 그가 기뻐하시는 일을 행"(요 8:29)한다고 말할 수 있는가? 이것은 항상 하나님의 계명들을 지키고 그분의 뜻을 행한다는 뜻이다(요일 3:22).

마찬가지로, 온전한 섬김이 무엇인지도 성령만이 하나님의 말씀을 통하여 우리에게 보여주실 수 있다. 온전한 섬김이란 하나님의 뜻에 완전히 일치되는 섬김이다. 이것은 그분의 성품에 부합된다. 하나님의 이름에 수치나 욕을 부르지 않는다. 온전하신 우리 하늘 아버지의 뜻을 온전히 다 드러내는 섬김이다.

마지막으로 한 가지 주목해야 할 것은 이것이 부탁이 아니라 명령이라는 것이다. 이것은 그리스도인의 청지기직에 대한 하나님의 뜻이다. 우리가 하나님께 선하고, 기뻐하실 만하며, 온전한 존재가 되려면 우리 몸만 아니라 생각까지도 그분께 드려야 한다. 하나님의 선하시고 기뻐하시고 온전하신 뜻을 알고 인정하게 될 정도로 우리 자신을 하나님께 드려 생각을 새롭게 하는 것, 그것이 우리의 간절한 열망이 되어야 한다. 또한 그렇게 그분의 뜻을 행하는 사이에, 여호와의 완전한 종이신 그리스도의 형상으로 점점 더 변화되어가야 한다. 그리스도인의 충실한 청지기직은 하나님과 섬김의 대상들에게만 유익이 되는 것이 아니라 우리 자신에게도 유익이 된다. 하나님을 그분의 뜻대로 섬기다보면 우리가 더 나아진다. 하나님의 뜻대로 살아서 더 빈곤해질 사람은 아무도 없다. 오히려 더 부해질 뿐이다(당신의 관심이 참되고 영원한 부에 있다면 말이다).

새로워진 마음이 우리의 섬김에 미치는 실제적인 영향

생각이 없는 것은 그리스도인의 삶과 섬김에 위험 요소다. 그것은 우리의 예배를 피폐하게 하고, 우리의 믿음을 약화시키며, 우리의 전도를 무익하게 만든다. 우선 하나님께 드리는 우리의 예배부터 생각해보자. 예수님은 야곱의 우물에서 사마리아 여인에게 "너희는 알지 못하는 것을 예배하고… 하나님은 영이시니 예배하는 자가 영과 진리로 예배할지니라"(요 4:22, 24)고 말씀하셨다. 공예배와 개인 예배 할 것 없이 그리스도인의 참된 예배는 영적이고 이성적이어야 한다. 마음이 담기되 사고를 통해서 그렇게 해야 한다. 그래서 16세기의 개혁가들은 하나님께 드리는 예배에 하나님의 말씀을 되찾아왔던 것이다. 하나님께 드리는 예배를 촉발하는 것이 하나님의 말씀(진리)임을 그들은 알았다. 하나님을 아는 지식 가운데 자라갈수록, 우리는 아는 것이 많다고 교만하게 우쭐댈 것이 아니라 오히려 경이에 취하여 하나님 앞에 엎드려 "여호와는 위대하시니 크게 찬양할 것이라 그의 위대하심을 측량하지 못하리로다"(시 145:3)라고 외쳐야 한다.

사도 바울도 하나님께 드리는 예배에 사고가 담겨야 함을 역설했다. 그는 방언으로 드리는 기도를 통역할 사람이 없는 한 공예배에서 방언으로 말하는 것을 금했다. 말하는 사람 자신이 자신의 기도 내용을 통역할 수 없다면 혼자서도 방언을 하지 말라고 말리기까지 했다. 고린도전서에 그는 이렇게 말한다.

> "이와 같이 너희도 혀로써 알아 듣기 쉬운 말을 하지 아니하면 그 말하는 것을 어찌 알리요… 그러므로 방언을 말하는 자는 통역하기를 기도할지니 내가 만일 방언으로 기도하면 나의 영이 기도하거니와 나의 마음(생각)은 열매를 맺히지 못하리라 그러면 어떻게 할까 내가 영으로 기도하고 또 마음으로 기도하(리라)"(고전 14:9, 13-15).

다시 말해서 바울은 생각이 빠져 있거나 생각이 사용되지 않는 기도는 절대 용납하지 않는 셈이다. 모든 참된 예배에는 생각이 충분히 개입되어야 한다는 것이 그의 주장이다. 우리가 예배하는 하나님은 우리를 이성적 존재로 만드시고, 우리에게 이성적인 계시를 주셔서 그분을 이성적으로 예배하게 하신 이성적인 하나님이시기 때문이다. 그렇기 때문에 하나님께 드리는 완전한 예배는 이 땅이 아니라 하늘에만 있다. 하늘에서만 하나님을 분명히 보고 온전히 알 수 있기 때문이다.

또 생각을 바로 사용하면 우리의 믿음이 강해진다. 믿음이란 덮어놓고 대충 믿는 것이 아니다. 믿음과 이성을 서로 대립 관계로 보는 사람들이 많이 있는데, 그것은 잘못된 것이다. 신약 성경에서 믿음에 대조되는 것은 보는 것이다. 믿음과 생각의 바른 사용이 대립되는 경우는 전혀 없다. 성경에서 참된 믿음은 본질상 합리적이다. 하나님의 성품과 약속들에 근거하고 있기 때문이다. 하나님은 신뢰할 만한 분이시므로 하나님을 믿는 것은 합리적일 수밖에 없다.

믿음이란 순진한 낙관론도 아니다. 믿음과 낙관론을 동등시한 것이 아무래도 노먼 빈센트 필(Norman Vincent Peale)의 과오가 아니었나 생각된다. 전반적으로 필 박사의 말은 다분히 옳고 유익하다. 적극적 사고의 힘은 삶의 아주 현실적인 사실이다. 그러나 필 박사는 하나님을 믿는 믿음과 우리 자신을 믿는 믿음을 전혀 구분하지 않는 것 같다. 그의 책 「적극적 사고방식(The Power of Positive Thinking)」의 제1장 제목은 의미심장하게도 "당신 자신을 믿으라"이다. 그는 우리에게 아침마다 자리에서 일어나면 맨 먼저 스스로에게 "나는 믿는다"고 말하라고 권하는데, 그러면서도 우리가 믿어야 할 대상이 무엇인지 또는 누구인지는 말하지 않는다. 필 박사에게 믿음이란 자신감의 또 다른 말이며, 그가 정의하는 적극적 사고란 사실상 한낱 공상에 지나지 않는다. 반면 사도 바울은 "믿음은 들음에서 나며 들음은 그리스도의 말씀으로 말미암았느니라"(롬 10:17)고 말한다. 다시 말해 믿음이란 하나님이 말씀하신 내용을 생각하고, 그 내용이 진리이며 의지할 수 있는 것이라는 결론을 내리는 데서 온다는 말이다. 미국 유엔 대사를 지냈던 아들라이 스티븐슨(Adlai Stevenson)이 "바울은 매력적인데 필은 소름이 끼친다"고 꼬집은 것도 무리가 아니다.

믿음이란 예수 그리스도 안에 온전히 최종적으로 계시된 하나님을 합리적으로 신뢰하는 것이다. 성경에서 믿음과 사고는 함께 다닌다. 하나님을 믿으려면 따져보지도 않고 잘 속는 사람이 되어야 하는 것이 아니다. 예수님은 마태복음 6장 30절에 이 점에 대해서 아주 분명히 말씀하신다. "오늘 있다가 내일 아궁이에 던져지는 들풀도 하나님이 이렇게 입히시거든 하물며 너희일까 보냐 믿음이 작은 자들아." 믿음이 작은 사람들의 문제는 바로 그들이 제대로 생각하지 않는다는 것이다. 그들의 사고는 성경과 자연에 나타난 하나님의 계시에 지배당하는 것이 아니라 자신의 환경이나 사탄의 의심의 불화살에 지배당하고 있다. 불신의 정체는 사고가 아니라 오히려 성경적, 현실적으로 사고하지 못하는 것이다.

끝으로, 생각의 바른 사용은 효과적인 전도에 필수다. 그 동안 그리스도인들의 전도가 장기적인 면에서 다분히 실패한 것은 사람들의 사고에 호소하지 않고 감정을 공략했기 때문이다. 사도들은 신중히 이런 과오를 피했다. 사도행전에 기록된 그들의 설교들은 사고를 십분 활용한 논증의 예들로 손색이 없다. 그렇게 그들은 죄를 회개하고 그리스도를 하나님이 오래전에 약속하신 구주로 믿도록 듣는 사람들을 설득했다. 고린도후서 5장 11절에 바울은 자신의 설교 사역을 "우리가 주의 두려우심을 알므로 사람들을 권면하거니와"라고 요약했다. 권한다는 것은 사람들을 설득하여 뭔가를 믿고 그대로 행동하게 한다는 목표 아래 여러 사실들을 종합

하는 것이다. 이것은 지적인 활동이다. 사실 누가가 사도행전에 바울이 그리스도를 전한 것을 기술할 때 사용한 모든 단어들이 그것을 확증해준다. 그는 바울이 논증하고, 입증하며, 변론하고, 설명하며, 설득했다고 쓰고 있다. 뿐만 아니라 신약 성경에는 회심을 그리스도께 대한 헌신으로만이 아니라 "진리를 믿음", "진리에 순종함", "진리를 인정함"으로 표현하는 대목들이 많이 나온다.

이렇듯 성령은 우리가 전하는 진리와 우리가 전개하는 논증을 통하여 우리의 죄를 지적하시고 그리스도를 믿도록 설득하신다. 설득력 없는 메시지는 그리스도의 이름을 믿도록 그 누구도 납득시킬 수 없다. 그냥 성령이 하시도록 매달리는 것만으로는 안 된다. 우리가 전하는 메시지의 설득력은 오직 그 내용에서만 나올 수 있다. 그렇지 않다면 성령께 매달려도 소용없다. 마틴 로이드 존스(Martyn Lloyd-Jones) 박사는 그것을 이렇게 잘 표현했다.

> 설교의 능력보다 더 자주 거론되는 주제는 없다. 설교자는 "아, 내 설교에 능력이 있다면" 하면서 무릎을 꿇고 능력을 달라고 기도한다. 내 생각에 그것은 아주 잘못된 일일 수 있다! 설교자가 하는 일이 그게 전부라면 틀림없이 잘못된 것이다. 능력을 얻는 길은 메시지를 잘 준비하는 것이다. 하나님의 말씀을 연구하고 깊이 생각하며 분석하고 정리하라. 최선을 다하라. 그것이 하나님이 복 주실 메시지다.

생각의 지혜로운 청지기가 되자. 하나님은 우리에게 사고하는 능력을 선물로 주셨다. 이 선물을 소홀히 하는 것은 영적 빈곤의 운명을 자초하는 것이며, 하나님에게서나 사람들에게서나 우리의 섬김을 통한 큰 복을 빼앗는 것이다. 우리에게 필요한 것은 지식의 축소가 아니라 지식의 확충이다. 그 지식을 활용하여 우리의 예배를 풍요롭게 하고, 믿음을 강하게 하며, 그리스도를 증거하는 전도에 더 효과가 있다면 말이다.

청지기로 산다는 것 *Totally Committed to Christ*

그리스도인의 섬김을 그리스도를 닮은 방식으로 하지 않으면 하나님을 기쁘시게 할 수도 없고, 사람들에게 복이 되지도 않는다. 그리스도를 점점 더 닮아가려면 우리의 생각이 하나님의 영으로 말미암아 계속 새롭게 되어야 한다. 성령은 하나님의 말씀을 사용하셔서, 그 말씀 안에 계시된 하나님의 뜻에 복종하도록 우리의 생각을 설득하신다. 그렇게 복종함으로 우리는 하나님의 뜻이 "선하시고 기뻐하시고 온전하신" 뜻임을 확인하게 되고, 우리 자신도 우리의 섬김도 몰라보게 풍요로워진다. 반면, 생각이 빠진 기독교는 하나님을 기쁘시게 하고 영화롭게 하는 섬김에 최대의 위험 요소다. 하나님의 뜻을 알 수도 없고 행할 수도 없기 때문이다.

삶을 바꾸는 질문 *Totally Committed to Christ*

1. 출생 시부터 회심 또는 중생 이전까지 우리의 사고는 영적으로 어떤 상태인가? 에베소서 4장 17-24절, 로마서 1장 20-23절을 참조하라.

2. 중생하지 않은 사고는 하나님의 뜻을 어떻게 보는가? 로마서 8장 5-8절을 참조하라.

3. 새로워진 생각이 우리의 삶에 어떤 영향을 미치는지 몇 가지 예를 들어보라.

4. 다음 각 물음에 답이 되는 성경 구절을 최소한 두 가지씩 들어보라.

   1) 누가 그리스도인의 생각을 새롭게 하는가?

   2) 그 과정에 사용되는 주된 도구는 무엇인가?

   3) 이것은 한 번의 경험인가?

   4) 우리의 생각을 새롭게 하는 궁극적 목적은 무엇인가?

기도하기   Totally Committed to Christ

1. 하나님이 누구이시고 당신을 왜 창조하셨는지 성령과 성경을 통하여 알 수 있도록 당신에게 사고 능력을 주신 하나님을 찬양하라.

2. 영적으로 어두워진 당신의 사고에 그리스도의 은혜로 빛을 비춰주시고, 당신을 향한 그분의 뜻과 그분 자신을 계시해주신 하나님께 감사하라.

3. 세상을 본받으려는 압력을 물리치고 점점 더 그리스도를 본받고자 힘써야 함에도 불구하고 거기에 소홀했던 것에 대하여 용서를 구하라.

4. 하나님의 선하시고 기뻐하시고 온전하신 뜻에 헌신하고, 하나님이 그분의 영광을 위하여 맡겨주신 사고 영역에 더 나은 청지기가 될 수 있도록 힘을 달라고 기도하라.

Totally Committed to Christ

빈손으로 가서 사랑의 주 뵈어야 하나,
하루도 섬기지 않고 드릴 면류관도 없이.

주 날 구원하시니 죽어도 두려움 없으나
빈손으로 주 뵐 생각에 가득한 내 수심.

죄의 허송세월 이제도 돌이킬 수 있다면
주께 모두 드리고 즐거이 주 뜻 받들리.

성도여 일어나 낮 동안 열심히 일하라.
죽음의 밤 덮치기 전에 영혼을 구하라.

빈손으로 가서 나의 구주 뵈어야 하나,
함께 갈 영혼 하나 없이 이리 빈손으로.

— 찰스 C. 루터(Charles C. Luther, 1847-1924)

Totally Committed to Christ

# 5장. 재능의 청지기

"내게 주신 은혜로 말미암아 너희 각 사람에게 말하노니 마땅히 생각할 그 이상의 생각을 품지 말고 오직 하나님께서 각 사람에게 나누어 주신 믿음의 분량대로 지혜롭게 생각하라 우리가 한 몸에 많은 지체를 가졌으나 모든 지체가 같은 기능을 가진 것이 아니니 이와 같이 우리 많은 사람이 그리스도 안에서 한 몸이 되어 서로 지체가 되었느니라 우리에게 주신 은혜대로 받은 은사가 각각 다르니"(롬 12:3-6).

로마서 12장에서 사도 바울이 우리 몸을 드리는 데서 생각을 새롭게 하는 데로, 거기서 다시 우리의 은사나 재능을 사용하는 데로 나아가는 것은 아주 의미심장한 일이다. 마음을 새롭게 하는 일은 우리 삶을 향한 하나님의 뜻을 분별하고 인정하는 데에만 필요한 것이 아니라 우리의 은사를 지혜롭게 평가하는 데에도 필요하기 때문이다.

새로워진 생각은 겸손하고 동시에 정직하다. 그 생각 덕분에 우리는 그리스도의 몸 된 교회 안에서 자신의 위치를 바로 이해할 수 있고, 그 직분 내지 섬김을 수행하라고 하나님이 주신 자신의 재능들도 바로 이해할 수 있다. 3절에 "생각하다"라는 뜻의 그리스어 동사 'phronein'이 세 번 반복되는데, 이는 냉철한 사고로 자신을 생각하려면 자신에 대한 너무 높은 평가와 (바울이 덧붙였을 법한) 너무 낮은 평가를 둘 다 피해야 한다는 사실을 강조하기 위함이다. 그리스도와 그분의 교회를 섬김에 있어서 우리의 달란트 내지 재능의 청지기직에 대한 바른 이해, 그것이 지금부터 우리가 살펴보려는 내용이다.

예수 그리스도의 교회는 비활동 회원이 허용되지 않는 세상 유일의 사회라는 사실을 당신은 생각해본 적이 있는가? 모든 회원은 현역이며 교회의 기능에 꼭 필요하다. 이것은 우리 주님의 많은 비유들, 특히 달란트와 므나의 비유에 나오는 명백한 가르침이다. 안타깝게도 지역 교회를 피라미드로 보는 교인들이 많이 있다. 정점에 목사가 있고 그 밑의 하위 계급들에 집사들과 나머지 회중들이 운집해 있다. 그런가하면 교회를 버스로 보는 교인들도 있다. 목사는 운전하고 교회 가족들은 즐겁게 타고 가는 것이다. 그러나 버스 모델과 피라미드 모델은 성경적인 교회 모델이 아니다.

교회는 믿음의 가정이며, 모든 회원은 수행해야 할 특정한 직분을 맡은 그리고 그 일을 해내는 데 필요한 자원을 받은 종과 청지기다. 하나님이 모든 그리스도인에게 주신 영적 은사를 생각하면서 바울이 가장 즐겨 사용한 교회 모델은 교회를 그리스도의 몸으로 보는 것이다. 교회는 그리스도를 머리로 하고 모든 그리스도인이 지체(몸의 기관이나 사지)가 되어 직분을 수행하는 몸이다(롬 12:4-8, 고전 12:12-31, 엡 4:4-16).

주보에 섬기는 사람들을 이렇게 독특하게 표시하는 교회들도 있다. "목사 존 스미스, 사역자 전 교인." 이것은 성경적인 것이다. 그리스도의 교회의 모든 회원은 그분의 현역 사역자 내지 종이다. 바울은 "우리가 한 몸에 많은 지체를 가졌으나 모든 지체가 같은 기능을 가진 것이 아니니 이와 같이 우리 많은 사람이 그리스도 안에서 한 몸이 되어 서로 지체가 되었느니라"(롬 12:4-5)고 말한다. 모든 교인이 다른 모든 교인에게 의지하여 전체의 건강과 풍요를 이루어간다는 말이다. 사람의 몸도 지체마다 특정한 기능을 수행하듯이 그리스도의 몸도 지체마다 중요한 역할을 맡고 있다. 몸이 하나님의 의도대로 기능하려면 반드시 그래야 한다. 모든 그리스도인은 그리스도의 몸을 세워야 하며, 그럴 때 그 몸은 하나님이 주신 세계 복음화라는 직무를 능히 수행할 수 있다. 자신에게 그렇게 섬기는 데 쓸 만한 유용한 은사가 없다는 생각은 마귀의 덫이며, 어떤 그리스도인도 그 덫에 빠져서는 안 된다.

우리 중 더러는 자신에게 중대한 은사가 하나도 없다고 느껴질 수 있다. 우리는 이렇게 말할 수 있다. "내가 설교를 할 줄 안다면 설교자가 되겠다. 언어에 능하다면 선교사가 되겠다. 음악에 소질이 있다면 찬양대에 들어가거나 반주자가 되겠다. 학구적이라면 신학자가 되겠다. 이렇게 부끄러움을 타지 않는다면 사람들한테 전도를 하겠다. 하지만 하나님이 내게 주신 것이 거의 없으니 시도해볼 가치도 없다."

코흘리개 사내 녀석 둘이서 서로 평생 변치 않겠다고 큰소리를 치고 있었다고 한다. 한 꼬마가 다른 꼬마에게 "바비야, 너 백만 파운드가 있으면 나한테 반 줄 거지?"라고 말했다. "주고말고." 바비가 말했다. "천 파운드가 있으면?" "똑같이 너한테 반 주지." "구슬 천 개가 있으면?" "그것도 반 주지." "그럼 구슬 두 개가 있으면?" 그러자 바비가 투덜거렸다. "그건 불공평해. 넌 내 구슬이 두 개뿐인 걸 이미 알고 있잖아."

하나님은 우리의 구슬 두 개를 원하신다. 마음대로 쓸 수 있는 물적 자원과 영적 은사가 많이 있기만 하다면 그때 하겠다는 가상적인 헌신, 하나님은 그런 데 관심이 없으시다. 그분은 우리가 현재 있는 달란트를 바쳐서 그분을 섬기기 원하신다. 우리가 착하고 충성된 종이었다는 증거로 마지막 날에 뭔가 보여드릴 수 있는 길은 그것뿐이다. 바로 그것이 달란트 비유와 므나 비유에 나오는 경고다(마 25:14-30, 눅 19:11-27). 주인이 맡긴 자원을 묵혀둔 종들은 둘 다 심한 질책을 받았고, 그나마 있던 달란트나 므나마저 주인을 더 충성되게 섬긴 종들에게 빼앗겼다.

이것은 불공평해 보인다. 그들의 달란트나 므나를 이미 많이 있는 사람에게 주어야 할 까닭이 무엇인가? 그러나 예수님은 지금, 자신이 여러 번 되풀이하여 말씀하시는 한 영적 원리를 예증하고 계신 것뿐이다. "무릇 있는 자는 받아 풍족하게 되고 없는 자는 그 있는 것까지 빼앗기리라"(마 25:29). 다시 말해서 당신의 삶과 재능으로 아무 일도 하지 않는다면 당신은 하나님을 기쁘시게 할 수 없다. 영원 속에서 상급을 받을 사람들은 하나님이 주신 것들을 자신의 목적이 아니라 그분의 목적을 위하여 기꺼이 사용하는 사람들뿐이다. 그리스도의 교회의 일에 동참하지 않고 자리만 채우거나 설교만 심사하는 그리스도인은 구원을 얻되 기껏해야 "불 가운데서"(고전 3:15) 얻은 것 같을 것이다.

누가가 전한 이야기를 보면 사실 그 종들의 최후 운명이 다소 불확실하지만, 마태가 기록한 비유에는 종말이 훨씬 덜 낙관적이다. 예수님은 "이 무익한 종을 바깥 어두운 데로 내쫓으라 거기서 슬피 울며 이를 갈리라"(마 25:30)고 말씀하신다. 말로는 그리스도인이라고 하면서 그리스도의 대의의 진보를 위하여 아무 일도 하지 않는 사람은 아마 아예 그리스도인이 아닐 것이다. 주인의 달란트를 잃는 모험을 원치 않았던(그래서 수익성 있게 굴리지 않았던) 불충한 종의 아이러니는, 그가 세상에서 가장 큰 모험을 했다는 것이다. 바로 자기 영혼을 가지고 도박을 한 것이다. 마틴 로이드 존스 박사는 "무언가를 시도하다가 실패하는 사람이 아무것도 시도하지 않아서 성공하는 사람보다 훨씬 더 낫다"고 말했다.

이제 재능의 올바른 청지기직으로 돌아가서, 우선 우리가 가진 달란트의 출처부터 살펴보기로 하자.

우리가 가진 달란트의 출처

사도 베드로는 "각각 은사를 받은 대로 하나님의 여러 가지 은혜를 맡은 선한 청지기 같이 서로 봉사하라"(벧전 4:10)고 했다. 우리의 능력이나 재주 중에 우리 스스로 만들어냈거나 자격이 있어서 받은 것은 하나도 없다. 우리의 전 소유와 존재는 하나님이 값없이 주신 것이다. 우리의 달란트를 두고 자랑할 여지란 없다. 바울의 가르침도 똑같다. "누가 너를 남달리 구별하였느냐 네게 있는 것 중에 받지 아니한 것이 무엇이냐 네가 받았은즉 어찌하여 받지 아니한 것 같이 자랑하느냐"(고전 4:7).

우리의 재능이 다 하나님에게서 온 것이라면 우리는 그것을 어떻게 받을까? 최소한 세 가지 공급의 통로가 있다. 첫째는 물론 태어나면서 받는 것이다. 우리는 다 몸으로 태어날 때 어떤 달란트를 가지고 태어난다.

당신은 음악적 재능이 있거나 없거나 둘 중 하나다. 손재주가 있거나 없거나 둘 중 하나다. 예술적 감각이 있거나 없거나 둘 중 하나다. 그 밖에도 얼마든지 말할 수 있다. 나아가 이렇게 천성적으로 타고나는 재능에 대해서는 우리가 할 수 있는 일이 거의 없다. 주어진 것을 발전시킬 수는 있지만 없는 것을 만들어낼 수는 없는 것이다.

그러나 그것이 우리의 달란트의 유일한 출처는 아니다. 둘째로 우리는 특정한 달란트를 습득할 수 있다. 타자, 간호, 인쇄, 집필, 건축 등의 달란트를 천성적으로 타고나는 사람은 없다. 그런 것들은 훈련과 연습으로 배울 수 있는 기술들이다. 그러면서도 모두 하나님을 위하여 쓰일 수 있는 재능들이다. 교회 비서는 목사가 기도와 성경 연구에 힘쓸 수 있도록, 속기와 타자 같은 기술을 사용하여 목사의 소중한 시간을 아껴줄 수 있다. 간호, 인쇄, 건축은 선교 현장에 절실하게 필요한 재능들이다.

나아가 셋째로 우리는 하나님의 영을 통하여 재능을 받을 수 있다. 성령 자신도 하나님의 최고의 선물이시지만, 그분의 주된 직무 중 하나는 하나님의 자녀들에게 은사(선물)를 주시는 것이다. 신약 성경 다섯 군데의 목록에 언급된 성령의 각기 다른 은사는 최소한 스물한 가지다. 지혜의 말씀, 지식의 말씀, 믿음, 병 고침, 능력(기적) 행함, 예언, 영들 분별함, 방언, 방언 통역(고전 12:8-10), 사도, 선지자, 교사, 서로 돕는 것, 다스리는 것(행정)(고전 12:28), 섬기는 일, 위로하는 일, 구제하는 일, 다스리는 일(지도), 긍휼을 베푸는 일(롬 12:1-8), 복음 전하는 자, 목사(엡 4:11) 등이 그것이다. 다섯째 목록은 베드로전서 4장 10-11절에 나오지만 새로운 은사는 언급되지 않고 있다.

더욱이 고린도전서 7장 7절에 독신도 별도의 은사로 언급되어 있고 또 각 목록마다 다른 목록에 언급되지 않은 은사들이 있는 것으로 보아서, 신약 성경에 나와 있는 은사가 전부가 아니라고 믿을 만한 근거가 충분하다. 마틴 로이드 존스 박사는 지적하기를 기도는 목록에 없으며, 기독교 서적을 집필하는 은사와 복음성가의 곡과 노랫말을 쓰는 은사도 분명 성령의 은사로 분류되어야 한다고 했다. 그렇다면 일각에서 하는 것처럼 세 가지 은사(방언, 신유, 예언)에만 집착하는 것은 큰 잘못이다. 성령의 은사가 아홉 가지뿐 - 고린도전서 12장 8-10절에 나와 있는 - 이라고 말하는 것도 잘못이다. 우리는 신약 성경 다른 곳들에 나오는 성령의 은사의 다른 목록들을 무시할 재량이 없다. 사실 바울이 고린도전서 14장에 제시한 원칙은, 모든 은사는 신자들의 몸 전체에 덕을 세우는 역량에 따라 평가되어야 한다는 것이다. 교회의 덕을 더 세우는 은사일수록 더 좋은 것이다(고전 14:5). 하나 더 짚어둘 것이 있다. 사도와 선지자 같은 계시적 은사는 성경이 전부 완성됨에 따라서 이제 더 이상 주어지지 않는다.

이렇듯 타고난 은사(가지고 태어나는 재능)와 습득한 은사(배울 수 있는 재능) 외에도 하나님은 우리에게 영적 은사(성령만이 주실 수 있는 재능)를 나누어주신다. 사실 그리스도인에게 영적 은사가 최소한 한 가지씩은 있다는 것이 신약 성경의 계시다. "각각 은사를 받은 대로… 서로 봉사하라"(벧전 4:10). 또 "이 모든 일은(은사는) 같은 한 성령이 행하사 그의 뜻대로 각 사람에게 나누어 주시는 것이니라"(고전 12:11). 또 "너희 각 사람에게 말하노니… 우리에게 주신 은혜대로 받은 은사가 각각 다르니"(롬 12:3, 6). 그러므로 아직 발견하지 못했을지는 몰라도 우리 모두에게는 영적 은사가 최소한 한 가지씩은 있다. 뿐만 아니라 한 가지 은사에만 머물 필요도 없다. 우리 각자에게 은사가 있음에도 불구하고 바울은 영적 은사들을 간절히 사모하라고 두 번이나 권면하고 있다(고전 12:31, 14:39).

이런 진리들에 함축된 의미가 있다. 교회의 봉사를 전부 피하면서 나는 아무것도 내줄 것이 없다는 변명 뒤에 숨으려 하는 그리스도인은 하나님을 거짓말쟁이로 만드는 죄가 있다는 것이다. 모든 그리스도인에게는 타고난 재능과 습득한 재능뿐 아니라 영적 은사도 있다는 분명한 진리를 그들은 부정하고 있다. 그런 사람은 거짓 겸손의 피해자다. 스피로스 조디아테스(Spiros Zodhiates)는 「동정녀의 노래(The Song of the Virgin)」라는 책에서 이렇게 말한다.

> 당신이 무익한 삶을 살고 있다면 당신은 지금 겸손한 것이 아니다. 그냥 순전히 게으른 것이다… 자신이 훌륭한 겸손을 실천하는 줄로 철석같이 믿고서 자신의 달란트를 땅 속에 묻어둔 채 무익한 삶을 산 사람들이 많이 있다. 많은 사람들에게 복이 될 수도 있었던 사람인데도 말이다. 겸손이 우리를 어떤 직분에든 몸을 사리게 만든다면 우리의 겸손은 오히려 우리에게 해를 입히는 것이다. 자격이나 능력이 없다는 핑계는 옹색하기 짝이 없는 변명이다… 당신의 달란트는 아주 작을 수 있다. 다른 사람들의 삶에 미치는 영향에 관한 한 그것을 사용하든 사용하지 않든 거의 중요해 보이지 않을 정도로 그렇게 작을 수 있다. 그러나 이 땅에서 무엇이 크고 무엇이 작은지는 아무도 모른다. 이 땅에서 일어난 모든 원인은

영원까지 미칠 결과의 시작이다.

맞는 말이고 정확한 말이다. 이 말이 그리스도께 대한 당신의 헌신이 부족함을 지적해주지는 않는가? 세상은 지옥으로 가고 있고 교회는 일꾼이 턱없이 부족한데 당신은 자기 자신에게 몰두해 있지는 않은가?

우리가 가진 재능의 목적

마치 자신의 유익을 위해서 달란트를 받은 것처럼, 마치 자신의 즐거움과 발전을 위해서만 자기 은사가 있는 것처럼 그렇게 행동하는 사람들이 많이 있다. 그것은 성경이 선포하는 시각이 아니다. 베드로는 "각각 은사를 받은 대로… 서로 봉사하라"(벧전 4:10)고 말한다. 우리의 모토는 "각자 자신의 능력대로"이다. 우리에게 달란트를 주신 것은 우리 자신을 위해서 많은 돈을 쌓거나 큰 이름을 내라고 주신 것이 아니다. 우리의 달란트는 그리스도의 교회의 유익을 위해서 주신 것이다. "각 사람에게 성령을 나타내심은 유익하게(공익을 끼치게) 하려 하심이라"(고전 12:7). 존 캘빈은 "충성된 그리스도인은 무슨 능력을 소유하든지 동료 신자들을 위하여 소유해야 하며, 사심을 버리고 진실함으로 교회의 유익을 도모해야 한다"고 말했다.

그러나 그보다 더 높은 목적이 있다. 우리의 달란트는 하나님을 영화롭게 하라고 주신 것이며, 하나님께 영광 돌릴 수 있는 최선의 길은 우리의 은사나 달란트를 모두의 유익을 위하여 사용하는 것이다. 제인 스튜어트 스미스(Jane Stuart Smith)는 버지니아 태생의 소프라노 성악가로, 미국과 유럽의 유수한 오페라하우스들을 두루 섭렵한 오페라 가수였다. 그녀는 세계적으로 갈채를 받는 스타였다. 그런데 하루는 밀라노 오페라하우스로 가는 길에 그녀가 탄 비행기가 엔진 고장을 일으켜 동체 착륙을 해야만 했다. 그 두려운 순간에 그녀는, 하나님이 이 상황에서 자기를 살려주시면 그분께 삶을 바치겠다고 약속했다.

하나님의 자비하심으로 그녀는 살아남았고 하나님께 서약한 대로 밀라노에서 어느 성경 공부 그룹에 들어갔다. 나중에 그녀는 스위스 웨이모(Huemoz)에 있는 라브리 공동체에 대해서 듣게 되었다. 프란시스 쉐퍼(Francis Schaeffer)는 그녀가 공저한 어느 책의 서문에 이렇게 썼다. "그녀는 여기서 그리스도인이 되었다. 그녀의 도움으로 우리에게 밀라노 음악인 사역의 문이 처음 열렸고, 그래서 결국 그곳에서 성경 공부 반을 시작하게 되었다. 나중에 그녀는 라브리 봉사자가 되었다가 더 나중에 라브리 회원이 되었다… 라브리에서 그녀와 함께 시간을 보낸 덕분에 고전 음악을 꽤 알게 되고 깊이 즐기게 된 사람들이 전 세계에 많이 있다. 제인 스튜어트 스미스는 음악 쪽으로 라브리에 아주 특별한 기여를 해주었다."

그래서 하나님은 우리에게 달란트(타고난 달란트, 습득한 달란트, 영적 달란트)를 주신 것이다. 우리 자신이 영화를 누리라고 주신 것이 아니라 교회는 물론 교회 밖 사람들의 공익을 위하여 사용해서 하나님을 영화롭게 하라고 주신 것이다.

성경의 교훈을 들을 때 우리가 기억해야 할 것이 있다. 우리의 달란트는 우리 자신이 만들어낸 것이 아니라 하나님의 값없는 선물이라는 것이다.

- 존 캘빈(John Calvin)

우리는 모두 달란트를 받은 사람들이다. 무엇이든 하나님을 영화롭게 할 수 있는 것이면 그것이 달란트다.

- J. C. 라일(J. C. Ryle)

영적 은사는 가지고 노는 장난감이 아니라 주님의 일을 효과적으로 하는 데 쓰는 성령의 도구다.

- G. 레이몬드 칼슨(Raymond Carlson)

달란트를 어떻게 발견할 것인가

당신의 달란트를 발견하는 길은 많이 있지만 세 가지만 말하고자 한다. 첫째는 기도하는 마음으로 생각하는 것이다. 혼자서 종이를 꺼내놓고 중앙에 세로줄을 긋는다. 왼쪽 위에 '내가 할 수 있는 일'이라고 쓰고, 오른쪽 위에 '내가 할 수 없는 일'이라고 쓴다. 그러고나서 쓰기 시작하여, 내용을 얼마나 채울 수 있는지 본다. 쓰는 내용을 성령께 검사를 받아가며 정직하게 기도하는 마음으로 쓴다. 당신 생각에는 할 수 없는 일들이지만 하나님의 도움으로 할 수 있음을 성령이 보여주실 수도 있다. 반대로 당신은 할 수 있다고 생각하지만 사실은 할 수 없는 일들임을 성령이 보여주실 수도 있다.

둘째, 당신을 알고 사랑하는 사람들에게 이 목록에 대한 외부 의견을 구하는 것이다. 그들은 당신의 은사가 정말로 무엇인지 조언해줄 수 있을 만큼 당신을 잘 아는 사람들이어야 한다. 또한 당신이 할 수 없는 일들을 당신에게 낙심이 되지 않도록 말해줄 수 있을 만큼 당신을 사랑하는 사람들이어야 한다.

셋째, 실제로 해보는 것이다. 하나님이 하라고 부르시는 것 같은 일을 수락해서 믿음으로 해보라. 해보지 않고는 당신이 어느 특정한 일로 하나님을 섬길 수 있는지 여부를 알 길이 없다. 그 일을 하는 방법은 물론 당신이 그 일에 능력이 있는지 없는지도 직접 해보아야 알 수 있다. 나도 그렇게 설교하고 가르치기 시작했다. 남아프리카공화국 요하네스버그 기차역에서 열린 교회 야외 집회에서 나는 5분 메시지를 전해달라는 부탁을 받았다. 사람들 앞에 서던 첫 주일, 나는 생각이 완전히 멍해져서 말하려고 준비해둔 것을 다 까먹었다. 영원처럼 느껴지는 당혹스런 침묵이 흐른 후에 나는 그냥 "하나님은 여러분을 사랑하셔서 여러분을 구원해주시기 원하십니다!"라고 말했다. 지혜롭게도 우리의 지도자는 나중에 내게 와서 말했다. "브라이언, 다음 주에 다시 해보게. 그렇지 않으면 절대로 다시 해볼 용기가 나지 않을 걸세."

나는 그렇게 시작했다. 실수를 했지만 믿음으로 시도해보았다. 은사가 있는지 없는지 알려면 당신도 그 방법밖에 없다. 실제로 해보는 것이다. 믿음으로 나가서 주님을 섬겨보는 것이다. 예를 들어, 어느 주일학교 교사가 결석한 날 그 반을 대신 맡아볼 수 있다. 이것이 당신에게 설교, 가르침, 다스림, 공중 기도, 그 밖의 다른 것에 은사가 있는지 알아보는 방법이다. 하나님의 특별 계시나 무슨 꿈으로 아는 것이 아니다. 하나님의 영이 하도록 인도하시는 일을 작은 것부터 시작해봄으로써 아는 것이다.

물론 하나님의 특별한 소명이 필요한 일들도 있음을 강조할 필요가 있다. 예컨대 교회에서 설교하는 일 등에는 하나님의 부르심이 먼저 온다. 하나님이 성령으로 당신에게 말씀을 전하도록 감화를 주고 계심을 당신은 매일의 경건 시간을 통하여 영적으로 의식하게 된다. 그러면 당신은 하나님이 성경에 제시해두신 설교자의 요건에 비추어 그 생각의 현실성을 점검해야 한다. 예컨대 당신은 남자여야 하고 그리스도께 진정 회심한 사람이라야 한다. 아울러 그것이 하나님에게서 온 소명이라면 갈수록 더 강해진다. 그래서 마침내 당신은 거기에 반응하게 되고, 하나님이 주신 영적 은사를 그분이 친히 당신 안에서 끌어내실 것을 신뢰하게 된다.

달란트를 어디서 구사할 것인가

우리는 가장 눈에 띄거나 가장 인정받을 만한 곳에서부터 달란트를 사용하기 시작해서는 안 된다. 남들에게 드러나서 박수를 받으려는 마음은 아주 미묘한 유혹이다. 그러나 그리스도인을 인도하는 것은 그것이 아니다. 그리스도인을 인도하는 것은 말씀에 계시된 하나님의 뜻이다. 그런데 하나님의 뜻은 우리의 달란트를 먼저 집에서부터 사용하는 것이다. 디모데전서 5장 8절에 바울은 "누구든지 자기 친족 특히 자기 가족을 돌보지 아니하면 믿음을 배반한 자요 불신자보다 더 악한 자니라"고 말한다. 물론 여기서 사도는 부모로서 가족들의 의식주를 부양하는 능력만이 아니라 또한 부모의 신앙 교육과 지도도 염두에 두고 있다.

시시한 단계처럼 보일지 모르지만 우리의 첫 번째 책임 대상은 가족들이다. 무리들에게 설교하는 일에 너무 열심인 나머지 정작 내 자식들을 가르칠 시간이 없다면 나는 하나님을 욕되게 하고 내 은사를 잘못 사용하는 것이다. 우리의 시간과 달란트를 맨 먼저 누려야 할 사람들은 가족들이다. 우리가 부모로서 책임을 다한다면 그 영향이 얼마나 멀리까지 미칠지는 영원만이 말해줄 것이다. 존과 찰스 웨슬리의 어머니 수잔나 웨슬리는 열아홉(그 중 아홉은 어려서 죽었다) 자녀를 일일이 일주일에 두 시간씩 시간을 내서 가르친 놀라운 여인이었다. 엡워스의 목사관 부엌에서 그녀는 가정 예배를 드리며 아이들에게 성경 한 장과 설교 한 편을 읽어 주곤 했다. 따라서 존과 찰스 웨슬리가 하나님 나라에 크게 쓰임 받은 비결을 알고 싶다면, 자신의 달란트를 가정에서 사용한 어머니의 공을 빼놓을 수 없다.

다음, 우리의 달란트를 영적인 가정인 교회 가족들 안에서 사용하는 것이 하나님의 뜻이다. 신약 성경의 서신서마다 그리스도인들에게 지역 교회에서 은사를 사용할 것을 명하고 있다. 그러지 않는다면 그것은 당신의 가정을 돌아보지 않는 것만큼이나 나쁜 일이다. 하나님은 우리를 교회 가족 안에 두셔서 교회의 모든 필요(영적, 정서적, 실제적, 재정적 필요)를 채우게 하셨다. 우리가 자기 몫을 하지 않으면 우리의 영적인 가정은 고생하게 된다. 우리의 섬김을 거두면 교회는 장애를 입게 되고, 사지를 한두 군데 잃은 몸처럼 기능하게 된다. 하지만 그 몸은 하나님이 지으시지 않았던가? 그리고 자기를 생각하지 말고 몸을 돌보도록 지체들을 주시지 않았던가? 물론 그렇다. 그렇다면 하나님이 우리를 두신 그 몸을 우리가 어찌 섬기지 않을 수 있겠는가?

우리의 달란트를 극대화시키려면

우리의 달란트를 최대한 활용하는 확실한 길은 그것을 사용하는 것이다. 바울은 "우리에게 주신 은혜대로 받은 은사가 각각 다르니"(롬 12:6) 그것을 사용하자고 했다. 어떤 달란트이든 사용하지 않으면 영양실조에 걸린다. 둘째, 가능한 한 오랫동안 사용하라. 여기서 내 경험을 바탕으로 경고하고 싶은 것이 있다. 우리가 달란트를 사용하는 것을 멈추는 경우가 많이 있는데, 그 중에 가장 흔한 경우 두 가지는 집을 이사할 때나 은퇴할 때다. 평소 교회 일로 워낙 바쁘다보니 우리는 이사를 가서 다른 교회로 옮기게 되면 "이번 기회에 교회 봉사를 좀 쉬자"는 말이 절로 나올 수 있다. 하지만 그것은 큰 잘못이다. 이사할 때 하나님은 우리의 달란트도 새 교회로 옮겨가기를 원하신다. 이제 그곳이 우리의 새 영적 가정이기 때문이다. 이제 거기가 우리가 섬겨야 할 신자들의 새 몸이다. 그것이 잘못인 또 한 가지 이유는 우리의 활동 중단이 대개 의도보다 오래가기 때문이다. 뒷전에 앉아서 편하게 지내는 삶에 익숙해지는 것은 정말 쉽다.

은퇴도 마찬가지다. 은퇴가 비록 세상의 일을 줄일 때이기는 하나 그렇다고 주님의 일까지 줄일 때는 아니다. 오히려 대개는 자유 시간이 많아져서, 이전에 가능했던 것보다 주님을 위해서 더 많이 일할 수 있다. 물론 교회 일에 영원히 매달려야 한다는 말은 아니다. 그것도 좋은 일은 아니다. 직무의 변화도 때로는 필요하다. 그러나 직무를 바꾸려거든 당신의 재능에 맞게 교회 내에서 다른 일을 자원하라. 주님을 섬기지 않고 1년 이상 쉬어야 할 사람은 우리 중에 아무도 없다. 시간은 짧고 일은 시급하다. 그러므로 우리는 자신을 아끼지 말아야 한다.

이번 장의 주제는 더없이 중요한 것이다. 내가 여섯 군데의 교회에서 목회하면서 경험한 서글픈 사실은, 교회 일을 가능한 한 적게 하려는 사람들이 너무 많다는 것이다. 바울의 말대로 "항상 주의 일에 더욱 힘쓰는 자들"(고전 15:58)이 되어야 하건만, 그들은 자신의 일에 더욱 힘쓰며 열중한다. 우리는 그리스도인의 일을 주님이 주시는 대로 그리고 시간이 허용하는 만큼 많이 해야 한다. 예수님은 "때가 아직 낮이매… 일을 우리가 하여야 하리라 밤이 오리니 그 때는 아무도 일할 수 없느니라"(요 9:4)고 말씀하셨다.

이것이야말로 오늘의 그리스도인들에게 꼭 맞는 말씀이다. 오늘 주님과 그분의 교회를 위해서 해야 할 일이 많은데, 21세기의 그리스도인들에게는 그 일을 시키기가 참 힘들다. 우리는 하나님을 섬길 시간을 낼 수 없어 보일 정도로 다들 너무 바쁘다. 그러나 우선순위가 바로 되어 있다면, 우리는 세상이 중시하는 것들을 축적하고 좇느라 바쁜 것이 아니라 마땅히 주님의 일을 하느라 바빠야 한다. 어쨌거나 우리의 상전은 우리가 아니다. 우리는 하나님의 종들이다. 주인의 시간과 연장을 자기 일에 쓰는 종처럼 괘씸한 것은 없다.

그런 종에게 회계의 날은 얼마나 무서운 날이 될까! 의심의 여지없이, 그날이 오면 우리는 "(우리의) 보던 일(청지기직)을 셈"해야 한다(눅 16:2). 바울도 고린도후서 5장 10절에서 동일하게 말한다. "이는 우리가 다 반드시 그리스도의 심판대 앞에 나타나게 되어 각각 선악간에 그 몸으로 행한 것을 따라 받으려 함이라." 여기서 바울이 말하는 심판은 그리스도인이 구원을 잃는 것이 아니다. "행한 것을 따라"는 말씀에 있듯이 이것은 그리스도인의 행위에 대한 심판이다. 고린도전서 3장 15절에 그것이 아주 분명히 나와 있다.

진짜 청지기라면 천국에 들어가지 못할 사람은 없다. 그러나 각 사람이 받을 상급이 다르다. 불로 행위(공적)를 시험한다는 바울의 말을 보아 알 수 있다. 하나님께 영광을 돌리고 교회를 세우는 보배로운 행위라면 그 행위는 (은이나 금처럼) 불을 능히 통과할 것이고, 그 사람은 상을 받는다. 그러나 하나님께 영광을 돌리지 못한 무익한 행위라면 그 행위는 (나무나 풀이나 짚처럼) 불에 탈 것이고, 그 사람은 "해를 받으리니 그러나 자신은 구원을 받되 불 가운데서 받은 것 같으리라"고 바울은 말한다.

하지만 하나님이 우리에게 상 주시는 기준이 우리의 성공이 아니라 충성임을 명심하기 바란다. 그래서 바울은 청지기들에게 구할 것은 충성이라고 했다(고전 4:2). 주께서 자신의 종들에게 상을 주심은 그들의 은사가 커서가 아니라 그들이 그분의 일에 쏟아넣은 시간과 수고 때문이다. 그러므로 우리는 주인에게서 "잘하였도다 착하고 충성된 종아… 네 주인의 즐거움에 참여할지어다"(마 25:23)라는 말씀을 듣게 될 그날을 위하여 일하고 살자.

어떤 의대생이 우수한 성적으로 학사 학위를 받았다. 모든 친구들이 보기에 그는 앞날이 아주 창창했다. 계속 학위를 더 받으면 고소득 직장은 보장된 셈이었다. 그러나 선교지로 가겠다는 그의 발표에 그들은 깜짝 놀랐다. 그들은 그렇게 촉망되는 미래를 등지려는 그가 이상해서 말했다. "하지만 그건 세상에서 성공하는 길이 아니잖아?" 그의 대답은 짧고도 반박할 수 없는 것이었다. "어떤 세상에서?"

청지기로 산다는 것 Totally Committed to Christ

한 번뿐인 인생 금방 지나가리라. 오직 그리스도를 위해서 한 일만이 영원히 남으리라.
- C. T. 스터드

삶을 바꾸는 질문 Totally Committed to Christ

1. 생각을 새롭게 하는 것과 달란트를 바로 사용하는 것은 어떤 관계가 있는가? 로마서 12장 1-8절을 참조하라.

2. 모든 은사는 하나님에게서 나오는데, 그렇다면 우리는 은사를 어떤 방식들로 얻을 수 있는가? 자신의 대답의 근거가 되는 성경의 사례들과 구절들을 제시해보라.

3. 로마서 12장 4-8절, 고린도전서 12장 12-31절, 에베소서 4장 4-16절을 읽으라. 교회가 그리스도의 몸이라는 비유에서 바울은 하나님이 주시는 은사들에 관하여 어떤 교훈들을 이끌어내고 있는가?

4. 우리의 은사를 하나님의 영광을 위하여 사용하지 못하면 영원히 심각한 결과가 따를 수 있다. 그 결과들이 어떤 것인지 마태복음 25장 14-30절, 고린도전서 3장 9-15절을 가지고 자신의 말로 표현해보라.

기도하기　　　　　　　　　　　Totally Committed to Christ

1. 당신에게 은사들을 맡겨주신 하나님 아버지께 감사하라. 그분을 영화롭게 하고 그리스도의 교회를 세우기 위해서 그 은사들을 최대한 잘 사용하지 못한 것에 대하여 용서를 구하라.

2. 당신 자신을 당신 교회의 지도자들에게 유용하게 내드릴 수 있는 은혜를 주시기를, 그리고 당신의 재능을 어디에 사용하면 가장 좋을지 인도해주시기를 기도하라.

바칠 생명도 하나 예수 나의 주 나의 왕
주 찬양하며 그 자비를 노래할 혀도 하나
이 마음의 충정도 하나 내 구주이시니.
비할 데 없는 주의 영광에만 구별되어
온전히 드려지게 하소서.

현재만이 제 것이니 주 위해 쓰게 하소서.
지나는 순간마다 영원히 가치 있게 하소서.
죄와 수치 중에 죽어가는 사방의 영혼들.
갈보리 구속의 메시지를 전하게 하소서.
주의 영화로운 이름으로.

바칠 생명도 하나 귀하신 주여 취하소서.
조금도 남김없이 나 주 뜻대로 순종하리.
주의 모든 것 제게 값없이 주셨으니
이 한 목숨 주의 것 삼아 써주소서.
매순간 주를 위하여.

- 에이비스 B. 크리스천슨(Avis B. Christiansen)

Totally Committed to Christ

6장. 시간의 청지기

"범사에 기한이 있고 천하 만사가 다 때가 있나니"(전 3:1).

"그런즉 너희가 어떻게 행할지를 자세히 주의하여 지혜 없는 자 같이 말고 오직 지혜 있는 자 같이 하여 세월을 아끼라 때가 악하니라 그러므로 어리석은 자가 되지 말고 오직 주의 뜻이 무엇인가 이해하라"(엡 5:15-17).

시간은 천지 창조와 함께 시작되었다. 그러므로 시간은 창조주가 그분의 영광을 위하여 우리에게 맡겨주신 귀한 선물이다. 시간이란 하나님이 인류에게 엄숙한 청지기직으로 주신 영원의 한 조각이다. 어느 날 하나님은 우리들 각자를 부르시어 시간을 어떻게 썼는지 보고하게 하실 것이다. 청지기 서로 간의 차이는 다분히 그들이 시간을 어떻게 사용했는지에 달려 있게 될 것이다. 하나님을 위한 모든 성취는 지혜로운 시간 사용이 전제가 된다. 여기서 실패하면 모든 것에 실패하는 것이다. 지상의 시간이 허락하는 일 이상을 할 수 있는 사람은 아무도 없다. 제레미 테일러(Jeremy Taylor)는 「거룩한 생활(Holy Living)」이라는 책에서 이렇게 썼다. "하나님은 인간에게 여기 지구상에서 짧은 시간을 주셨지만 그 짧은 시간에 영원이 달려 있다. 자신의 시간을 하나님께 투자하는 사람보다 더 뛰어난 상인은 없다."

시간의 중요성

시간은 늘어날 수 없다. 시간은 고정된 일용품이다. 우리 중 누구를 막론하고 한 시간은 60분이고, 하루는 24시간이며, 1년은 365일이다. 누구에게나 똑같다. 우리도 여호수아처럼 태양을 정지시킬 수 있었으면 하고 아무리 바랄지라도 우리는 그럴 수 없다. 하루 속에 시간을 더 많이 끼워넣을 수 있는 사람은 없다. 인생은 우리가 하고 싶은 일을 다 하기에는 너무 짧게 느껴질지 모르지만, 하나님이 원하시는 일을 다 하기에는 충분히 긴 시간이다.

시간과 관련하여 또 한 가지 엄숙한 사실이 있다. 시간은 잃어버릴 수 있고 한번 잃어버린 시간은 절대 되찾을 수 없다. 시간은 지나간다. 한번 지나간 시간은 잃어버린 것이고 회복이 안 된다. 몇 년 전에 미국 어느 잡지의 '분실물' 난에 이런 가짜 광고가 실렸다. "어제 일출과 일몰 사이에 분실함. 각각 60분의 다이아몬드가 박혀 있는 금쪽 같은 2시간. 영원히 사라졌으므로 보상은 없음."

지혜로운 그리스도인들은 그것을 깨닫는다. 그들은 자신의 시간이 지나가고 있음을 안다. 에베소서 5장 16절에는 지혜로운 그리스도인들이 "시간을 최대한 활용하는"(NASB) 사람들로 묘사되어 있다. 토머스 에디

슨은 수많은 발명으로 세상을 바꾸어놓았는데, 그리스도인인 그는 이렇게 말했다. "시간이란 잘 두었다가 나중에 쓸 수 있는 일용품이 아니다. 시간이란 그때그때 투자해야지 그렇지 않으면 영원히 사라져버린다." 스티븐 차노크(Stephen Charnock)는 이렇게 말했다. "지나간 일은 도로 물릴 수 없고 앞일은 보장할 수 없다." 날마다 하나님은 은행에 시간이라는 새로운 계좌를 열어주신다. 단, 잔고를 남기거나 미리 대출을 쓰는 것은 허용하지 않으신다. 당일에 입금된 것을 쓰지 못하면 그대로 우리의 손해다.

그러나 그보다 더 중요하게, 우리는 시간을 하나님의 것으로 보아야 한다. 만일 우리가 자기 시간의 일부만 하나님의 것이고 그래서 하나님께 그분 몫(일요일)을 드리면 나머지 엿새는 자신의 것이라고 생각한다면, 우리 그리스도인의 삶은 아무런 진전도 없을 것이다. 그것은 성경적 기독교가 아니다. 조지 허버트(George Herbert)의 옛 찬송가 가사처럼, "이레 중 하루가 아니라 이레 동안 내내 주를 찬양하리라"가 진정한 기독교다.

바울은 자신과 모든 그리스도인을 예수 그리스도의 종으로, "값으로 사신"(고전 7:23) 존재로 보았다. 값으로 사셨다는 것은 우리의 시간이 송두리째 그리스도의 권한 아래 있다는 의미다. 그런 전제 아래, 우리의 시간을 각기 다른 목적들을 위하여 쓰는 것이 그리스도의 뜻이다.

우리가 시간을 사용할 때 고려해야 할 핵심 요인은 균형이다. 하지만 하나님이 주신 모든 직무들의 균형을 제대로 이루기란 아주 어려운 일이다. 어떤 면에서는 삶의 모든 직무들에 시간을 골고루 분배하는 것보다 차라리 한가지 일에 시간을 전부 쏟는 것이 더 쉽다. 그렇다면 우리는 어떻게 시간을 지혜롭게 사용할 것인가?

자신에게 꼭 써야 할 시간

우선순위가 더 높은 일들이 있음에도 불구하고 하나님은 우리가 우리 자신에게 시간을 쓰기 원하신다. 얼른 떠오르는 꼭 필요한 일들은 다음과 같다.

1. 잠자는 시간

우리들 대부분은 삶의 3분의 1을 잠자리에서 보낸다. 그런데 종종 우리는 그것을 시간 낭비라고 생각한다. 하지만 그것은 시간 낭비가 아니다. 우리는 밤을 새울 수 있지만 충분한 수면이 없이는 오래 버틸 수 없다. 우리의 심신은 휴식이 필요하며, 적당량의 휴식을 취할 때에만 제 기능을 다한다.

수면에 필요한 시간의 양은 사람마다 다르겠지만, 필요한 양이 얼마든 하나님은 우리가 그만큼 자기를 원하신다. 물론 과도히 잠에 빠지는 것은 그분의 취지가 아니다. 다른 어떤 것(먹는 것, 마시는 것, 섹스, 세상 재물)에든 과도히 빠지는 것이 그분의 취지가 아닌 것과 마찬가지다. 잠언은 게으른 자를 호되게 비난한다. 특히 6장 6-11절에서 일침을 가한다. 게으른 자를 아침에 깨우면서 "네가 어느 때까지 누워 있겠느냐 네가 어느 때에 잠이 깨어 일어나겠느냐"라고 물으면 그는 "좀더 자자, 좀더 졸

자, 손을 모으고 좀더 누워 있자"고 대답한다. 그는 일어나지 않겠다고는 하지 않는다. 오전 내내 자리에 누워 있겠다는 말도 아니다. 그가 바라는 것은 그저 1-2분만 더 손을 모으고 눕는 것이다. 데렉 키드너(Derek Kidner)는 잠언 주석에 "그는 작은 굴복들로 자신을 기만하고 있다"고 썼다. 그는 많은 것을 요구하지 않는다. 조금만 더 자겠다는 것이다. 그러나 잠언의 말대로 그가 잊고 있는 것이 있다. 잠에 과도히 취하면 "네 빈궁이 강도 같이 오며 네 곤핍이 군사 같이 이르리라"는 사실이다.

성경에 따르면 수면에 필요한 시간을 충분히 내는 것은 시간 낭비가 아니다. 하나님이 우리의 휴식 시간으로 밤을 지으셨기 때문이다. 나아가 수면으로 우리의 심신이 새 힘을 얻을 뿐만 아니라 수면 중에 하나님이 우리의 문제에 해답을 주실 때도 많다. 문제를 가지고 자리에 누웠는데 아침에 깨어보니 해답이 나온 경험들이 누구나 분명히 있을 것이다. 바로 그것을 증거하는 말씀이 시편 127편 2절이다. "너희가 일찍이 일어나고 늦게 누우며 수고의 떡을 먹음이 헛되도다 그러므로 여호와께서 그의 사랑하시는 자에게는 잠을 주시는도다." 하지만 더 요점으로 들어가서, 숙면의 휴식은 알찬 노동의 보상이다. 로버트 머레이 맥체인은 그것을 이렇게 표현했다. "아, 하루 종일 하나님을 위하여 일하고 밤에 그분의 미소 아래 누우면 얼마나 달콤한가!"

2. 먹는 시간

당신이 먹는 데 소요되는 시간이 얼마나 되는지 혹 따져본 적이 있는가? 꽤 큰 부분이다. 하지만 이것도 시간을 잘 쓰는 것이다. 급히 먹는 사람들은 곧 궤양에 걸린다. 식사를 제대로 준비하지 않고 균형 있는 식단으로 먹지 않는 사람들은 여러 신체 질환들로 어느 정도 고생하게 된다. 그만큼 단순한 문제다. 미국의 유명한 영양학자 아델 데이비드(Adele Davis)는 "많은 사람들이 나이프와 포크로 제 무덤을 파고 있다"고 말했다.

슬프게도 내가 그것을 보증할 수 있다. 목회 사역 초반의 12년 동안 나는 각기 다른 세 도시의 의사들과 정신과 전문의들에게 내생적(內生的) 우울증이라는 진단을 받았다. 나는 낮에는 정신적으로 피곤했지만 밤에는 잠을 이룰 수 없었다. 여러 가지 신경 안정제를 먹었지만 소용이 없었다. 정신적으로 피곤한 상태를 한시도 떨칠 수 없었다. 결국 나는 목사직을 사임해야 했다. 11개월의 휴직 기간 중에 내 아내가 어느 잡지 기사를 읽고는, 내 문제가 카페인 과다 복용(2리터들이 일반 코카콜라를 하루 한 병씩 마셨다)과 유제품을 통한 칼슘 섭취의 부족 때문이라고 믿게 되었다. 그것을 고친 뒤로 나는 밤중에 더 이상 수면 장애도 없어졌고, 낮에 너무 피곤해서 생각이 멍하지도 않게 되었다. 간단히 식생활을 고친 덕분에 지난 25년간 나는 최고의 기량으로 목회 사역에 임할 수 있었다.

바른 식생활을 위한 시간과 배려는 사치가 아니라 필수다. 우리 인생의 길이와 유용성이 둘 다 거기에 달려 있다. 마가복음 6장 31절에 보면 예수님이 제자들에게 "너희는 따로 한적한 곳에 가서 잠깐 쉬어라 하시니 이는 오고 가는 사람이 많아 음식 먹을 겨를도 없음이라"고 하셨다.

3. 일하는 시간

모든 사람은 일하는 사람이다. 일하지 않고는 아무도 살 수 없다. 수면 다음으로 우리 시간의 가장 큰 비율은 일에 들어간다. 이것도 그리스도인에게 시간 낭비가 아니다. 목숨을 부지하려면 일을 해야만 한다. 하나님이 우리에게 일용할 양식을 주시지만 그렇다고 하늘에서 저절로 떨어지는 것은 아니다. 우리가 일해서 벌어야 한다. 데살로니가후서 3장 10-12절에 바울은 그리스도인들이 "조용히 일하여 자기 양식을 먹"어야 한다고 말했다. 그는 또 "누구든지 일하기 싫어하거든 먹지도 말게 하라"고 했다.

그러나 그리스도인에게 일이란 그 이상의 목적이 있다. 당신이 대학생이든 가정주부이든 생계를 책임지는 전문직 종사자든, 당신의 매일의 일은 예수 그리스도를 섬기는 것이어야 한다. 그분을 섬기는 것은 여가 시간에 하는 기독교 활동뿐이고 나머지 날에 하는 일은 생활비를 벌기 위한 따분한 업무일 뿐이라고, 생각한다면 그것은 큰 착각이다. 당신의 삶을 성과 속 둘로 나누는 것은 비성경적이며 철저히 예수 그리스도를 욕되게 하는 것이다. 그분은 하늘에 계신 우리의 상전이시며 우리는 주 7일 동안, 하루 종일 그분을 섬기고 있다. 그러므로 우리는 무슨 일을 하든지 그분께 바치는 섬김의 일환으로 하는 법을 배워야 한다. 골로새서 3장 23절에 바울은 "무슨 일을 하든지 마음을 다하여 주께 하듯 하고 사람에게 하듯 하지 말라"고 권면한다.

그러므로 당신이 학생이라면 그리스도를 위하여 열심히 배워야 한다. 지금 이 교육의 기회는 다시 오지 않을 수 있다. 지금 그 기회를 최대한 활용하면 나중에 당신의 삶이 하나님께 더욱 유용해진다. 당신이 여자이고 하나님이 당신에게 결혼과 가정의 특권을 주셨다면, 당신의 일은 가정에서 남편을 내조하고 자녀를 교육하는 것이다. 그리스도인 어머니들이야말로 세상에서 가장 영향력이 큰 사람들이다. 당신의 기도와 모범과 가르침은 자녀들이 그리스도를 신뢰하도록 이끌어줄 뿐만 아니라 자녀들을 통하여 다른 사람들에게까지 뻗어나갈 수 있다.

또 당신이 고용주이거나 피고용인이라면 직업이나 직무가 식품을 제조하는 것이든 주택을 건축하는 것이든 나라를 수호하는 것이든 환자를 치료하는 것이든 상관없이, 당신은 그저 돈만 벌고 있는 것이 아니다. 당신은 하나님의 피조물들의 신체적, 정신적, 정서적, 영적 발달을 위하여 하나님과 함께 일하고 있는 것이다. 이것은 우리 모두를 향한 그분의 뜻이다. 이 땅에 있는 동안 우리를 향한 하나님의 목적은 그저 구원받는 것만이 아니다. 하나님은 우리가 또한 균형 잡히고 건강하며 행복하고 교육받고 유용한 사람들로 자라고, 그리하여 우리의 삶으로 그분께 영광과 존귀를 돌리기를 원하신다. 전문직, 사업, 제조업, 연예계 할 것 없이 모든 떳떳한 직업은 이 그림 속 어딘가에 들어간다. 그러므로 모든 그리스도인은 자신을 하나님과 협력하여 일하는 자로 보아야 한다. 그리고 일의 동기도 "주께 하듯 하고 사람들에게 하듯 하지 (않는)"(엡 6:7) 것보다 더 큰 동기가 없어야 한다.

4. 노는 시간

옛 속담에 "일만 하고 놀지 않으면 사람이 바보가 된다"고 했다. 또 누군가는 "여가 시간을 낼 줄 모르는 사람은 조만간 앓는 시간을 낼 수밖에 없다"고 말했다. 여가는 심신의 전반적인 건강에 없어서는 안 되는 것이다. 우리의 여가 시간의 진짜 문제는 활동의 종류를 고르는 것이 아니라 그 시간을 다른 사람들에게 빼앗기지 않는 것이다. 물론 여가도 균형이 맞아야 한다. 여가는 심신에 도움이 되어야 한다. 종류야 무엇이든 어쨌든 우리는 여가 시간을 따로 내야만 한다. 우리 주님이 "너희는 따로 한적한 곳에 가서 잠깐 쉬어라"(막 6:31)고 하시지 않았던가? 또 솔로몬은 "울 때가 있고 웃을 때가 있으며 슬퍼할 때가 있고 춤출 때가 있"(전 3:4)다고 말했다.

우리 자신에게 시간(잠자고 먹고 일하고 노는 시간)을 쓸 필요가 있음을 말했으니 그와 함께 중요하게 짚어둘 말이 있다. 그 시간들은 우리의 종으로 남아 있어야지 우리의 상전이 되어서는 안 된다. 평소 우리 자신에게 쓰던 시간을 때로 하나님이나 다른 사람들에게 쓰라고 그분이 부르실 때가 있다. 사랑하는 자가 병들어 잠을 줄이고 간호해야 할 때도 있고, 음식을 끊고 하나님께 금식 기도를 해야 할 때도 있다. 하지만 그럼에도 불구하고 우리 자신에게 시간을 쓰는 것은 지극히 온당한 일이다.

다른 사람들이 중요하게 요구하는 시간

또 하나 생각해야 할 부분은 가족, 교회, 지역 사회 등 다른 사람들이 우리의 시간을 요구하는 문제다.

1. 가족

가정을 재정적으로 부양하는 것만으로는 부족하다. 우리 자녀들은 의식주 이상의 것이 필요하다. 그들은 교육이 필요하며 그것도 읽기, 쓰기, 셈법만 필요한 것이 아니다. 우리는 자녀들에게 삶의 대소사를 교훈해야 하고, 하나님의 말씀과 기독교의 기준과 가치관을 가르쳐야 한다. 그들은 결혼 생활과 가정 생활을 준비하는 시간도 필요하다. 자신의 개인적인 문제들을 우리와 함께 이야기하는 시간, 자신의 생각들을 우리에게 나누는 시간, 우리와 함께 있으면서 서로 여가를 즐기는 시간이 필요하다.

이런 것들은 우리 자녀들의 온전한 발달을 돕는 과정에 꼭 필요한 요소들이다. 우리는 그들에게 이런 시간과 배려를 베풀 의무가 있다. 자녀들은 우리가 즐기라고 있는 애완동물이 아니다. 자녀들은 인생을 준비해야 할 사람들이다. 이것이 우리가 가정을 가질 때 맡는 책임이다. 물론 우리는 배우자도 잊어서는 안 된다. 남편이나 아내가 자식보다도 먼저 와야 한다. 배우자를 당연시해서는 안 되며, 둘만의 시간을 내서 배우자와 단둘이 나가는 것은 중요한 일이다. 당신의 배우자는 한 달 치 월급이나 든든한 식사 이상의 것을 원한다. 당신의 배우자는 당신을 원한다. 그리고 당신의 혼인 서약에는 배우자를 '사랑하고 아껴주는' 것도 들어 있다.

2. 교회

교회 생활의 큰 위험들 가운데 하나는, 교회의 어느 부서와 그 프로그램을 유지하는 것 외에는 아무런 쓸모도 없는 모임들에 낮이고 밤이고 하루가 멀다 하고 나가는 것이다. 이런 모임들은 소중한 시간만 잡아먹을 뿐 우리의 영적 성장이나 복음의 진보에는 거의 아무런 기여도 하지 못한다.

그러므로 여기서 우리가 교회에 시간을 들여야 한다고 말할 때는, 기도와 성경 공부를 통한 서로 간의 교제에 중점을 두지 않은 온갖 종류의 모임에 꾸준히 시간을 내서 나가야 한다는 뜻이 아니다. 그리스도의 교회는 회원들이 함께 모여서 열매 없는 활동으로 서로 사귀고 노는 클럽이 아니다. 교회란 하나님의 사람들이 나누는 교제이며, 그들의 기쁨은 함께 하나님의 말씀을 공부하고 함께 기도하며 서로 권면하고 위로하는 것 등을 통해서 전도와 선행을 위하여 서로를 세워주는 데 있다. 주일 예배 외에 주중 성경 공부와 기도회에 참석하는 시간만 여기에 해당되는 것이 아니라, 서로 방문하거나 전화나 이메일이나 편지로 서로 연락하는 것도 거기에 들어간다.

3. 지역 사회

우리의 시간을 가정과 교회에만 국한시켜서는 안 된다. 우리가 살고 있는 지역 사회도 우리의 삶과 우리의 자원을 공유할 권리가 있다. 환자들이나 노인들이나 죄수들을 방문하는 일일 수도 있다. 가난한 사람들을 지원하거나 고민에 빠진 사람들에게 조언하는 일일 수도 있다. 중독자들의 재활을 돕거나 자살하려는 사람들을 살리는 일일 수도 있다. 우리가 시간을 들여 지역 사회에 유익을 끼칠 수 있는 길은 많이 있다. 우리의 시간을 어디에 투자하는 것이 가장 좋을지 우리는 주님의 인도를 구해야 한다. 단, 영적인 일을 하라. 예수님은 "죽은 자들이 그들의 죽은 자들을 장사하게 하고 너는 나를 따르라"(마 8:22)고 말씀하셨다. 지역 사회의 일들 중에도 영적으로 죽은 사람들이 충분히 할 수 있는 일들이 많이 있다. 당신의 시간을 지역 사회에 하나님 나라를 확장시키는 데 사용하라.

하나님을 위해 사용하는 시간

앞에서 말한 것처럼 우리 자신에게 쓰는 시간과 다른 사람들에게 쓰는 시간도 다 하나님께 드리는 시간이다. 그러나 하나님을 위해 사용하는 시간이 그것으로 대체되어서는 절대로 안 된다. 처음부터 끝까지 성경은 하나님을 위해 시간을 사용할 것을 우리에게 요구하고 있다. 우리는 다음과 같은 방식들로 그렇게 할 수 있다.

1. 공적인 시간

우리에게 주중의 모임이 있는 이유는 무엇인가? 주일날 예배가 두 번 있는 이유는 무엇인가? 답은 우리가 하나님께 시간을 드리기 원하기 때문이다. 우리는 찬양과 기도와 묵상을 통해서 공적으로 하나님을 예배하며 그분께 영광을 돌리기 원한다. 그러나 요즘에는 성경에 계시된 하나님의 뜻에 근거하지 않고, 순전히 자신이 느끼는 이해관계를 근거로 소속 교회를 찾는 사람들이 많이 있다. 그들이 교회를 고르는 기준은 이런 것들이다. 이 교회에 좋은 찬양대가 있는가? 어린이 프로그램이 훌륭한가? 중·고등부에 인원이 많이 있으며 그들은 친절한가? 예배가 격식 없이 진행되며 현대적인 노래들을 부르는가? 설교자는 대화식으로 말하는가? 예배가 감동적이며 한 주간을 살아갈 힘을 주는가? 어떤 사람들은 예배에서 감정이 고조되지 않는 한 교회에 나가지 않는다.

「웨스터민스터 소요리 문답」에 있듯이 "인간의 으뜸가는 목적은 하나님을 영화롭게 하고 영원토록 그분을 즐거워하는 것"임을 우리는 알아야 한다. 뿐만 아니라 우리는 예배란 하나님의 말씀을 통하여 하나님의 영으로 촉발될 때에만 하나님께 영광이 된다는 것을 어느 때보다도 더 분명히 알아야 한다. 즐거운 음악과 드라마 프로그램에다가 우리 자신에 대한 좋은 느낌과 흥분을 자아내기 위한 그 밖의 방법들을 다 합한 것보다도, 성경적인 강해 설교가 하나님을 높이는 예배에 훨씬 더 중요하다.

그러므로 하나님께 드리는 공예배에서 우리의 시간을 가장 잘 쓸 수 있는 길은 그분 말씀의 신실한 사역 아래 앉아 있는 것이다. 다시 말해, 우리가 하나님께 기도와 찬양을 드리는 것보다 하나님이 성경을 통하여 우리에게 하시려는 말씀을 듣는 것이 더 우선이다. 둘 다 하나님을 예배하는 것이고 둘 다 그분이 기뻐하시지만, 후자가 전자보다 그분께 더 영광이 된다. 성경 말씀은 아주 분명하다.

"여호와께서 번제와 다른 제사를 그의 목소리를 청종하는 것을 좋아하심 같이 좋아하시겠나이까 순종이 제사보다 낫고 듣는 것이 수양의 기름보다 나으니"(삼상 15:22).

그러니 주일마다 아침저녁에 시간을 들여 하나님을 예배하는 것은 지나친 요구가 아니지 않은가? 그것은 우리가 즐거워해야 할 일이다. 질색해서는 안 될 일이다. 성경은 이렇게 말한다.

> "만일 안식일에 네 발을 금하여
> 내 성일에 오락을 행하지 아니하고
> 안식일을 일컬어 즐거운 날이라
> 여호와의 성일을 존귀한 날이라 하여
> 이를 존귀하게 여기고 네 길로 행하지 아니하며
> 네 오락을 구하지 아니하며
> 사사로운 말을 하지 아니하면
> 네가 여호와 안에서 즐거움을 얻을 것이라
> 내가 너를 땅의 높은 곳에 올리고
> 네 조상 야곱의 기업으로 기르리라
> 여호와의 입의 말씀이니라"(사 58:13-14).

예수님도 안식일을 그렇게 보내셨다(눅 4:16). 주일에 몇 번이나 예배로 모여야 하는지 성경에 언급이 없는 것은 사실이지만, 정녕 주일은 우리의 날이 아니라 주의 날이다. 그러니 우리는 이 날을 틈타서 예배와 하나님 말씀 속에 푹 잠겨야 한다.

주일을 가장 잘 보내는 방법은 함께 주님의 집에서 그분을 예배하는 것으로 그날을 시작하고 끝내는 것이다. 그것이 유구한 역사 동안 그리스도인들이 가진 확신이었다. 사실 그 경향이 어찌나 강했던지, 주일이

정식 공휴일이 아니던 첫 400년 동안 초대 교회는 일하러 가기 전에 새벽같이 그리고 일을 마친 후 밤늦게 모여서 예배를 드렸다(행 20:7-12). 우리가 만일 주일마다 일을 해야 하기 때문에 그 시간들에 예배를 드려야만 한다면, 오늘 누가 주님의 사람들인지 금방 밝혀질 것이다.

한편, 예배가 60분 이상 길어지면 옳지 않다는 개념은 어디서 온 것인가? 우리는 하나님이 그 정도의 시간밖에 견디실 수 없다고 생각하는 것인가? 아니면 우리의 이기적인 마음으로 그분께 드릴 준비가 된 것이 고작 60분이라고 말하는 편이 더 옳은가? 우리의 시간이 전부 다 하나님의 것임에도 불구하고, 그분은 이레 중의 하루를 전적으로 자신의 것으로 요구하신다. 한 시간이 아니라 하루다. 더없이 강경한 어조로 말하거니와 주일을 우리 자신에게 쓰는 것은 십일조를 우리 자신에게 쓰는 것만큼이나 나쁜 일이다. 그것은 하나님의 것을 도적질하는 것이며, 도적질한 시간은 부당 취득이다. 매튜 헤일(Matthew Hale) 경은 이렇게 말했다.

"주일을 잘 보내면
한 주간이 만족스럽고
내일 수고할 건강을 얻지만,
주일을 더럽히면
무엇을 얻든지 간에
슬픔의 전조가 분명하다."

공적으로 하나님께 시간을 쓰는 것은 우리의 본분이다. 그러나 그것이 중요하지만 그것만으로 부족하다. 우리는 사적으로 하나님께 시간을 써야 한다.

2. 사적인 시간

누군가를 정말로 사랑하면 그 사람과 단둘이 있고 싶어진다. 온 가족과 함께 있는 것도 좋지만 그래도 우리는 배우자와 단둘이 있는 시간을 고대한다. 하나님과도 마찬가지다. 하나님을 정말로 사랑한다면 우리는 그분과 단둘이 있는 시간을 갈망할 것이다. 개인 기도 시간을 내서 매일 하나님과 교제하고 싶어질 것이다. 시간을 내서 성경을 체계적으로 읽기 원할 것이다. 하나님이 우리 개개인들과 그분의 교회와 모든 피조 세계를 위한 그분의 뜻을 성경에 계시하셨기 때문이다.

그것을 제대로 유익하게 하려면 그날 읽은 성경 말씀을 묵상하는 시간이 필요하다. 시간을 내서 이렇게 자문해보라. 이 본문을 통해서 하나님이 내게 뭐라고 말씀하시는가? 이 말씀은 내 삶의 특정한 부분에 적용이 되는가? 만일 그렇다면 나는 그 말씀에 순종하고 있는가(삼상 15:22)? 아니라면 나는 나의 불순종을 자백하고 회개하며 그리스도를 통하여 하나님의 용서를 구할 마음이 있는가? 이 구절들 속에 하나님을 향한 내 사랑을 심화시켜주거나 그분을 믿는 내 믿음을 강화시켜줄 그분에 관한 진리가 있는가? 때로 우리는 해당 성경 본문을 더 잘 이해하는 데 도움이 될 만한 주석도 시간을 내서 읽을 필요가 있다. 날마다 하나님과 단둘이 보내는 시간은 우리 그리스도인들의 삶에 가장 큰 축복의 통로 가운데 하나다. 그것을 통하여 우리는 우리 안에 남아 있는 죄가 얼마나 끔찍하고 몸에 배어 있으며, 거기서 우리를 구원하시는 하나님이 얼마나 놀랍도록 크시고 선하신 분인지 더 많이 배울 수 있다.

시간은 하나님이 우리에게 맡겨주신 얼마나 중요한 일용품인가! 사도 바울이 "시간을 구속(救贖)하라"(엡 5:16, NKJV)고 하는 것도 당연하다. 그리스어 원어는 "다 사들인다"는 뜻으로 장터에서 쓰던 말이다. 공급이 달리는 귀중한 일용품의 재고를 몽땅 사들일 때 쓸 수 있는 말이다. 물론 그리스도인에게 시간이란 그만큼 소중한 일용품이다. 재고가 제한되어 있는데다가 또 세상, 육신, 마귀와의 치열한 경쟁 속에서 얻어야만 한다. 모울(Moule) 주교의 말대로 우리는 "방심하지 말고 자기를 부인해서라도" 하늘 아버지를 위하여 그것을 사야 한다. 그냥 되는 대로 내버려두어서는 안 된다. "때가 악하"(엡 5:16)기 때문이다. 죄 많은 세상은 우리가 거룩한 삶을 추구하는 데 힘쓰도록 그냥 놔두지 않는다. 사탄은 우리가 매순간을 헛되이 쓰기를 원한다. 매순간을 하나님께 중요한 시간으로 만드는 일은 우리에게 달려 있다.

우리는 "시간을 구속하고" 있는가? 시간을 최대한 활용하고 있는가? 소중하고 부족한 시간을 분초까지 다 사들이고 있는가? 티끌 모아 태산이라는 말이 있다. 우리의 시간도 마찬가지다. 한 시간이 모여서 하루가 된다. 그렇다면 우리는 몇 분, 몇 시간을 잘 살피고 있는가? 일상생활의 스케줄을 보면서 혹시 내가 시간을 낭비하고 있지는 않은지 살펴본 적이 있는가? 그렇게 한다면 지혜로운 일이 될 것이다.

시간은 당신 마음대로 쓰라고 있는 당신의 것이 아니다. 시간은 인간이 다른 어느 달란트 못지않게 반드시 책임을 져야 하는 영광스러운 달란트다.

- 토머스 브룩스(Thomas Brooks)

우리는 우선순위에 따라서 살아야 한다. 그런데 우리는 안팎의 요구에 따라서 산다.

- J. A. 모티어(J. A. Motyer)

우리가 거의 생각해보지 않는 사실이지만, 하나님은 시간을 영원의 준비 단계로 지으셨고, 이 지구를 천국 아니면 지옥에 들어감을 얻는 곳으로 지으셨다.

- 스피로스 조디아테스(Spiros Zodhiates)

이 시점에서 큰 유혹이 하나 있다. 여태까지 이번 장에서 말한 내용에 대체로 동의하면서도 혹시 자신이 하나님이 주신 시간이라는 소중한 자원을 잘못 쓰고 있는지 자신의 일간 및 주간 스케줄을 점검하려고 하지 않는 것이다. 그것은 어리석은 일이다. 시간을 계속 허투루 쓰는 결과만 낳을 것이기 때문이다. 현재 낭비하고 있는 시간을 구속하고 싶다면, 현재 자신이 시간을 어떻게 쓰고 있는지 주간 스케줄로 작성해보는 것이 현명하다.

율법주의나 지나친 구속(拘束)으로 흐르지는 말되 당신이 식사, 수면, 일(출퇴근 시간 포함), 자신과 가족을 위한 여가, 매일의 개인 기도와 성경 읽기, 가정 예배, 주일 예배, 단체 기도와 성경 공부로 모이는 주중 집회

등에 들이는 시간들을 대충 숫자로 적어보라. 남는 시간은 얼마나 되는가? 나이와 필요와 해당 직무 등에 따라 사람마다 다르겠지만 그래도 누구나 남는 시간이 있을 것이다. 그 시간을 우리는 이기적이고 쓸데없는 일들에 낭비해서는 안 된다. 대신 우리는 그 시간을 사용하여 실제적인 방법(주일학교에서 가르치거나, 집 밖으로 나갈 수 없는 환자들을 방문하거나, 고민이 있는 사람들을 상담해주거나, 성도들을 격려하거나, 잃어버린 영혼들을 구하는 등)으로 하나님과 다른 사람을 섬길 수 있다.

우리는 그렇게 하고 있는가? 매주 여분으로 남는 그 시간들을 하나님과 영원에 쓰고 있는가? 예수님은 "내가 너희에게 이르노니 사람이 무슨 무익한 말을 하든지 심판 날에 이에 대하여 심문을 받으리니"(마 12:36)라고 말씀하셨다. 물론 우리가 낭비하는 모든 무익한 시간에 대해서도 마찬가지다. 시간이라는 일용품은 궁극적으로 하나님의 것이다. 그러므로 우리는 시편 기자와 함께 이렇게 기도하는 법을 배울 필요가 있다. "우리에게 우리 날 계수함을 가르치사 지혜로운 마음을 얻게 하소서"(시 90:12). 얼마 안 되는 남은 날들을 가장 고귀하게 쓸 줄 아는 마음이 우리에게 필요하다.

삶의 다른 모든 영역에서와 마찬가지로 여기서도 우리 주 예수 그리스도는 우리에게 최고의 모범이 되신다. 그분은 아버지께 자신의 삶을 향한 계획이 있음을 아셨다. 하나님께 모든 자녀들을 향한 계획이 있듯이 말이다. 그분은 "나의 양식은 나를 보내신 이의 뜻을 행하며 그의 일을 온전히 이루는 이것이니라"(요 4:34)고 말씀하실 수 있었다. 우리도 바울과 함께, 우리는 "그리스도 예수 안에서 선한 일을 위하여 지으심을 받은 자니 이 일은 하나님이 전에 예비하사 우리로 그 가운데서 행하게 하려 하심이니라"(엡 2:10)고 말할 수 있다. 그것이 사실이라면 이런 결론이 나온다. 우리 삶의 하루하루마다 하나님의 완전하고 특별한 계획이 있는데, 그것을 다 이룰 시간이 우리에게 날마다 충분히 있다는 사실이다.

복음서에서 우리 주님의 삶을 따라가보라. 늘 무리의 요구가 쏟아졌지만 예수님은 절대 서두르지 않으셨다. 시간은 그분을 지배할 힘이 없었다. 몇 차례 그분은 아직 자신의 때가 이르지 않았다고 단언하셨다. 그 단언 속에는 아버지의 계획이 시간 단위로 치밀하고 정확하게 작성되었고, 자신의 삶을 향한 하나님의 뜻을 이루기 위하여 고안되었다는, 주님의 의식이 녹아들어 있다.

그분의 스케줄은 짜여 있었다. 이 땅에서 그분의 유일한 관심은 주어진 시간 동안 맡겨진 일을 이루는 데 있었다(요 7:6, 12:23, 27, 13:1, 17:1). 예수님은 자신이 그토록 사랑하시는 어머니에게조차 하나님이 계획하신 시간표를 방해하는 것을 허락하지 않으셨다(요 2:4). 마르다와 마리아를 향한 자신의 깊은 애정 때문에 스케줄을 이틀 앞당기지도 않으셨다. 그렇게 되면 그들의 오빠 나사로의 부활을 통하여 영광을 얻으셔야 하는 아버지의 계획에 차질이 생길 것이기 때문이었다(요 11:6, 9). 그러므로 이 땅의 삶을 마감하실 때 예수님이 "아버지께서 내게 하라고 주신 일을 내가 이루어 아버지를 이 세상에서 영화롭게 하였사오니"(요 17:4)라고 선포하실 수 있었던 것은 놀랄 일이 아니다.

우리 삶에는 찾아보기 힘든 예수님의 이 멋진 특성들에 대해서, 멀찍이 서서 감탄만 하기는 쉽다. 그러나 예수님은 감탄의 대상만이 아니라 따르고 본받아야 할 대상이다. 그분 안에 계셨던 동일한 성령이 우리에게도 계셔서 우리를 도우신다. 그래서 바울은 "그런즉 너희가 어떻게 행할지를 자세히 주의하여(즉, 유리 조각이 박혀 있는 콘크리트 담장 위를 걸으며 발이 찔릴까봐 조심조심 살피는 고양이처럼) 지혜 없는 자 같이 하지 말고 오직 지혜 있는 자 같이 하여 세월을 아끼라 때가 악하니라 그러므로 어리석은 자가 되지 말고 오직 주의 뜻이 무엇인가 이해하라"(엡 5:15-17)고 말한다. 예수님의 뜻을 아는 지혜와 그대로 행할 힘을 우리는 어디서 얻을 것인가? 바울은 곧바로 이어서 그것도 말해준다. "술 취하지 말라 이는 방탕한 것이니 오직 성령으로 충만함을 받으라"(엡 5:18). 다시 말해, 술 취한 사람이 술의 지배와 영향력 아래 있는 것처럼 우리도 성령의 지배와 영향력 아래 있으라는 말이다. 성령이 우리에게 하나님의 뜻을 보이시고 그대로 행할 능력을 주시기 때문이다.

시간이 없다거나 너무 바쁘다고 말하지 말라. 그렇게 말할 때 우리는 예수님이 맡겨주지도 않으신 책무들을 맡고 있거나 아니면 그분이 주신 시간을 전략적으로 잘 사용하지 못하고 있는 것이다. 우리 각자가 받은 시간은 세상 누구와도 똑같다. 누가복음 19장의 므나 비유에서처럼 우리에게 맡겨진 시간의 양은 모두 동일하지만, 모두가 그것을 유익하게 사용하여 열 배의 수익을 남기는 것은 아니다. 알다시피 므나는 우리가 하나님을 위하여 맡고 있는 자원을 가리킨다. 이 비유에서 시간은 우리 주님이 염두에 두신 것의 좋은 예가 될 것이다. 종마다 똑같이 한 므나씩을 받은 것처럼 우리 각자에게 하나님을 위하여 쓰라고 주신 시간도 매일 똑같다. 그러나 주인을 위하여 자신의 므나를 써서 열 배를 남긴 종은 다섯 배만 남긴 종보다 더 큰 상을 받았다. 왜 그럴까? 첫 번째 종의 상이 더 큰 이유는 그가 두 번째 종이나 다른 어떤 종보다도 자신의 시간과 자원을 더 잘 활용했기 때문이다. 이것은 정말 우리를 숙연하게 한다. 이 땅에서 하나님을 위하여 우리의 시간을 어떻게 쓰느냐가 곧 영원한 결과를 낳는 것이다.

시간 사용에 대한 다음의 조언을 들어보자.

> 뻔히 회개해야 될 줄 아는 일, 하나님께 복 주시도록 기도할 수 없는 일, 죽음의 순간에 평온한 양심으로 돌아볼 수 없는 일, 현장에서 불시에 죽게 되었을 때 발각된다면 안전하지 못하고 적절치 못할 일, 이런 일에는 절대 당신의 시간을 쓰지 말라.
> – 리처드 백스터(Richard Baxter)

> 나는 지금부터 백 년 후가 어떻게 될지 신경 쓰지 않는다. 내가 태어나기 전부터 세상을 다스리신 분이 마찬가지로 내가 죽은 후에도 세상을 돌보실 것이다. 내 몫은 지금 이 순간을 더 잘 사는 것이다.
> – 존 웨슬리(John Wesley)

> 없으면 아쉬워할 그런 삶을 살라.
> – 로버트 머레이 맥체인(Robert Murray M'Cheyne)

우리는 하나님이 맡겨주신 시간의 충실한 청지기가 되어야 한다. 왜

냐하면 우리는 우리가 시간 속에서 짜는 옷을 영원 속에서 입게 되기 때문이다. 우리 주 예수 그리스도를 충성되게 섬기기를 힘쓰면서 우리는 조금도 두려워하지 말자. "사람은 자신의 사명이 다하기까지는 죽지 않는다"는 토머스 풀러의 말에서 위로를 얻자.

청지기로 산다는 것 — Totally Committed to Christ

순전히 이기적인 일들에 시간을 쓰는 것은 하나님이 보시기에 범죄다. 그것은 하나님과 동료들과 우리 자신에게서, 영원한 유익이 있는 많은 섬김을 빼앗는 것이다. 우리는 우리의 것이 아니라 값으로 사신 존재이며, 그 값은 다름 아닌 예수 그리스도의 보배로운 피다. 이 땅에서 하나님이 주신 우리의 모든 책무에 적당량의 시간을 들이는 것이 우리 구주 곧 유일하게 지혜로우신 하나님의 뜻이다. 그러려면 지혜와 결단력이 필요한데 타락한 상태의 우리에게는 그것이 없다. 그러므로 우리의 임무는 계속해서 성령의 충만함을 받는 것이다. 우리에게 남아 있는 이 부족한 일용품을 분초까지 다 사들일 수 있도록, 그리고 그것을 하나님의 영광과 모든 사람들 특히 믿음의 가정들의 유익을 위하여 사용할 수 있도록, 우리를 도우실 수 있는 분은 성령뿐이다. 아무것도 하지 않고 있으면 비참한 결과를 피할 수 없다.

삶을 바꾸는 질문 — Totally Committed to Christ

1. 스피로스 조디아테스는 "하나님은 시간을 영원의 준비 단계로 지으셨다"고 말한 바 있다. 이 말을 깊이 생각하거나 토의해보라. 그리고 당신이 거기에 수긍하거나 수긍하지 않는 근거를 성경 구절들로 뒷받침해보라.

2. 잠언 6장 6-11절과 24장 3-34절을 읽고, 그 본문들에서 하나님이 우리에게 가르쳐주시려는 교훈들을 뽑아보라.

3. 에베소서 5장 15-21절에서 전개되는 사고의 흐름은 무엇이라고 보는가?

4. 현재 당신의 시간이 어떻게 사용되고 있는지 분석해보라.

   1) 당신이 일, 공부, 수면, 먹는 일, 여가에 쓰는 시간은 얼마나 되는가?

   2) 배우자와 가정, 교회와 지역 사회에 쓰는 시간은 얼마나 되는가?

   3) 주일 예배, 주중의 기도회와 성경 공부, 개인적인 경건의 시간에 쓰는 시간은 얼마나 되는가?

   4) 주 단위의 남은 시간 중에서 당신이 시간을 너무 많이 쓰고 있는 일이 혹 있는가?

   5) 지금 하나님이 당신이 사용한 시간에 대해 회계하자고 부르신다면 당신은 자신의 청지기직에 대해서 만족하겠는가, 아니면 부끄러워하겠는가?

기도하기

Totally Committed to Christ

1. 이기적이고 무가치한 일들에 낭비한 모든 시간들에 대하여 하나님께 용서를 구하라.

2. 당신이 시간을 헛되이 쓰는 것을 고치려면 전적으로 성령께 의존하여 지혜와 능력을 받아야만 함을 인정하라.

3. 자신을 하나님께 드리기로 새롭게 결단하고, 성령의 충만함을 주시도록 기도하라.

Totally Committed to Christ

환난과 핍박 중에도 성도는 신앙 지켰네.
이 신앙 생각할 때에 기쁨이 충만하도다.

옥중에 매인 성도나 양심은 자유 얻었네.
우리도 고난 받으면 죽어도 영광되도다.

성도의 신앙 본받아 원수도 사랑하겠네.
인자한 언어 행실로 이 신앙 전파하리라.

성도의 신앙 따라서 죽도록 충성하겠네.

– 프레더릭 W. 페이버(Frederick W. Faber, 1814-1863)

Totally Committed to Christ

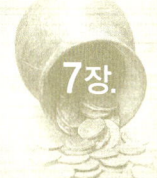

7장. 믿음의 청지기

"디모데야 망령되고 헛된 말과 거짓된 지식의 반론을 피함으로 네게 부탁한 것을 지키라 이것을 따르는 사람들이 있어 믿음에서 벗어났느니라"(딤전 6:20-21).

조직신학 서적들은 그리스도인의 청지기직 교리를 다루지 않는다. 그리스도 예수 안에서 자신의 고귀한 부르심의 뜻을 이루려 하는 모든 신자에게 이것이 실제적으로 대단히 중요한 문제인데도 말이다. 우리는 선행으로 구원받은 것은 아니지만 선행의 삶을 살도록 구원받았다. 그것이 하나님께는 영광을, 다른 사람들 특히 '믿음의 가정들'에게는 축복을 가져다주기 때문이다. 에베소서 2장 8-10절에 바울은 이렇게 말한다.

"너희는 그 은혜에 의하여 믿음으로 말미암아 구원을 받았으니 이것은 너희에게서 난 것이 아니요 하나님의 선물이라 행위에서 난 것이 아니니 이는 누구든지 자랑하지 못하게 함이라 우리는 그가 만드신 바라 그리스도 예수 안에서 선한 일을 위하여 지으심을 받은 자니 이 일은 하나님이 전에 예비하사 우리로 그 가운데서 행하게 하려 하심이니라"(엡 2:8-10).

성경에는 청지기직이라는 주제가 가득하다. 앞의 여러 장에서 이미 본 것처럼 하나님의 자녀는 또한 하나님이 자신의 백성들의 유익을 위하여 맡겨주신 재산의 청지기가 아닌 사람이 없다. 지금까지 우리는 하나님이 맡겨주신 우리의 몸, 생각, 달란트, 시간에 있어서 충실한 수탁자와 분배자가 되어야 할 우리의 책임을 생각해보았다. 이번 장에서는 우리가 교회와 세상에 충실히 분배해야 할 주인의 또 다른 재산으로 넘어간다. 그것은 바로 "성도에게 단번에 주신 믿음"(유 1:3)이다.

복음과 성경이 종종 그렇게 표현된다. 그것들은 예수 그리스도가 구약의 선지자들과 신약의 사도들을 통하여 온 인류에게 전해주신 일단의 진리다. 고린도전서 16장 13절에서 바울은 우리에게 "믿음에 굳게 서"라고 말한다. 고린도후서 13장 5절에서는 "너희는 믿음 안에 있는가 너희 자신을 시험"하라고 우리에게 명한다. 골로새서 1장 23절은 우리가 "믿음에 (계속) 거"해야 한다고 말한다. 디모데전서 6장 21절은 "믿음에서 벗어"난 사람에 대한 말이 나온다. 그리고 요한계시록 2장 13절에서 예수님은 버가모 그리스도인들이 "내 이름을 굳게 잡아서… 나를 믿는 믿음을 저버리지 아니"했다고 그들을 칭찬하신다.

하나님이 교회의 목사와 교사로 부르신 사람들이 하나님의 진리의 주된 청지기들임은 사실이다. 그래서 디도서 1장 7-9절에 바울은 "감독(또는 장로)은 하나님의 청지기로서 책망할 것이 없고… 미쁜 말씀의 가르침을 그대로 지켜야 하리니 이는 능히 바른 교훈으로 권면하고 (진리를) 거스려 말하는 자들을 책망하게 하려 함이라"고 말한다. 고린도전서 4장 1절에서도 사도는 비슷한 말을 한다. "사람이 마땅히 우리를 그리스도의 일꾼이요 하나님의 비밀을 맡은 자(청지기)로 여길지어다." 바울은 지금 순회 설교자인 자신과 아볼로를 지칭하고 있으며, 청지기인 그들에게 맡겨진 재산은 "하나님의 비밀"이다. "비밀"에 해당하는 그리스어 단어는 설명이 없어 알쏭달쏭한 수수께끼가 아니라, 한때 감추어져 있었으나 하나님이 이제 선지자들과 사도들을 통하여 알리신 진리를 뜻한다. 그러므로 "하나님의 비밀"은 성경에 계시된 그분의 자기 계시 전부를 가리킨다. 모든 설교자는 성경의 진리들을 하나님의 가정에 알리고 깨우쳐주는 일을 맡은 청지기다.

그러나 앞에서 보았듯이 모든 그리스도인들도 역시 하나님의 청지기이며, 하나님의 말씀을 분배하는 책임에서 면제되지 않는다. 예를 들어서, "너희의 지극히 거룩한 믿음 위에 자신을 세우"라는 유다서 1장 20절의 말씀은 모든 교인들에게 주신 것이다. 사실 에베소서 4장 11-14절에 바울은 그리스도가 교회에 "목사와 교사로 삼으셨으니 이는 성도를 온전하게 하여 봉사의 일을 하게 하며 그리스도의 몸을 세우려 하심이라 우리가 다 하나님의 아들을… 아는 일에 하나가 되어 온전한 사람을 이루어… 이제부터 어린 아이가 되지 아니하여 사람의 속임수와 간사한 유혹에 빠져 온갖 교훈의 풍조에 밀려 요동하지 않게 하려 함이라"고 말한다. 다시 말해 영적으로 성숙하지 못하면 잘 속게 된다. 아이들이 사람들의 속임수에 쉽게 넘어가거나 당하는 것과 같다. 그래서 하나님의 목적은 모든 그리스도인들이 세움을 받고 믿음에 성숙해지도록 목사와 교사들이 그들을 갖추어주는 것이다.

그러나 하나님의 말씀은 성도들을 세우기 위한 것만이 아니라 또한 교회가 잃은 영혼들을 구원하는 매체이기도 하다. 그래서 유다는 우리에게 "너희의 지극히 거룩한 믿음 위에 자기를 건축하며… 또 어떤 자를 불에서 끌어내어 구원하라"(유 1:20, 23)고 말한다. 교회는 예배하는 공동체이자 동시에 전도하는 공동체다. 사실 그리스도를 전하는 우리의 임무야말로 우리가 회심하는 그 순간 영화롭게 되어 천국으로 들려가지 않은 유일한 이유다. 우리가 하나님을 예배하기 위해서만 구원받았다면 그분이 우리를 이 땅에 남겨두실 까닭이 도대체 무엇인가? 이곳에 있는 우리의 모든 예배가 천국에 가면 더 좋아질 텐데 말이다. 그분을 참으로 예배하는 자들을 더 얻기 위하여 하나님이 우리를 이곳에 증인들로 남겨두셨다는 것만이 분명 유일한 답이다. 비신자들은 지옥으로 가고 있으며, 거기서는 절대로 하나님을 영화롭게 할 수 없다. 그들은 자신을 지으셨고 사랑하시는 하나님을 저주하며 영원한 삶을 보내게 될 것이다. 그래서 유다는 모든 그리스도인들에게 "또 어떤 자를 불에서 끌어내어 구원하라"고 말한다. 전도가 없는 예배는 "행함이 없는 믿음"(약 2:20)만큼이나 죽은 것이다.

길지만 꼭 필요한 이 설명을 바탕으로, 지금부터 우리 믿음의 청지기직이 무슨 내용인지 살펴보기로 하자. 바울은 "맡은 자(청지기)들에게 구할 것은 충성이니라"고 썼다. 믿음의 청지기직에서 충성을 구할 영역은 크게 두 가지다.

우리는 주인에게 충실해야 한다

이미 보았듯이 하나님의 말씀은 모든 신자들에게 맡겨진 신성한 위탁물이다. 바울은 자신의 서신서에 여러 번 그렇게 썼다. 데살로니가전서 2장 4절에서 그는 "오직 하나님께 옳게 여기심을 입어 복음을 위탁 받았으니 우리가 이와 같이 말함은 사람을 기쁘게 하려 함이 아니요 오직 우리 마음을 감찰하시는 하나님을 기쁘시게 하려 함이라"고 했다. 청지기로서 우리의 첫째가는 책임은 하나님이 맡겨주신 일을 충성되게 행하여 그분을 기쁘시게 하는 것이다. 그래서 바울은 고린도 교인들에게 "내가 복음을 전할지라도 자랑할 것이 없음은 내가 부득불 할 일임이라 만일 복음을 전하지 아니하면 내게 화가 있을 것임이로다… 나는 사명(청지기직)을 받았노라"(고전 9:16-17)고 말할 수 있었다.

그러나 바울 사도가 하나님께 대한 우리의 책임을 가장 분명하게 표현한 곳은 로마서 1장 14-16절이다. 독자들에게 자신을 예수 그리스도의 종으로 소개한 뒤에 그는 이렇게 말을 잇는다.

> "헬라인이나 야만인이나 지혜 있는 자나 어리석은 자에게 다 내가 빚진 자라 그러므로 나는 할 수 있는 대로 로마에 있는 너희에게도 복음 전하기를 원하노라 내가 복음을 부끄러워하지 아니하노니 이 복음은 모든 믿는 자에게 구원을 주시는 하나님의 능력이 됨이라."

바울은 자신을 복음 때문에 "빚진 자"로 보았다. 무슨 뜻일까? 복음이 어떻게 그가 진 빚이 될 수 있을까?

빚을 지는 방법은 두 가지다. 하나는 상대방에게서 돈을 빌리는 것이고, 또 하나는 상대방에게 전해줄 돈을 맡는 것이다. 예를 들어, 내가 당신에게서 1천 달러를 빌린다면 나는 그것을 갚기까지 당신에게 빚진 자다. 마찬가지로 만일 당신의 친척이 나에게 1천 달러를 주면서 당신에게 전해주라고 한다면 나는 그것을 전하기까지 당신에게 빚진 자다. 바울은 바로 이 두 번째 의미에서 빚진 자다. 그는 로마인들에게서 아무것도 빌린 것도 없고 갚을 것도 없다. 그러나 예수 그리스도는 그들을 위한 복음을 그에게 맡기셨고, 그래서 바울은 로마인들에게 빚진 자였다.

바울만 그런 것이 아니라 모든 그리스도인들도 마찬가지다. 우리는 비록 사도는 아니지만 세상에 빚진 자들이다. 우리에게 복음이 왔으면 그것을 우리 마음대로 우리만 가지고 있어서는 안 된다. 복음에 독점권을 주장할 수 있는 사람이나 단체는 없다. 기쁜 소식은 나누라고 있는 것이다. 우리는 그것을 다른 사람들에게 알려야 할 의무가 있다. 이것이 바울이 복음의 충실한 청지기가 된 동기였다. 청지기가 위탁물을 맡았으면 자신이 거기에 합당한 자임을 보여야 한다. 가르치고 전도하는 일은 어려운 일이며, 그래서 우리는 종종 낙심하려는 유혹도 들 것이다. 우리의 약해지는 열정을 굳게 하려면 이 강력한 동기가 필요하다. 바로 우리의 하늘 아버지가 우리에게 의존하고 계시다는 사실이다. 아직 복음을 듣지 못한 사람들이 그분이 우리에게 맡기신 양식을 받으려고 우리만 바라보고 있다. 우리는 맡은 직무를 다해야 하며 빚을 갚는 일을 게을리 해서는 안 된다. 우리의 반응이 찰스 웨슬리가 지은 가사처럼 되기를 바란다.

나의 재능과 은사와 은혜를
주의 복된 손 안에 받으소서.
주 말씀 전하며 살게 하시고
주 영광 위하여 살게 하소서.
신성한 시간의 촌각을 아껴
죄인의 친구를 알리게 하소서.

우리는 생존이 우리에게 달린 자들에게 충실해야 한다

베드로전서 4장 10절에 "각각 은사를 받은 대로 하나님의 각양 은혜를 맡은 선한 청지기 같이 서로 봉사하라"고 한 사도의 말은 모든 그리스도인들에게 주는 것이다. 이어서 그는 "만일 누가 말하려면 하나님의 말씀을 하는 것 같이 하"(벧전 4:11)라고 말한다. 여기 말씀으로 번역된 그리스어 단어 'logia'는 말이라는 뜻으로, 곧 성경을 가리킨다. 베드로는 그리스도인들이 하나님의 청지기로서 말을 할 때에는, 그들의 메시지가 하나님 자신이 하시는 말씀이 되어야 한다고 말하고 있다. 바꾸어 말하면, 그들의 가르침이 성경에 충실해야 한다는 뜻이다.

복음 내지 그리스도인의 믿음은 우리 자신의 유익을 위해서가 아니라 하나님의 집 전체의 축복을 위하여 우리에게 맡겨진 신성한 청지기직이다. 그러므로 그리스도인은 자기 수하에 맡겨진 주인의 재산을 사장해서도 안 되고 낭비해서도 안 된다. 그는 하나님의 말씀을 온 집안에 분배해야 한다. 그러기 위해서는 그리스도인에게 두 가지가 필요하다. 하나는 진리를 분배하는 근면함이고, 또 하나는 배움을 받는 사람들에 대한 지식이다.

1. 집안에 모든 진리를 분배하는 근면함

청지기직의 은유 자체에서 아주 분명히 알 수 있듯이, 우리가 공급하는 것은 우리 자신의 메시지가 아니다. 그것은 하나님이 이미 말씀을 통하여 우리에게 주신 메시지다. 청지기가 자기 재산으로 식솔을 먹이는 것이 아니듯이 그리스도인 교사도 자기가 상상해낸 메시지를 전해서는 안 된다. 이 사실을 잘 보여주는 은유가 신약 성경에 몇 가지 나온다. 그리스도인은 씨 뿌리는 자인데 누가복음 8장 11절에 보면 "씨는 하나님의 말씀"이다. 그리스도인은 또 전령, 곧 전하는 자인데, 전령은 알려야 할 기쁜 소식이 무엇인지 주권자의 지시를 받는다(고전 1:23, 고후 4:5). 그리스도인은 하나님의 성전 건축을 돕는 건축자이지만, 기초와 그 위에 올릴 자재는 둘 다 이미 공급되어 있다(고전 3:9-15). 유다서 1장 20절을 다시 인용하여 "사랑하는 자들아 너희는 너희의 지극히 거룩한 믿음 위에 자신을 세우며."

그러므로 교회는 정치적 의견이나 사회적 논쟁의 장이 되어서는 안 된다. 교회는 하나님의 집이며 우리는 다른 어느 것도 아닌 하나님 말씀으로 그분의 백성들을 먹여야 한다. 바울은 디모데에게 이 점을 강조한다. "디모데야 이것을 따르는 사람들이 있어 믿음에서 벗어났느니라"(딤전 6:20-21). 디모데전서 1장 11절에서 바울은 믿음을 우리에게 맡겨진

"복되신 하나님의 영광의 복음"이라고 표현했다. 그러므로 우리는 도시를 지키는 파수꾼들처럼 그것을 지켜야 한다. "하나님의 말씀을 혼잡하게" 하거나(고후 4:2), "성경(을)… 억지로 풀다가 스스로 멸망에 이르"는 일을(벧후 3:16) 우리 자신도 해서는 안 되고, 다른 사람들이 하도록 두어서도 안 된다.

나아가 바울은 에베소 교회에게 "모든 사람의 피에 대하여 내가 깨끗하니 이는 내가 꺼리지 않고 하나님의 뜻을 다 여러분에게 전하였음이라"(행 20:26-27)고 말할 수 있었다. 골로새서 1장 25절에 말한 것처럼 바울은 "내가… 일꾼(청지기) 된 것은 하나님이 너희를 위하여 내게 주신 직분을 따라 하나님의 말씀을 이루려 함"임을 인식했다. 하나님과 그분의 말씀에 그토록 충실하다고 고백할 수 있는 사람이 우리 중에 얼마나 될까? 우리가 부모이든, 주일학교 교사이든, 중고등부 일꾼이든, 상담자나 설교자이든, 우리는 자기가 좋아하는 교리들에 집착하는 경향이 있다. 우리는 성경에서 고르고 뽑는다. 내가 좋아하는 본문들은 택하고 내가 싫어하거나 어렵게 느껴지는 본문들은 그냥 넘어가는 것이다. 악인들의 영원한 형벌, 하나님의 예정과 선택, 온 인류의 전적인 타락 같은 교리가 싫으면 우리는 단순히 교육 과정에서 그것을 빼버린다. 그럼으로써 우리는 우리 주님이 하나님의 권속들의 영원한 영적 행복에 절대 필수로 여기신 중요한 진리를 그들에게서 박탈한다.

이렇게 성경에서 뭔가를 빼서 믿음의 청지기직에 실패하는 사람들이 있는가 하면, 반대쪽 극단으로 가서 성경의 계시에 뭔가를 더하려고 하는 사람들도 있다. 하지만 믿음은 "성도에게 단번에 주신"(유 1:3) 것이므로 더 이상 아무것도 더할 것이 없다. 세례를 통한 중생, 행위를 통한 구원, 죄 없이 완벽한 상태, 교황의 무오성 따위의 모든 추가된 것들은 전부 인간이 꾸며서 붙인 것이다. 그것은 본질적으로 오류이며 우리의 동료 종들에게 영적으로 해로운 것이다.

그러나 "예수 안에 있는 진리"(엡 4:21)와 관련하여 우리가 범할 수 있는 최악의 범죄는 진리를 부정하는 것이다. 동성애, 낙태, 안락사, 죽은 자를 위한 기도, 만인 구원(결국 모든 사람이 천국에 간다는 입장) 따위를 성경이 지지한다고 주장하는 것이 그 예다. 이런 가르침은 그렇게 믿는 사람들의 영적인 파멸만 부를 뿐이다.

가족들을 사랑하는 집주인 치고 자신의 지시가 그렇게 명백하게 무시되는 것을 용납할 사람은 없다. 집주인이 청지기에게 우유, 빵, 고기, 과일, 야채를 내주면서 그것을 매일 적당한 비율로 가족들에게 분배하라고 명한다면, 주인은 자신의 지시가 부지런히 시행되기를 당연히 기대한다. 그러나 만일 청지기가 가족들의 필요나 취향을 제멋대로 생각해서 주인의 지시를 무시하고는 가족들에게 그들이 원하는 대로 아이스크림만 잔뜩 준다면 그것은 주인의 지시를 정면으로 부정하는 것이다. 주인이 좋아하지 않을 것은 당연하다.

만일 청지기가 주인의 가족들에게 우유와 빵과 과일은 주고, 고기와 야채는 주지 않기로 한다면 그것도 직무 태만이기는 마찬가지다. 그것은 가족 식단에서 필수 품목들을 빼는 것이고, 주인은 역시 아주 좋아하지 않을 것이다. 만일 그가 그들에게 우유, 빵, 고기, 과일, 야채에다 케이크까지 얹어서 주기로 한다면 그는 주인이 면밀하게 계획한 식단에 영양식이 아닌 것을 더하는 것이다. 그것 역시 주인의 분노를 살 것이다. 주인을 기쁘게 하려면 청지기는 어떻게 해야 할까? 주인의 지시에 순종하여 정확히 주인에게 받은 것들만 가족들에게 주면 된다. 청지기는 그들에게 다른 어떤 것도 주어서는 안 된다. 더도 안 되고 덜도 안 된다. 그것이 충성이며, 하나님의 비밀을 맡은 청지기들에게 요구되는 것이 바로 그것이라고 바울은 말한다.

우리가 살고 있는 이 시대는 "하나님의 뜻을 다"(행 20:20, 27) 충실하게 분배할 청지기들이 교회에 절실히 필요한 때다. 신약만 아니라 구약도, 가장 위로가 되는 본문들만이 아니라 가장 도전이 되는 본문들도, 우리 특유의 성경 해석에 유리한 대목들만이 아니라 그렇지 않은 대목들도 다 분배해야 하는 것이다. 어떤 교회들은 하나님 말씀의 모든 부분을 체계적으로 설명하는 것이 아니라 은혜, 성령의 은사, 그리스도의 재림 같은 교리들만 자꾸 되풀이한다. 나는 예수님이 마태복음 13장에서 보여주신 청지기의 그림이 좋다. 예수님은 제자들에게 "천국의 비밀을 아는 것이 너희에게는 허락되었"(마 13:11)다고 하신 후에 계속해서, 모든 제자는 "마치 새것과 옛것을 그 곳간에서 내오는 집주인(또는 집 관리인)과 같으니라"(마 13:52)고 말씀하신다.

종교 다원주의의 세상에서, 하나님이 계시하신 것과 그렇지 않은 것을 분별할 능력을 신자들에게 줄 수 있는 것은 오직 충실한 성경 강해뿐이다. 뿐만 아니라 하나님의 말씀을 고수할 때에만 우리는 확실한 부분에 대해서는 과감히 독단적 자세를 취하면서, 동시에 아직 신비에 가려진 부분은 흔쾌히 미지로 남겨둘 수 있다. 필립 헨리의 정신을 본받을 만하다. "나는 하나님의 사람들이 전부 동의하는 것들에 내 열정을 쏟겠다. 기타 이견이 있는 부분들에 대해서는 나는 하나님이 내게 주신 빛에 따라 행할 것이고 다른 사람들도 그러고 있다고 너그러이 믿을 것이다."

> 예수님은 자신을 성경의 열쇠로, 성경을 자신의 열쇠로 보셨다.
> – J. I. 패커(J. I. Packer)

> 현란한 기적들로 세상을 정복하는 것보다 진리의 힘으로 하는 것이 하나님께 더 영광이 된다.
> – 찰스 스펄전(Charles Spurgeon)

> 그리스도인 설교자는 공론가가 되어 자기 마음에 드는 새 교리들을 만들어내서도 안 되고, 편집자가 되어 자기 마음에 들지 않는 옛 교리들을 잘라내서도 안 된다. 그는 청지기, 하나님의 청지기가 되어 자신에게 맡겨진 성경 속의 진리들을 하나님의 집에 충실히 분배해야 한다. 더도 안 되고 덜도 안 되고 다른 것도 안 된다.
> – 존 R. W. 스토트(John R. W. Stott)

> 성경은 은혜를 낳기도 하고 먹이기도 한다.
> – 토머스 왓슨(Thomas Watson)

대체로 미국의 복음주의 교회들은 신학에는 보수이지만 성경에는 문맹이다. 그래서 20세기에 온건주의자들과 자유주의자들이 주류 개신교 교회들을 그렇게 잠식했던 것이다. 주일학교 교재는 대부분 빈약하고 지루하며, 설교는 갈수록 더 개인의 실제적인 문제들을 해결하는 데 중점을 두고 있다. 시리즈 설교에 대한 다음 광고가 좋은 예다.

> 다음 실제적인 시리즈 설교를 놓치지 마십시오!
> "재정적 자유의 기초"
> 10월 7일 – 재정적 만족, 과연 가능한 것인가
> 10월 14일 – 빚이라는 폭탄에서 뇌관을 제하는 법
> 10월 21일 – 필요한 것을 구하는 기도의 비결
> 10월 28일 – 베푸는 사람이 되어야 하는 이유

현대의 설교들이 재정 문제, 부부 문제, 자녀 양육, 우울, 개인적 관계 등에 집착하는 현상은 갈수록 더 우려를 낳고 있다. 영어권 나라들의 복음주의 교회들은 갈수록 더 하나님 중심에서 벗어나 너무 인간 중심적이 되어가고 있다.

오늘날의 교회에는, 성경이 무엇을 가르치는지 알고 있고 "너희 속에 있는 소망에 관한 이유를 묻는 자에게는 대답할 것을 항상 준비하"(벧전 3:15)고 있는 그런 교인들이 절실히 필요하다. 하나님 말씀 전체를 확실하고 충실하게 체계적으로 가르치는 것 말고는 그런 복된 결과를 낼 수 있는 일이 없다. 그리고 그런 세심한 가르침은 훈련된 배움이 없이는 불가능하다. 주일과 주중에 제공되는 교육을 꾸준히 받지 않는 한 교인들은

무지한 상태를 벗어날 수 없고, 다른 사람들을 가르칠 수 없다.

리처드 백스터는 자신이 40년 이상 목회한 영국의 소도시 키더민스터의 회중에게 이렇게 말했다. 그의 예리한 말에 귀를 기울이자.

여러분이 만약 자신의 생업에서 일하는 법을 알려고 하는 만큼만 하나님과 하늘의 것들을 아는 지식을 얻을 마음이 있다면, 여러분은 오늘이 가기 전에 그 일에 착수했을 것이고 그것을 얻기까지 어떤 대가나 수고도 아끼지 않았을 것입니다. 그러나 여러분은 자신의 생업을 배우는 데는 7년도 부족하다고 여기면서 자신의 구원의 문제들을 부지런히 배우는 데는 7일 중에 하루도 바치지 않습니다.

2. 자신이 가르치는 사람들에 대한 지식

지혜로운 청지기는 주인의 가족들에게 내주는 식단에 변화를 준다. 그는 그들의 필요를 연구하고, 분별력을 발휘하여 그들에게 적절한 음식을 공급한다. 창고나 저장실에 들어가는 식료품을 정하는 것은 청지기가 관여할 바가 아니다. 그러나 거기서 언제 무엇이 얼마만큼 나오는지를 정하는 것은 청지기의 책임이다. 누가복음 12장 42절에 예수님은 "지혜 있고 진실한 청지기가 되어 주인에게 그 집 종들을 맡아 때를 따라 양식을 나누어 줄 자가 누구냐"고 말씀하셨다. 집안에는 아기들도 있고, 아이들도 있으며, 성인들도 있고, 노인들도 있다. 아기들은 우유와 잘게 으깬 야채와 과일이 필요하다. 그러므로 청지기는 음식을 아이들의 식욕이 돋게끔 만들려고 애써야 한다. 아이들은 양배추나 시금치나 새롭고 건강에 좋은 다른 야채들에는 아직 입맛이 생기기 전이다.

이렇듯 청지기의 지혜와 충성은 집안의 각 식구에게 나누어주는 식단의 균형과 적합성으로 나타나게 되어 있다. 마찬가지로 하나님의 모든 청지기도 '믿음의 가정'을 향하여 비슷한 지혜와 충성을 보여야 한다. 바울은 고린도에서 이 문제를 다루어야 했다. 그들의 영적인 식단을 바로 잡기 위한 조치로 그는 그들의 세상적인 상태를 이렇게 책망했다.

> "형제들아 내가 신령한 자들을 대함과 같이 너희에게 말할 수 없어서 육신에 속한(현세적인) 자 곧 그리스도 안에서 어린 아이들을 대함과 같이 하노라 내가 너희를 젖으로 먹이고 밥으로 아니하였노니 이는 너희가 감당치 못하였음이거니와 지금도 못하리라 너희가 아직도 육신에 속한 자로다"(고전 3:1-3).

히브리서 기자도 이런 문제에 부딪혔다. 히브리서에 그는 이렇게 말한다.

> "우리가 할 말이 많으나 너희가 듣는 것이 둔하므로 설명하기 어려우니라 때가 오래되었으므로 너희가 마땅히 선생이 되었을 터인데 너희가 다시 하나님의 말씀의 초보에 대하여 누구에게서 가르침을 받아야 할 처지이니 단단한 음식은 못 먹고 젖이나 먹어야 할 자가 되었도다 이는 젖을 먹는 자마다 어린 아이니 의의 말씀을 경험하지 못한 자요 단단한 음식은 장성한 자의 것이니 그들은 지각을 사용함으로 연단(훈련)을 받

아 선악을 분별하는 자들이니라"(히 5:11-14).

이렇듯, 충실한 청지기는 이런 상황에 부딪힐 때 하나님의 말씀을 더 매력 있게 만들려고 그것을 왜곡하지 않는다. 입맛에 더 달게 하려고 성경의 센 약(책망의 말씀)을 희석시키지도 않는다. 하나님의 말씀을 최대한 단순하게 직접적으로 제시하는 것이 그의 본분이다.

바울이 디모데에게 준 말대로, 청지기는 "진리의 말씀을 옳게 분별하며 부끄러울 것이 없는 일꾼으로… 힘쓰"(딤후 2:15)는 자여야 한다. 여기 '옳게 분변한다'고 번역된 그리스어 단어는 문자적으로 곧게 자른다는 뜻이다. 이 말은 도로를 닦는 것과 관련하여 쓰였고, 그리스어 역본 잠언 3장 6절에도 나온다. "네 길을 지도하시리라". 우리의 성경 교육은 - 집에서든 교회에서든 선교지에서든 - 아주 단순하고 직접적이어서, 직선 도로를 따라가는 것만큼이나 쉬워야 한다. 그것은 이사야 35장 8절에 나오는 "거룩한 길"과 같아야 한다. 거기 보면 "누구든지 그 길로 행하는 자는 비록 우매한 자일지라도 길을 잃지 않으리라"(NKJV)고 했다.

그러나 서두에 지적한 대로, 하나님의 말씀은 하나님의 집의 현 식구들만을 위한 것이 아니라 앞으로 더해질 사람들을 위한 것이기도 하다. 우리 주 예수 그리스도는 요한복음 10장 16절에 "또 이 우리에 들지 아니한 다른 양들이 내게 있어 내가 인도하여야 할 터이니 저희도 내 음성을 듣고 한 무리가 되어 한 목자에게 있으리라"고 말씀하신다. 또 승천하시기 직전에 예수님은 제자들에게 이렇게 명하셨다.

"하늘과 땅의 모든 권세를 내게 주셨으니 그러므로 너희는 가서 모든 민족을 제자로 삼아 아버지와 아들과 성령의 이름으로 세례를 베풀고 내가 너희에게 분부한 모든 것을 가르쳐 지키게 하라 볼지어다 내가 세상 끝날까지 너희와 항상 함께 있으리라"(마 28:18-20).

그러므로 우리는 말씀을 믿음의 가정들에만 국한해서는 안 되고 나머지 세상과 공유해야 한다. 말씀은 "모든 믿는 자에게 구원을 주시는 하나님의 능력이 됨"(롬 1:16)이며, 또 순종하여 그리스도를 자신의 구주로 영접하는 모든 죄인 안에 영생을 낳는 "생명의 말씀"이기 때문이다(빌 2:16, 요 3:36). 누가복음 14장 16-24절의 비유에서 하나님의 청지기들은 바깥 사람들을 청하여 주인의 식탁에 와서 먹게 하라는 명을 받는다. "사람을 강권하여 데려다가 내 집을 채우라." 빌립보서 2장 15-16절에도 그리스도인들이 "어그러지고 거스르는 세대"에게 "생명의 말씀을 내밀어야"(NIV) 한다는 명령이 나온다. 여기 "내민다"는 말은 고전 그리스어에서 누군가에게 뭔가를 건네준다는 의미로 자주 쓰였고, 특히 손님에게 식사를 대접하면서 음식이나 마실 것을 내밀 때에 쓰였다. 아주 놀라운 것은 바울이 계속해서 16절에 이 명령의 이유를 이렇게 대고 있다는 것이다. "나의 달음질이 헛되지 아니하고 수고도 헛되지 아니함으로 그리스도의 날에 내가 자랑할 것이 있게 하려 함이라." 다시 말해, 빌립보 그리스도인들이 친구들과 이웃들에게 영생의 말씀을 건네주지 않으면 바울은 자신의 제자 삼는 사역을 헛수고로 여기겠다는 것이다. 굉장한 말이 아닌가? 사도는 국내와 해외에 그리스도를 전하는 것을 우리 그리스도인의 삶과 하나님께 드리는 섬김의 필수 부분으로 보았다.

누가는 말하기를 초대 그리스도인들이 예루살렘에서 핍박을 받게 되자 "다 유대와 사마리아 모든 땅으로 흩어지니라… 그 흩어진 사람들이 두루 다니며 복음의 말씀을 전"(행 8:1, 4)했다고 했다. 그리스도인이라면 누구나 아직 구원받지 못한 사람들에게 전도하는 일을 했던 것이다. 왜 그랬을까? 그리스도가 승천하시기 전에 "가서 모든 족속을 제자로 삼"(마 28:19)으라고 명하셨기 때문이다. 이것은 교회 구성원 모두에게 구속력이 있는 명령이다. 우리가 비록 목사나 선교사로 부름 받지 않았을지라도, 모든 그리스도인은 하나님이 그 주권 가운데 각자를 두신 특정한 장소에서 그리스도의 증인으로 부름 받았다. 사실 어떤 면에서 이런 개인 전도에는 공적인 복음 설교에 없는 장점이 있다. 개인 전도를 할 때는 메시지를 지금 대화 중인 특정인에게 더 개별적으로 맞출 수 있다. 예수님이 야곱의 우물가의 여인이나 니고데모에게 하신 것처럼 말이다.

자기가 만나는 모든 사람에게 다 그리스도를 말하는 것이 하나님의 뜻이라고 잘못 생각하는 그리스도인들이 있다. 그것은 아주 훌륭한 목표이지만, 그런 광범위한 사역은 짐이 너무 무거워서 혹 이룰 수 있는 사람이 있다 해도 거의 없다. 물론 우리는 하나님이 기회를 주실 때마다 전도해야 하지만, 다른 사람들을 그리스도께 인도하고자 시도할 수 있는 최선의 길은 우선 소수의 회심하지 않은 사람들에 대하여 하나님이 우리 마음속에 부담을 주시도록 기도하는 것이다. 그리고 그들에게 우리의 노력을 집중하는 것이다. 마음에 부담이 생기면 그때부터 우리는 그들과 우정을 쌓아가려고 해야 한다. 함께 시간도 보내고, 식사에 초대도 하고,

그들을 알아가려고 하는 것이다. 단, 인위적으로 하지 말고 진실하게 해야 한다. 우리가 정말로 그들의 영원한 행복을 위하여 그들에게 관심이 있기 때문이다.

우리 모두는 "하나님의 비밀"과 "성도에게 단번에 주신 믿음"을 맡은 충성된 "청지기"로 부름 받았다. 우리는 우리 자신이 충실한 자로, 곧 우리에게 이 일을 위임하신 하나님께 충실하고, 우리에게 맡겨주신 메시지에 충실하며, 영적인 양분을 얻고자 우리를 바라보고 있는 그분의 사람들에게 충실한 자로 드러나야 한다. 로버트 머레이 맥체인은 말했다. "아무리 열정을 품고 사모해도 여전히 모자란 것이 두 가지가 있다고 본다. 하나는 우리 각자가 거룩해지는 것이고, 또 하나는 영혼들을 구원하여 그리스도를 높이는 것이다."

청지기로 산다는 것 　　Totally Committed to Christ

하나님이 우리에게 맡겨주신 진리의 말씀을 오류에서 지키고 그것을 다른 사람들에게 충실히 전하지 않고는 그리스도인의 청지기직이란 있을 수 없다. 사람이 예수 그리스도를 알게 되고 점점 더 그분을 닮은 모습으로 자라갈 수 있는 길은 그것밖에 없다. 기독교의 메시지가 없이는 다른 사람들에게 줄 영원히 가치 있는 것이 우리에게 아무것도 없다. 지금까지 살펴본 것과 같이 하나님이 주신 다른 모든 자원들에 대한 충실한 청지기직도 만일 그것이 복음의 전파를 위하여 사용되지 않는다면 하나님의 영광이나 동료 인간들의 영원한 행복에 아무런 도움도 되지 못할 것이다. 하나님의 영광이 목적이라면 하나님의 말씀은 수단이 되어야 한다.

삶을 바꾸는 질문   Totally Committed to Christ

1. 유다서 1장 3절에서 말하는 "성도에게 단번에 주신 믿음"이란 무엇이며, 그에 대한 모든 그리스도인의 책임은 무엇인가? 당신의 대답을 뒷받침해줄 성경 구절들을 이야기해보라.

2. 신약 성경에서 말하는, 믿음 내지 하나님의 비밀을 맡은 청지기들은 누구인가? 역시 근거가 될 말씀을 최소한 두 군데 제시해보라.

3. 바울은 로마서 1장 14절에 왜 "헬라인이나 야만인… 에게 다 내가 빚진 자라"고 말할까? 이것은 모든 그리스도인에게 해당되는 말인가?

4. 누가복음 16장 9-10절, 19-31절, 고린도전서 1장 18-25절, 2장 1-5절, 3장 1-4절, 히브리서 5장 11-14절, 디모데후서 3장 15절을 읽고, 하나님 말씀의 충성된 청지기가 되는 것이 말씀을 듣는 그리스도인들과 비그리스도인들에게 각각 어떤 의미가 있겠는지 이야기해보라.

기도하기   Totally Committed to Christ

1. 성경 안에 진리를 계시하시고 보전하신 것과 성령의 능력으로 그 진리를 사용하셔서 당신을 예수 그리스도를 믿는 믿음으로 인도하신 것에 대하여 하나님께 감사를 드리라.

2. 당신이 "진리의 말씀을 옳게 분별하며 부끄러울 것이 없는 일꾼으로"(딤후 2:15) 하나님께 인정받을 수 있도록, 그 진리를 사랑하고 공부하고 깨닫게 해주시도록 성령의 은혜를 더욱 구하라.

3. 당신이 믿음 안에 세워지도록 도와주시고, 당신을 쓰셔서 다른 그리스도인들을 강건하게 해주시며, 당신의 전도를 사용하셔서 죄인들을 "불에서 끌어내어"(유 1:23) 구원하시도록 하나님께 기도하라.

Totally Committed to Christ

하나님의 크신 종이 해를 당하신
목숨 잃고 날 위하여 피를 흘리신
저 십자가를 올려다보면
사랑하는 주께 드리는 십일조
시간과 재능과 재물의 십일조
한낱 초라한 것뿐이리.
주께 진 나의 빚 한없이 크니
백만 배나 더한 큰 빚이라.

다만 그 은혜 한없이 고마워
높으신 주님께 내 마음 모아
이 작은 물질로 바치네
내 생명 내 사랑 나의 전부를.
십자가 밑의 이 거룩한 증표
한낱 찌끼일 뿐이지만
나 믿노라 주님은 아심을
참 청지기가 되기 원하여
내 전부를 바치는 이 마음!

− 랄프 S. 쿠시먼(Ralph S. Cushman, 1879–1960) 주교

Totally Committed to Christ

8장. 돈의 청지기

"네 재물과 네 소산물의 처음 익은 열매로 여호와를 공경하라"(잠 3:9).

"이것이 곧 적게 심는 자는 적게 거두고 많이 심는 자는 많이 거둔다 하는 말이로다 각각 그 마음에 정한 대로 할 것이요 인색함으로나 억지로 하지 말지니 하나님은 즐겨 내는 자를 사랑하시느니라 하나님이 능히 모든 은혜를 너희에게 넘치게 하시나니 이는 너희로 모든 일에 항상 모든 것이 넉넉하여 모든 착한 일을 넘치게 하게 하려 하심이라"(고후 9:6–8).

돈은 하나님의 영광과 다른 사람들의 유익을 위하여 가장 관리하기 어려운 자산이다. 돈은 회심 전에 우리가 가장 사랑했던 것이고, 회심 후에 그리스도인의 충성된 청지기직에 가장 저항하는 것이기 때문이다. 그리스도께 가장 마지막으로 완전히 드려지는 것들은 대개 우리의 지갑과 통장이다. 흔히들 "돈이 일만 악의 뿌리"라고 하지만, 성경에서 유래된 다른 많은 일상적 속담과 마찬가지로 이것도 잘못 인용된 것이다. 실제로 바울이 한 말은 "돈을 사랑함이 일만 악의 뿌리가 되나니"(딤전 6:10)였다. 돈 자체는 가치중립적인 것이다. 돈은 선한 것도 아니고 악한 것도 아니다. 옳거나 그른 것은 돈에 대한 우리의 태도다.

그런 의미에서 "돈이 말해준다"는 말은 다분히 옳다. 우리가 돈 이야기를 하기를 원하든 원치 않든 돈은 우리에 대하여 말해준다. 인간의 성품을 판단하는 한 가지 길은 돈을 어떻게 벌고 쓰는지 보는 것이다. 우리는 돈을 정직하게 버는가? 지혜롭게 쓰고 베풀며 사는가?

나아가 돈은 우리의 영혼에 대해서도 말해준다. 그리스도께 대한 우리의 사랑을 가늠하는 좋은 길은 그분께 드리는 헌금이 희생으로 느껴지는지 생각해보는 것이다. 물론 우리는 예수님을 사랑하지 않고도 그분께 드릴 수 있지만, 예수님께 드리지 않으면서 그분을 사랑할 수는 없다. 우리는 자신의 돈이 가는 대상을 사랑하게 되어 있고, 사랑하는 대상에게 돈을 쓰게 되어 있다. 그러므로 우리 돈의 청지기직에 대한 논의는 중요하다. 이번 장에서는 아주 실제적으로 다음과 같은 질문들을 생각해보고자 한다. 하나님의 일에 드려야 할 사람들은 누구인가? 그들은 얼마나 드려야 하는가? 언제 드려야 하는가? 그리고 누구에게 드려야 하는가? 이것은 중요한 질문들이며, 다음의 대답들을 이해할 때에만 우리는 책임감 있는 돈의 청지기가 될 수 있다.

헌금은 모든 그리스도인의 의무다

성경은 헌금이 모든 그리스도인의 의무라고 선포한다. 고린도전서 16장 2절에 분명히 그렇게 가르치고 있다. "너희 각 사람이 수입에 따라 모아 두어서." 고린도후서 9장 7절에도 나온다. "각각 그 마음에 정한 대로 할 것이요." 바울은 고생을 당한 유대 지방의 그리스도인들을 위하여 기금을 모으고 있었는데, 헌금하라는 그의 명령은 "각 사람"에게 준 것이다. 비록 이것이 특별 헌금이기는 했지만 교회 안에 예외인 사람이 있어서는 안 되었다.

지금은 헌금할 수 없다고 잘도 구실을 대는 우리의 모습을 보노라면 정말 놀랍다. 우리가 학교에 다니는 중이라면 우리는 이렇게 말한다. "내 용돈은 너무 적다. 아무도 내게 헌금을 기대할 수 없다." 독신자들은 이런 주장을 펼 수 있다. "하나의 수입으로 집과 차와 모든 것을 관리해야 한다. 아무도 내게 헌금을 기대할 수 없다." 연애 중인 커플들은 이렇게 주장할 수 있다. "우리는 혼수 비용이 필요하다. 결혼 자금을 모으는 중이다. 아무도 우리에게 헌금을 기대할 수 없다." 신혼부부나 젊은 부모들은 이렇게 주장할 수 있다. "우리는 가구를 구입하고 주택 융자금을 갚는 중이다. 아무도 우리에게 헌금을 기대할 수 없다." 중년의 부부들은 이렇게 말할 수 있다. "자녀들에게 돈이 아주 많이 들어갈 때다. 교육을 마치고 생활 전선에 들어가게 해주려면 가진 돈이 다 필요하다. 아무도 우리에게 헌금을 기대할 수 없다." 은퇴한 부부들은 이렇게 주장할 수 있다. "우리는 연금으로 살고 있고 의료비도 아주 높다. 아무도 노년의 연금 생활자들에게 헌금을 기대할 수 없다."

이렇게 소득이 적거나 비용이 많이 드는 시기들을 다 빼고나면 우리 인생에 헌금하기 좋은 시기란 아예 없다. 하나님으로서는 용납하실 수 없는 일이다. 그리스도인들은 삶의 모든 시기가 주님의 일에 헌금을 드리는 시기임을 깨달아야 한다. 어린 아이 때부터 용돈으로 헌금을 시작하게 하라. 그리고 그것이 노년의 연금에까지 쭉 이어지게 하라.

그러므로 우리 모두는 형편이 어떠하든지 마땅히 드려야 한다. 헌금의 특권을 더 유복해 보이는 교인들의 몫으로 떠넘기는 우를 범해서는 안 된다. 그런 태도는 두 가지 이유에서 잘못된 것이다. 첫째, 우리는 많은 자비를 베풀어주신 주님께 감사를 보여야 한다(잠 3:9). 물론 우리 중에는 남들보다 더 가난한 사람들이 있다. 그러나 우리 중에 가장 가난한 사람들도 자신의 구원에 대해 주님께 감사할 이유는 있다. "우리 주 예수 그리스도의 은혜를… (우리)가 알거니와 부요하신 이로서… (우리)를 위하여 가난하게 되심은 그의 가난함으로 말미암아… (우리)를 부요하게 하려 하심"(고후 8:9)이기 때문이다. 아무리 적은 것일지라도 우리는 가시적인 헌금으로 감사를 표해야 한다. 주님께 헌금을 드리는 것을 그치는 날은 곧 주님께 감사할 것이 하나도 없는 날이다.

둘째, 우리의 가난은 하나님이 보시기에 우리 헌금의 가치와 아무런 상관이 없다. 하나님께 있어서 각 헌금의 가치는 드리는 자의 형편에 따라 평가된다. 흔히 하는 말처럼 하나님은 우리가 드린 것을 보지 않으시고 아직 남아 있는 것을 보신다. 그것이 동전 둘을 드린 과부의 잘 알려진 이야기가 주는 교훈이다. 이 가난한 여자는 두둑한 수입에서 꼼꼼하게 십일조를 바친 부자 바리새인들과 감히 겨룰 꿈조차 꿀 수 없었다. 게다가 그녀는 자신이 성전 연보궤에 넣는 적은 헌금을 누가 지켜보리라고는 상상도 못했다. 그러나 예수님은 보시고 그녀의 헌금을 그날의 가장 많은 헌금으로 여기시면서 이렇게 말씀하셨다. "내가 참으로 너희에게 말하노니 이 가난한 과부가 다른 모든 사람보다 많이 넣었도다 저들은 그 풍족한 중에서 헌금을 넣었거니와 이 과부는 그 가난한 중에서 자기가 가지고 있는 생활비 전부를 넣었느니라"(눅 21:3-4).

우리 중에 이 과부만큼 가난한 사람은 별로 없으므로 우리 모두는 그리스도인의 헌금의 의무를 다할 수 있고 마땅히 그래야 한다. 사실 우리 중에 가장 가난한 사람들도 이 과부처럼 하나님 보시기에는 가장 많이 드린 자가 될 수 있다. 천국에서 우리의 헌금을 측정하는 기준은 액수가 아니라 희생이기 때문이다.

형편에 비례해서 드려야 한다

성경은 우리가 형편에 비례해서 드려야 함을 계시해준다. 하나님의 일을 후원하는 책임을 백성들에게 골고루 분배하기 위해서 구약 성경은 헌금의 기본 공식을 정해놓았다. 각 사람은 총수입의 최소한 십분의 일을 하나님께 드려서 레위 지파를 후원해야 했다. 레위인들은 하나님을 섬기기 위해 구별된 사람이었다(민 18:21-32). 아무도 십분의 일보다 적게 드려서는 안 되었고, 십일조를 받은 레위인들도 그 중의 십일조를 다시 대제사장에게 드려야 했다. 그러나 본래 십일조는 헌금을 시작하는 밑바닥은 될지언정 헌금을 그만하는 최고점은 분명 아니다. 오히려 하나님께 십분의 일 이상으로 최대한 많이 드리는 것이 그분의 모든 백성들의 특권이다.

이 시각에 대한 성경적 근거를 살펴보기에 앞서, 그리스도인의 헌금에 대한 또 다른 시각이 있음을 인정하는 것이 중요하다. 신약 성경이 가르치는 이 시각은 위에 말한 것보다 훨씬 널리 받아들여지고 있는데, 바로 그리스도인들은 하나님이 능력을 주시는 대로 드려야 한다는 시각이다. 그분이 더 형통하게 해주실수록 그들은 더 많이 드려야 한다. 이 시각에 따르면, 십일조가 만일 우리가 즐겨 내는 것이 아니라 우리에게 부과된 의무가 되면 십일조는 율법주의적이거나 쉽게 율법주의로 전락할 수 있다. 십일조는 그리스도인의 헌금을 사람당 십분의 일로 제한한다. 게다가 가난한 사람들은 빈약한 수입으로 겨우 먹고살기도 힘들기 때문에 십일조를 할 수 없는 형편이다. 그러므로 이 시각을 지닌 사람들은 신약 성경이 십일조를 각 그리스도인의 헌금의 최소 비율로 가르치지 않는다고 진심으로 믿는다. 대신 그들의 말처럼 바울은 갈라디아와 그리스의 그리스도인들에게 유대의 동료 신자들을 위하여 헌금할 것을 지시하면서 "각 사람이 수입에 따라 모아 두"(고전 16:2)라고 명한다. 또 같은 헌금에 관하여 그는 "각각 그 마음에 정한 대로 할 것이요 인색함으로나 억지로 하지 말지니 하나님은 즐겨 내는 자를 사랑하시느니라"(고후 9:7)고 지시한다.

만일 이 두 구절이 그리스도인의 모든 헌금에 대한 신약의 주요 지침이라면, 그렇다면 하나님이 능력을 주시는 대로 드리는 것과 우리 마음에 정한 대로 후히 드리는 것은 분명 신자가 하나님의 일에 얼마나 드려야 할지를 정해주는 신약의 원리다. 그러나 이 두 구절은 그리스도인의 모든 헌금에 다 적용되는 것일까? 아니면 지역 교회 사역 바깥의 특별한 용도에만 해당되는 것일까? 그것이 중대한 질문이다. 그래서 지금부터 비례 헌금의 원리가 구약과 신약 둘 다에 어떻게 명시되어 있는지 살펴보기로 하자.

1. 구약의 헌금 원리

레위기에서 하나님은 유대인들에게 십일조, 즉 총수입의 십분의 일을 주께 드리도록 명하셨다. 하나님의 율법에 그렇게 되어 있다. "그 땅의 십분의 일 곧 그 땅의 곡식이나 나무의 열매는 그 십분의 일은 여호와의 것이니 여호와의 성물이라… 소나 양의 십일조는… 열 번째의 것마다 여호와의 성물이 되리라"(레 27:30, 32). 이렇듯 토지 소산의 십분의 일과 늘어나는 가축의 십분의 일은 하나님의 것이었다. 그만큼은 하나님께 드려서 예배 처소에서 봉직하는 레위인들을 후원해야 했다(민 18:21, 24).

나아가 십일조 외에 유대인들은 해마다 세 차례 – 유월절, 칠칠절, 초막절 – 하나님께 감사 예물을 드려야 했다. 이와 관련하여 하나님은 모세에게 "빈손으로 여호와를 뵈옵지 말고 각 사람이 네 하나님 여호와께서 주신 복을 따라 그 힘대로 드릴지니라"(신 16:16-17)고 명하셨다. 그 밖에도 수확물의 첫 열매, 짐승의 첫 새끼, 속죄제, 화목제 등을 모두 십일조 외에 따로 더 드리도록 되어 있었다.

하지만 그게 전부가 아니었다. 성막을 지을 때가 되자 하나님은 모세에게 "이스라엘 자손에게 명령하여 내게 예물을 가져오라 하고 기쁜 마음으로 내는 자가 내게 바치는 모든 것을 너희는 받을지니라"(출 25:2)고 말씀하셨다. 백성들은 모든 값진 것들을 주께 자원 예물로 가져왔다. 사실 호응이 어찌나 좋았던지 더 이상 가져오지 못하게 모세가 말려야 할 정도였다. "마음이 감동된 모든 자와 자원하는 모든 자가 와서 회막을 짓기 위하여… 예물을 가져다가 여호와께 드렸으니… 성소의 모든 일을 하는 지혜로운 자들이… 모세에게 말하여 이르되 '백성이 너무 많이 가져오므로 여호와께서 명령하신 일에 쓰기에 남음이 있나이다'"(출 35:21, 36:4-5). 후에 성전을 지을 때에 다윗도 이스라엘 백성에게 그와 비슷한 호소를 했다. 이 사업의 막대한 비용은 레위인들을 후원하기 위한 십일조가 아니라 자원 예물에서 나와야 했던 것이다(대상 29:6-9).

이렇듯 구약의 헌금 원리는 아주 분명하다. 모든 이스라엘 백성은 수입을 벌면 그 십분의 일을 봉사하는 레위인들에게 드려야 했고, 다시 레위인들은 그 받은 것의 십분의 일을 제사장들에게 돌려야 했다(민 18:25-28). 그 외에도 모든 이스라엘 백성은 정기적으로 감사 예물을 드려야 했는데, 이런 추가 헌금들은 양이 정해져 있지 않았다. 각 사람은 힘닿는 대로 그리고 하나님이 복 주신 분량대로 드려야 했다. 속죄제 제물을 선택할 때에도 그들은 각자 형편대로 고를 수 있었다. 양이나 염소를 드릴 형편이 못되면 대신 비둘기 한 쌍을 하나님께 제물로 드려도 됐다. 그 밖에도 자원 예물이 있었는데 이것은 하나님의 성전 건축 같은 특별한 용도에 드리거나, 아니면 하나님이 부어주신 특별한 복에 예배자가 감사해서 드렸다. 이제 신약의 가르침으로 넘어간다. 하나님의 백성들을 향한 동일한 헌금 원리가 신약에도 명시되어 있는 것을 보게 될 것이다.

2. 신약의 헌금 원리

우선, 구약처럼 신약에도 하나님을 섬기는 일에 구별된 사람들을 후원하는 것이 하나님의 백성들의 주요한 책임으로 강조되고 있다(마 10:7-10, 롬 10:15). 그래서 바울은 고린도전서 9장 14절에 "이와 같이 주께서도 복음 전하는 자들이 복음으로 말미암아 살리라 명하셨느니라"고 했다.

그는 또 "가르침을 받는 자는 말씀을 가르치는 자와 모든 좋은 것을 함께 하라"(갈 6:6)고 했다. 이것은 하나님의 분명한 명령이다. 유대인들이 성전에서 일하는 제사장들과 레위인들을 후원해야 했던 것처럼 그리스도인들은 교회(하나님의 새 성전)에서 섬기는 목사들과 선교사들을 후원해야 한다. 고린도전서 9장 1-14절에서 바울은 이러한 헌금 원리가 신약 시대에도 지속됨을 구약의 많은 율법들을 인용하여 뒷받침하고 있다.

그러나 그리스도인의 헌금의 책임은 거기서 끝나지 않는다. 유대인들처럼 오늘의 신자들도 자신의 지역 교회에 내는 정기 헌금 외에 특별 예물들을 드려야 한다. 그래서 바울은 예루살렘 신자들을 도울 기금 조성에 나섰을 때, 교회들에게 일반 재정에서 기부할 것을 부탁하지 않았다. 대신 그는 별도의 헌금을 추진했다. 그리스와 갈라디아 교회들의 그리스도인들에게 그는 이 빈곤해진 그리스도인들을 위하여 매주 별도의 헌금을 떼어두라고 명했던 것이다(고전 16:2). 이 헌금에 모든 그리스도인이 참여할 것을 명하기는 했지만 그는 정해진 비율이나 액수를 명시하지는 않았다. 고린도후서 9장 7절에 그는 "각각 그 마음에 정한 대로 할 것이요 인색함으로나 억지로 하지 말지니 하나님은 즐겨 내는 자를 사랑하시느니라"고 했다. 이렇듯 헌금 원리는 신·구약 모두 동일하다. 즉, 하나님의 일에 정기적으로 드리는 것 외에도 그분은 우리가 그 나라의 진보를 위한 다른 선한 용도들에 별도의 예물을 드리기를 기대하신다.

신약 성경에 그리스도인들이 교회에 십일조를 해야 한다는 직접적인 명령이 나오지 않는 것은 사실이다. 그러나 그리스도인들이 십일조를 하나님께 드리는 헌금의 출발점으로 생각해야 할 두 가지 좋은 이유가 있다. 첫째, 십일조는 시내산에서 기원한 것이 아니며 따라서 구약의 의식법(儀式法)의 일부가 아니다. 의식법은 그리스도가 십자가로 폐하셨다(마 15:20, 갈 4:9-10, 골 2:16-17, 히 10:1-10). 십일조의 원리는 사실 모세 훨씬 이전부터 분명히 있었다. 그래서 그전의 창세기에 보면 "지극히 높으신 하나님의 제사장" 멜기세덱에게 아브라함이 "그 얻은 것에서 십분의 일을 주었더라"(창 14:18-20)는 말이 나온다. 히브리서 기자는 멜기세덱을 "아버지도 없고 어머니도 없고 족보도 없고 시작한 날도 없고 생명의 끝도 없어 하나님의 아들과 닮"(히 7:1-10)은 자로 묘사했다. 멜기세덱이 성육신 이전의 성자 하나님의 현현이라면 우리도 "우리 모든 사람의 조상"(롬 4:16) 아브라함처럼 그리스도께 십일조를 드림이 마땅하지 않은가? 설령 멜기세덱을 성육신 이전의 그리스도의 현현으로 보지 않는다 하더라도, 아브라함이 지극히 높으신 하나님께 제사장직을 수행하는 멜기세덱에게 십일조를 드렸으니 우리도 "멜기세덱의 반차를 따라 영원히 대제사장이 되"(히 6:20)신 그리스도께 예물을 드림에 있어서 그만 못해서는 안 된다는 주장이 여전히 성립된다. 한편 야곱이 그리스도께 모든 수입의 십일조를 드린 것에 대해서는 논쟁의 여지가 없다(창 28:20-22). 이 경우에 야곱에게 나타나신 하나님은 여호와였는데, 신약의 기자들은 여호와를 예수 그리스도와 동등시한다. 하나만 예를 든다면 이사야 45장 23절에 여호와는 "내게 모든 무릎이 꿇겠고 모든 혀가 맹세하리라"고 말씀하신다. 그런데 로마서 14장 9-11절과 빌립보서 2장 10-11절에서 바울은 바로 그 말씀을 예수 그리스도께 적용시킨다.

둘째, 그리스도인들이 그리스도와 그분의 교회에 적어도 수입의 십분의 일을 드려야 하는 이유는 유대인들이 율법 아래서 누렸던 것보다 우리가 은혜 아래서 누리는 축복이 훨씬 크고, 그래서 우리는 하나님의 일에 헌금하는 부분에서 유대인들에게 뒤질 마음이 없기 때문이다. 유대인들이 율법의 강권으로 하나님께 십분의 일을 드렸다면 사랑의 강권을 받는 우리가 그보다 덜 드려서야 되겠는가? 서글픈 사실은 하나님께 드리는 헌금이 수입의 십분의 일에 훨씬 못 미치는 그리스도인들이 많다는 것이다. 〈크리스채너티 투데이(Christianity Today)〉지의 보고에 따르면 1995년에 미국 교인들의 일 인당 헌금 비율은 수입의 2.55퍼센트에 지나지 않았다. 아무리 거듭나지 않은 명목상의 그리스도인들까지 다 포함된 통계라고 해도 어쨌든 민망한 수치다.

이렇게 말할 사람도 있을 것이다. "그야 나도 수입의 십일조를 하고 싶지만 솔직히 그럴 형편이 안 된다고 생각한다." 여기에 어떻게 반응해야 할까? 단순하다. 헌금이란 관대함의 문제가 아니라 정직함의 문제다. 우리에게 있는 것은 다 하나님의 것이지 우리의 것이 아니다(고전 6:19-20). 따라서 그 사실을 인정하는 표인 십일조를 아끼는 것은 청지기직에 불충한 것만이 아니라 "하나님의 것을 도둑질하여" 그분의 분노를 사는 것이다(말 3:8-9).

반대로 우리가 하나님의 집에 적어도 수입의 십일조를 드리면, 말라기를 통한 그분의 약속은 "하늘 문을 열고 너희에게 복을 쌓을 곳이 없도록 붓"(말 3:10)겠다는 것이다. 이 복은 재정적인 것일 수도 있고 아닐 수도 있다. 십중팔구 그것은 영적인 복이며, 우리는 하나님의 십일조 명령에 불순종하여 그 복을 스스로 잃어서는 안 된다. 우리의 수입이 혹 빈곤선 아래일지 모르나, 고금을 통하여 하나님은 가난한 신자들을 놀랍도록 채워주셨다. 다윗은 시편에 이렇게 말한다.

"내가 어려서부터 늙기까지
의인이 버림을 당하거나
그의 자손이 걸식함을 보지 못하였도다
그는 종일토록 은혜를 베풀고 꾸어 주니
그 자손이 복을 받는도다"(시 37:25-26).

엘리야와 사르밧 과부가 증명해주는 것처럼(왕상 17:8-16) 하나님은 적은 것이 오래가게 하시는 법을 아신다.

하나님은 누구에게도 채무자가 아니시다. 풍성히 베푸는 분이라는 자신의 명성을 그분은 아무에게도 빼앗기지 않으신다. 사실 어느 신자인들 어찌 하나님을 능가할 수 있겠는가! 그래서 바울은 우리가 드릴 때에 "인색함으로나 억지로 하지 말지니 하나님은 즐겨 내는 자를 사랑하시느니라 하나님이 능히 모든 은혜를 너희에게 넘치게 하시나니 이는 너희로 모든 일에 항상 모든 것이 넉넉하여 모든 착한 일을 넘치게 하게 하려 하심이라"(고후 9:7-8)고 말한다.

예수님도 비슷한 약속을 하셨다. "주라 그리하면 너희에게 줄 것이니 곧 후히 되어 누르고 흔들어 넘치도록 하여 너희에게 안겨주리라 너희가 헤아리는 그 헤아림으로 너희도 헤아림을 도로 받을 것이니라"(눅 6:38). 이것들은 놀라운 약속들이며 그밖에도 더 있다. 그 의미는 단순하다. 가진 것이 많든 적든, 하나님께 드려서 더 가난해질 사람은 아무도 없다는 것이다. 힘든 시기라서 허리띠를 조여야 한다 해도 헌금을 아껴서는 안 된다. 그것은 잘못된 경제 운용이다. 주님의 집에 바치는 헌금을 아까워 하는 것은 선지자 학개의 말대로 "삯을 받아도 그것을 구멍 뚫어진 전대에 넣음이 되"(학 1:6)기 때문이다.

> 풍성히 주시는 구주 밑에 풍성히 드리는 제자들이 나오는 것은 당연하다.
> – J. C. 라일

> 우리는 신앙의 비용을 아까워할 것인가? 이토록 좋은 대의를 굶길 것인가?
> – 매튜 헨리

> 우리가 하나님을 위하여 내놓는 것마다 같은 것으로 혹은 더한 자비로 우리에게 보충될 것이다.
> – 매튜 헨리

> 당신이 하나님께 드리는 것의 열 배를 하나님이 당신에게 주신다면 당신은 그것으로 먹고살 수 있겠는가?
> – 무명

구약에서 십일조는 의무였고 따라서 엄밀히 말해서 헌금의 범주에 들지 못한다는 주장이 가능하다. 그리스도인의 헌금은 십분의 일 이상을 드릴 때부터 비로소 시작된다.

– 케네스 F. W. 프라이어(Kenneth F. W. Prior)

헌금은 체계적이어야 한다

헌금의 내역뿐 아니라 헌금의 시기에도 질서가 있어야 한다. 고린도전서 16장 1-2절에 사도 바울은 교회에 드리는 특별 헌금도 주일에 가져와야 한다고 말한다. 바울은 1년쯤 후에 고린도에 갈 예정이었지만 고린도 교인들에게 매주 조금씩 가져올 것을 지금부터 명하고 있다. 자신이 도착할 때 예루살렘으로 갈 그들의 헌금이 준비되어 있도록 말이다.

기분 내키는 대로 헌금하거나 마침 교회에서 주머니에 있으면 내고 없으면 말고 하는 식으로, 계획성이 없는 헌금은 하나님의 방법이 아니다. 주님의 교회를 통해서 주님의 일에 드리는 우리의 헌금은 자신의 공과금을 내거나 적금을 붓는 것과 마찬가지로 규칙적으로 제때제때 해야 한다.

한 가지는 분명하다. 우리가 그리스도인의 헌금에 우선순위를 두지 않는다면 헌금은 다른 재정 지출들에 밀려날 것이고 주님의 일은 어려움을 겪게 될 것이다. 다음 이야기에 나오는 농부의 잘못을 우리는 피해야 한다. 어느 농부의 가장 건강한 소가 쌍둥이 송아지를 낳았다. 하나는 갈색이고 하나는 흰색이었다. 그는 흥분하여 안으로 달려가 자기 아내에게 기쁜 소식을 전하면서, 감사의 표로 송아지 한 마리는 주님께 드릴 작정이라고 밝혔다. 두 송아지를 함께 키워서 하나는 팔아 그 수익을 교회에 내겠다고 했다. 그러자 좀더 사무적인 그의 아내가 두 송아지 중 어느 것을 주님께 바칠 생각이냐고 물었다. 농부는 "어, 그건 지금 결정할 필요가 없소. 나중에 해도 되오"라고 말했다. 몇 달이 지난 어느 날, 농부가 아주 비참한 표정으로 부엌에 들어와서 한숨을 내쉬며 말했다. "여보, 안 좋은 소식이 있소. 주님의 송아지가 죽었소." 부인이 놀라서 큰소리로 말했다. "주님의 송아지라니요? 어떤 송아지가 주님의 것인지 아직 정하지 않은 줄로 알았는데요." 농부는 "그야 그렇지만 난 흰색이 될 걸로 늘 생각하고 있었거든" 하고 말했다.

주님의 송아지는 매번 잘도 죽는다. 그렇지 않은가? 그리스도인의 헌금에서 가장 큰 어려움의 하나는 주님의 송아지를 계속 살려두는 것이다. 헌금할 때 교회의 헌금 봉투를 사용하면 그래서 좋다. 휴가를 떠나거나 아파서 교회에 빠질 때면, 주정 헌금이나 월정 헌금을 자칫 잊어버리기 쉽다. 그러나 날짜를 표시한 무명의 봉투를 사용하면 헌금을 규칙적, 체계적으로 지속하는 데 도움이 된다.

헌금은 목적에 맞게 해야 한다

지금까지 우리는 하나님의 종들, 그분의 성전의 건축과 유지, 그분의 나라의 진보, 가난한 사람들 특히 믿음의 가정들의 가난한 사람들을 우리가 후원해야 한다는 것을 성경을 통해서 살펴보았다(행 11:27-30, 갈

2:10, 6:10). 이런 필요들은 하나님의 영광과 그분의 뜻을 이루어드리는 데 절대적으로 중요한 것들이다. 하나님은 그분의 집에 십일조를 가져오라고 구약에 분명히 명하셨다. 역대하 31장 11-12절에 보면 "그 때에 히스기야가 명령하여 여호와의 전 안에 방들을 예비하라 하므로… 성심으로… 십일조(를)… 갖다 두"었다고 했다. 말라기 3장 10절에는 "너희의 온전한 십일조를 창고에 들여 나의 집에 양식이 있게 하"라는 명령이 나온다(암 4:4 참조). 십일조는 하나님의 것이었다. 그것을 어디에 어떻게 써야 할지 유대인들은 아무도 결정권이 없었다. "온전한 십일조"(말 3:10)는 하나님의 집으로 가야 했다.

나는 적어도 두 가지 이유에서 그 동일한 원리가 신약에도 적용되어야 한다고 말하고 싶다. 첫째, 예루살렘에 있던 하나님의 성전은 하나님의 교회(많은 지역 교회들로 구성된)로 대체되었다(마 16:13-19, 요 4:21-24, 고후 6:16, 엡 2:19-22). 교회는 하나님을 예배하고 그분의 말씀을 전하는 일에 없어서는 안 될 유일한 단체다. 하나님의 일은 성서공회들, 선교단체들, 라디오나 텔레비전 방송국들이 없어도 계속 전진할 수 있지만, 잘 후원받고 있는 지역 교회들이 없이는 하나님의 일을 할 수 없다. 그것이 문제의 핵심이다. 그러므로 선교단체 때문에 교회에 후원이 부족한 일은 절대로 없어야 한다. 일부 그런 다른 기관들도 아주 중요하고 필요하지만 지역 교회의 대체 기관은 아니다. 우리의 후원을 받을 일차적인 권리는 그리스도가 세우고 계신 교회로 가야 한다(고전 9:1-14, 딤전 5:17-18). 유일하게 교회만이 하나님의 목적 가운데 필수적이고 영원한 모임이다.

둘째, 십일조는 우리가 예배하는 교회로 가야 한다. 교회의 후원이 교인들의 자유 재량에 맡겨질 수는 없기 때문이다. 많은 교회들에 재정이 부족한 이유가 바로 거기에 있다. 자기 생각대로 드리는 교인들도 많고, 다른 데 돈이 필요한 것 같아서 아예 드리지 않는 교인들도 있다. 그러나 교회에 내는 우리의 헌금은 우리의 기분이나 생각에 지배되어서는 안 된다. 우리의 세금이 그런 방식에 근거한다면 분명히 정부는 이 나라를 운영할 수 없다. 그렇다면 하나님의 교회가 그런 비효과적인 방침으로 운영될 수 있다는 생각이 그리스도인들에게 어찌 가능하단 말인가? 아니, 하나님은 그토록 중요한 문제를 사사로운 감정에 맡기지 않으신다. 각 교인이 이 책임의 정당한 자기 몫을 수용하는 것이 성경으로 보나 상식으로 보나 당연한 일이다. 그리고 구약 성경에 우리를 위하여 제시된 모형은, 그 몫이 우리의 총수입의 최소 십분의 일은 되어야 한다는 것이다.

그러나 논거는 거기서 끝나지 않는다. 우리가 지역 교회에 내는 십일조는 정당할 뿐만 아니라 또한 윤리적이다. 일부 그리스도인들이 유급(有給) 사역과 값비싼 건물의 축복은 누리면서 그 비용의 정당한 자기 몫은 수용하지 않는 이유가 무엇인가? 세금 납부는 기피하면서 다른 시민들의 납세로 인한 혜택들만 누리는 시민이 있다면 당신은 어떻게 생각하겠는가? 부정직하다고 할 것이다. 교회에 십일조 드리기를 기피하는 것도 똑같은 이유로 비윤리적이다.

하지만 어떤 사람들은 교회 바깥의 기독교 사역의 후원은 어떻게 하느냐고 반박한다. 그 사역은 누가 후원할 것인가? 우리가 해야 한다. 단, 선교단체 사역의 후원금은 십일조가 아니라 하나님의 백성들의 자원 헌금에서 나와야 한다. 바로 여기가 희생과 후히 드림이 끼어드는 대목이다. 교회에 십일조를 하는 것은 후히 드리는 것이 아니다. 단순히 원래 하나님의 것을 그분께 드리는 것뿐이다. 그것은 그분의 것이다. 후히 드림은 나머지 십분의 구에서 드리는 헌금에서 비로소 시작된다. 모든 사람들 중에서 가장 후해야 할 사람들은 그리스도인들이다. 하나님의 구원의 은혜나 그분의 진리를 아는 지식을 그리스도인들보다 더 많이 받은 사람들은 없다.

마게도냐 교회들은 가난했고 박해를 받았지만 예루살렘 교회를 위한 바울의 기금을 후원하는 일에 놀랍도록 후했다. 그래서 바울은 그들을 모범으로 제시하여, 더 부자이면서도 더딘 고린도 교인들을 독려하고 있다. 사도는 이렇게 썼다.

> "형제들아 하나님께서 마게도냐 교회들에게 주신 은혜를 우리가 너희에게 알리노니 환난의 많은 시련 가운데서 그들의 넘치는 기쁨과 극심한 가난이 그들의 풍성한 연보를 넘치도록 하게 하였느니라 내가 증언하노니 그들이 힘대로 할 뿐 아니라 힘에 지나도록 자원하여 이 은혜와 성도 섬기는 일에 참여함에 대하여 우리에게 간절히 구하니"(고후 8:1-4).

군대에서 용감한 행위를 말할 때 "의무 수준을 넘어섰다"고 표현한다. 그리스도인의 헌금의 참된 아름다움은 개인의 능력의 한도를 넘어서는 데에 있다. 희생이 따르지 않은 것을 드림으로써 영광의 주를 모욕하는 일은 절대로 없어야 한다. 이런 위험을 인식한 다윗은 "값 없이는 내 하나님 여호와께 번제를 드리지 아니하리라"(삼하 24:24)고 결심했다.

그리스도인의 후한 헌금을 막는 가장 큰 장애물은 아마도 소득이 늘어날 때마다 생활 수준도 함께 높임으로써 적당히 중화시키려는 본능적이고 이기적인 성향일 것이다. 1988년 10월에 실시된 갤럽 조사를 보면, 미국인들은 버는 돈이 더 많아질수록 헌금에는 덜 희생적이 되었다. 연수입 1만 달러 이하인 사람들은 해마다 수입의 평균 2.8퍼센트를 교회와 자선단체들에 냈다. 수입이 1만 달러에서 3만 달러 사이인 사람들은 평균 2.5퍼센트를 냈고, 수입이 3만 달러에서 5만 달러 사이인 사람들은 2퍼센트를 냈다. 수입이 5만 달러에서 7만 달러 사이인 사람들이 교회와 기타 비영리 기관들에 낸 돈의 총액은 수입의 1.5퍼센트에 지나지 않았다. 희생 없는 헌금은 희생제물이 못 된다. 작년보다 수입이 늘었는데 소득 대비 헌금 비율은 이전과 똑같다면, 우리는 희생적으로 드리고 있는 것이 아니다. 액수는 전보다 많아졌을지 모르지만 실제로 하나님 나라를 위한 재정적인 희생은 더 작아진 것이다. 오늘 그리스도인들의 헌금이 부족한 이유는 가난한 자들의 무능력 때문이 아니라 부자들의 이기심 때문이다(딤전 6:17-19). 청지기의 비유에서 예수님은 "무릇 많이 받은 자에게는 많이 요구할 것이요 많이 맡은 자에게는 많이 달라 할 것이니라"(눅 12:48)고 말씀하셨거니와, 부유한 서구의 그리스도인들이 이 말씀을 귀담아 듣는 것은 얼마나 중대한 일인가?

사심이 없던 존 웨슬리는 그와 얼마나 다른가? 그는 자기 저서들의 판매 수익에서만 3만에서 4만 파운드를 헌금했다. 죽을 때 그의 개인 재산은 달랑 몇 파운드밖에 되지 않았다. 그가 끝까지 후히 드릴 수 있었던 비결은 무엇일까? 간단하다. 그는 자신의 생활 수준을 엄격히 억제했다. 아직 회심하기 전인 옥스퍼드 학부 시절에 그의 첫해 소득은 30파운드였는데 생활비는 검소하게 26파운드였다. 나머지 4파운드를 그는 주님의 일에 드렸다. 이듬해에 그의 소득은 두 배로 늘었다. 헌금도 두 배로 늘었을까? 아니, 아홉 배로 늘었다. 그는 "작년에 26파운드로 편하게 살았으니 올해도 그럴 수 있다"고 말했다. 그래서 그는 생활 수준을 높이지 않고 봉급 인상분 전체(34파운드)를 하나님께 드렸다. 그 다음 해에는 소득이 90파운드였고 그는 64파운드를 드렸다.

존 웨슬리는 자신의 생활 수준을 꼭 필요할 때에만 높였다. 하나님이 그에게 그렇게 많은 돈을 맡기신 것도 무리가 아니다. 그의 일기장 맨 끝부분에 이런 말이 나온다. "86년이 넘도록 나는 장부를 정확히 써왔는데 이제는 그러지 않겠다. 최대한 저축해서 최대한 드려야 한다는 소신이 체질화되어 이제는 마음이 놓인다." 본받을 만한 모범이다.

우리가 후방에 남도록 부름 받았다고 해서 우리가 선교지의 선교사들보다 더 높은 생활 수준을 누려야 한다는 뜻은 아니다. 적당한 집, 좋은 옷, 자녀 교육비, 안정된 연금이 우리에게 필요하다면 국내외의 하나님의 종들에게도 똑같이 필요하지 않은가? 복음을 위한 희생은 평등해야 한다고 바울은 말한다(고후 8:13-15). 신약 성경에 이중 생활 수준이란 없다. 일반 직장에 다니는 사람들의 생활 수준과 소위 전임 사역자들의 생활 수준이 다르지 않다는 말이다. 바울은 말하기를 그리스도인의 헌금의 목적은, 헌금을 드리는 사람들을 "곤고"하게 해서 헌금을 받는 사람들을 "평안"하게 하려는 것이 아니라 "균등하게 하려 함"이라고 했다.

다시 말하지만 이것은 신약 성경만의 기준이 아니다. 그래서 바울은 출애굽기 16장 18절로 자신의 요점을 예증하고 있다. 광야에서 만나를 거두는 것에 관한 말씀이다. 새벽마다 하늘에서 만나가 내려오면 이스라엘 백성들은 그날 필요한 만큼만 거두어야 했다. 쌓아두는 것은 허용되지 않았다. 너무 많이 거둔 사람들도 그것을 가질 수 없었다. 밤사이에 만나가 상했기 때문이다. 반면 너무 적게 거둔 사람들도 절대 부족하지 않았다. 너무 많이 거둔 사람들에게서 받았기 때문이다. 평등이 있었다. 한 사람의 넉넉한 것을 통해 다른 사람의 부족한 것이 채워졌다. 그리스도인들도 바로 그와 같아야 한다. 우리의 넉넉한 것은 어려움에 처한 사람들의 부족한 것을 채우는 데 쓰여져야 한다. 그러다 사정이 바뀌면 다른 사람들의 넉넉한 것을 통해 우리의 부족한 것이 채워져야 한다. "균등하게 하려 함"(고후 8:14)이다.

이제 남는 질문은 이것이다. 이런 원리들을 우리는 어떻게 실천할 것인가? 바울은 고린도후서 8장에 답을 제시한다. 7절에 그는 "오직 너희는 믿음과 말과 지식과 모든 간절함과 우리를 사랑하는 이 모든 일에 풍성한 것 같이 이 은혜에도 풍성하게(탁월하게) 할지니라"고 말한다. 즉, 마게도냐 교회들이 그런 것처럼 그들도 후히 드리는 은혜에 풍성하게 하라는 말이다. 하지만 어떻게 할 것인가? 1절과 9절에 답이 있다. 1절에는 하나님이 마게도냐 교회들에게 은혜를 "주셨다"고 했고, 9절에는 하나님의 은혜가 그리스도 안에서 알려졌으니 그분은 "부요하신 이로서 너희를 위하여 가난하게 되심은 그의 가난함으로 말미암아 너희를 부요하게 하려 하심이니라"고 했다.

문제를 푸는 열쇠는 은혜다. 헌금을 하도록 우리에게 영감과 도전을 주는 것은 자기를 비우신 그리스도의 출생과 죽음으로 나타난 하나님의 은혜다. 그리고 우리로 하여금 다른 사람들에게 아낌없이 넘치도록 베풀 수 있게 해주는 것은 성령을 통하여 우리에게 주신 하나님의 은혜. 그리스도 안에 있는 하나님의 은혜를 더 묵상할수록 그리고 우리 마음속에 하나님의 은혜를 주시기를 더 기도할수록, 우리는 하나님 나라의 대의를 확장하는 일에 더욱 후히 드리게 된다. 그리스도인의 헌금은 은혜의 헌금이다. 그것을 강권하는 것은 율법이 아니라 사랑이다. 이 사랑은 순종이 하나님을 기쁘시게 하기에 그분의 계명을 지키기 원하는 사랑이요(요 14:21), 갈보리에서 죄인들을 위하여 측량 못할 희생을 베푸신 하나님께 감사하는 사랑이다. 이런 사랑이 강권하지 않는 헌금은 절대 하나님을 기쁘시게 할 수 없다.

모든 관계가 다 그렇다. 당신이 결혼기념일에 금 목걸이를 가져와서 아내에게 준다면 그녀는 아마 이렇게 말할 것이다. "오, 여보, 정말 예뻐요! 너무 고마워요! 근데 이렇게 비싼 선물을 왜 사주는 거죠?" 그런데 만약 당신이 "여보, 결혼기념일에 아내에게 선물을 주는 것이 남편의 의무라는 것도 모르오?"라고 대답한다면 그녀의 기분은 어떨까? 아마도 그녀는 차라리 당신이 아무것도 사오지 않았기를 바랄 것이다. 그리고 그런 그녀를 누가 탓하겠는가? 그러나 만일 당신이 "사랑하는 당신, 내가 당신을 얼마나 사랑하는지 알려주고 싶어서 그랬소"라고 대답한다면 그녀는 기뻐서 어쩔 줄 모를 것이다. 이유는 무엇인가? 전자의 행위는 의무감에서 비롯된 것이지만 후자는 순전히 사랑에서 나온 것이기 때문이다. 그것이 세상 모든 것을 달라지게 한다. 하나님이라고 우리보다 감정이 덜

하실까? 물론 아니다! 그분은 우리가 헌금하는 동기가 의무감이 아니라 그분을 향한 사랑이기를 원하신다.

돈의 청지기직에 대한 말을 마치기 전에 A. J. 고든이 "체외 기부"라고 표현한 것에 대해서 꼭 짚어둘 말이 있다. 우리의 적 사탄은 온갖 책략을 써서 그리스도인의 영혼에서 후히 드림의 샘을 마르게 하고 그리하여 하나님 말씀의 전파에 돈을 드리지 못하게 막는다. 그의 수법 가운데 하나는 죽을 때까지 기부를 연기하도록 신자들을 설득하는 것이다. 기독교 사업들에 거액의 돈을 남기되 유언으로 남기라는 것이다. 적은 돈이야 살아 있을 때 꾸준히 드려도 좋지만 큰돈은 당신이 이 세상을 떠날 때를 위해서 남겨두라는 것이다. 고든 박사는 우리가 하나님께 받을 상은 이생에서 드린 자신의 희생들 – "각각 선악간에 그 몸으로 행한 것"(고후 5:10) – 에 따른 것임을 특유의 온화한 방식으로 분명히 지적한다.

우리의 유언에 하나님의 일을 포함시키는 것은 물론 지혜롭고 선한 일이다. 그러나 더 이상 내게 아무 용도가 없어졌을 때 드리는 것은 그야말로 전혀 희생이랄 것이 없다. 다윗이 여부스 사람 아라우나에게 한 대답을 우리는 다시금 기억하는 것이 좋다. 그가 하나님께 번제를 드리는 데 필요한 소를 왕에게 드리겠다고 하자 다윗은 이렇게 사양했다. "그렇지 아니하다 내가 값을 주고 네게서 사리라 값 없이는 내 하나님 여호와께 번제를 드리지 아니하리라"(삼하 24:24).

사탄은 이 책략을 뒤집어서 사용하기도 한다. 우리의 유언에 주님의 일을 위해 아예 아무것도 남기지 않도록 우리를 꼬이는 것이다. 유산도 이미 십일조를 제한 돈이므로 내 의무는 다한 것이고, 따라서 더 이상 세계 복음화를 위하여 드릴 필요가 없다는 말은 잘못된 것이다. 상속자들에게 이미 자기 돈이 충분히 있을 수도 있고 그들이 유산을 하나님께 영광이 되지 않게 쓸 수도 있는데도, 우리의 돈을 전부 그들에게 남겨주는 것은 현명한 일인가? 여기 돈의 청지기직에 대한 날카로운 말이 있다.

쓰는 돈은 잃는 것이고
쥐고 있는 돈은 결국 남의 차지가 되지만,
베푸는 돈은 영원히 내 것으로 남는다.

우리 많은 사람들이 전능하신 하나님께 팁을 주는 것은 이제 그만두어야 한다. 그분은 우리에게 고객의 팁을 원하시는 것이 아니라 우리의 아낌없는 드림을 원하신다. 그리고 그분은 마땅히 그것을 받으셔야 할 분이다. 그리스도인들은 다른 어떤 부분보다 돈의 청지기직에서 더 많이 실패하고 있다. 미국의 바나 리서치 재단이 2000년에 실시한 한 연구를 보면, 전체 성인 가운데 교회에 헌금을 한 비율이 1998년에는 66퍼센트였으나, 2년 후에는 61퍼센트로 줄었다. 헌금 액수도 평균 806달러에서 649달러로 줄었다. 같은 해에 자칭 거듭난 그리스도인들 중에서 십일조를 했다고 답한 사람의 비율은 32퍼센트였다. 그러나 가구 소득과 헌금 액수를 대조해보니 총수입이나 순수입에서 실제로 십일조를 한 사람들은 12퍼센트뿐이었다(그런데도 오늘날 미국의 많은 그리스도인들은 자신의 헌금을 십일조라고 표현한다). 이런 통계를 볼 때 우리는 오늘날 돈의 청지기직에 대한 보다 충실한 가르침이 심각하게 필요함을 통감하게 된다.

청지기로 산다는 것　　　　　　　　Totally Committed to Christ

헌금의 다음 네 가지 기본 원리를 모든 그리스도인들이 받아들인다면 세계 복음화에 놀라운 일들이 이루어질 수 있다. 첫째, 헌금은 나이와 형편을 떠나서 그리스도인이라면 누구나 수행해야 할 책임이다. 둘째, 헌금은 각자의 형편에 비례해서 수행해야 할 책임이다. 소득의 십분의 일이 하나님이 그 백성에게 요구하시는 최소량임을 기억해야 한다. 셋째, 헌금은 병들 때나 건강할 때나, 집에서나 휴가 중에나, 수입이 있을 때마다 체계적으로 수행해야 할 책임이다. 넷째, 헌금은 목적에 맞게 수행해야 할 책임이다. 먼저 주님의 십일조를 꼭 각자의 교회에 드린 다음 나머지 십분의 구에서 힘닿는 대로 그리스도의 다른 사업들을 지원해야 한다. 이 원리들을 지금 당장 우리 것으로 받아들이자. 그것들을 통해서 하나님이 영광을 받으시고, 그리스도의 교회가 복을 받으며, 복음이 모든 나라에 전파될 것이다.

삶을 바꾸는 질문　　　　　　　　Totally Committed to Christ

1. 출애굽기 25장 1-9절, 레위기 27장 30, 32절, 민수기 18장 21-32절, 신명기 16장 16-17절, 역대상 29장 6-9절, 마태복음 10장 7-10절, 로마서 10장 15절, 고린도전서 9장 1-14절, 고린도후서 16장 1-4절, 갈라디아서 6장 6절을 중심으로 신·구약 모두에 명시되어 있는 헌금의 원리들을 간추려보라.

2. "부자(대부분의 서구 그리스도인들은 대부분의 제3세계 그리스도인들에 비하면 부자다)에게 십일조는 전혀 희생이 아니지만, 가난한 사람의 십일조는 이미 아주 절실한 희생이다." 이 말의 옳고 그름을 놓고 토론해보라. 고린도후서 8-9장에 나오는 바울의 가르침을 기준으로 사용하라.

3. 십일조는(할례와 달리) 아브라함 이전부터 있었고(아브라함은 소득의 십일

조를 드리라는 명을 받은 적이 없다 – 십일조는 이미 존재하던 관행이었다), 또 십일조는(할례와 달리) 신약에 와서 구체적으로 폐지되고 뭔가로 대체되지도 않았다. 그렇다면 당신은 십일조도 안식일만큼이나 시대를 초월한 원리이며, 하나님이 그 백성의 시간의 칠분의 일을 요구하시듯이 소득의 십분의 일을 요구하신다는 주장이 정당하다고 보는가? 답하기에 앞서 창세기 14장 18-20절, 17장 9-14절, 마태복음 23장 23절, 누가복음 11장 42절, 사도행전 15장 3-21절, 갈라디아서 2장 3절, 5장 6절, 6장 15절, 골로새서 2장 11-12절을 참조하라.

4. 그리스도인이 소득의 십일조를 반드시 해야 한다면, 당신의 생각에 십일조의 기준으로 삼아야 할 것은 총수입인가, 아니면 순수입(세금, 연금, 의료보험 등을 공제한 후의 금액)인가? 그렇게 답한 이유는 무엇인가?

5. 그리스도인이 십일조를 자신의 교회에 해야 하는지의 여부가 신약 성경에 언급되어 있지 않은 이유가 무엇이라고 보는가?

   1) 헌금은 그리스도인이 각자 자기 마음에 정할 문제이므로 십일조는 더 이상 맞지 않는다고 가정한 것일까?

   2) 초대 교회의 많은 유대인 그리스도인들에게 십일조가 워낙 당연한 책임이라 지속적인 실천을 문제 삼을 생각조차 못한 것일까?

   3) 당신이 생각하는 다른 이유가 있는가?

기도하기　　　　　　　　　　　　　Totally Committed to Christ

1. 여러 가지 좋고 온전한 선물을 주시는 분인 하나님을 찬양하라. 당신이 받은 모든 물질적 축복에 대하여 감사를 드리라.

2. 지금까지 당신이 물질로 하나님께 제대로 영광을 드리지 못했다면 그분의 용서를 구하라.

3. 갈보리에서 나타난 하나님의 은혜를 당신에게 성령을 통하여 풍성히 주시도록 기도하라. 그리하여 당신이 능히 하나님의 일에 희생적으로 드리고, 불필요하게 생활 수준을 높이려는 유혹을 물리칠 수 있게 해주시기를 기도하라.

저 멀리 주께서 사랑하신 집 있으니
생전에 자주 가시던 곳이라.
마리아 마르다 나사로가 살던 집
늘 주를 반가이 맞던 집.

하나님 늘 그 옛집의 가장 되시니
저들의 믿음 해처럼 밝고
슬픔과 죽음도 기쁨으로 변했네,
승리의 주께서 손님되시니.

주께서 걸음 하시던 그 옛집
무엇보다 소중했던 집.
나도 날마다 주님 닮게 하소서.
주 내 집에 거하시도록.

- 천시 R. 파이어티(Chauncey R. Piety)

9장. 가정의 청지기

"사랑에는 거짓이 없나니… 형제를 사랑하여 서로 우애하고 존경하기를 서로 먼저 하며… 성도들의 쓸 것을 공급하며 손 대접하기를 힘쓰라"(롬 12:9-10, 13).

가정은 그리스도의 청지기직에서 또 하나 무시되는 영역이다. 감히 말하지만 대부분의 교회에서 대다수 교인들은 서로의 집에 가본 적이 없다. 그러나 손대접은 그리스도인의 덕목이다. 그것은 우리의 믿음의 표현이다. 바울에게 그것은 교회의 장로나 감독(두 단어가 신약에 혼용되고 있다)의 자질 목록에 들어갈 정도로 그리스도인의 믿음의 중요한 표현이었다. 디모데전서 3장 2절에서 그는 감독은 나그네를 대접해야 한다고 했고, 디도서 1장 7-8절에서는 "감독은 하나님의 청지기로서 책망할 것이 없고… 오직 나그네를 대접하며 선행을 좋아하"는 사람이어야 한다고 했다. 다시 말해서 감독은 다른 사람들의 집에만 다닐 것이 아니라 자기 집에 사람들을 초대하여 교제와 음식을 나누어야 한다.

그러나 손대접의 은혜는 장로나 목사의 직분을 가진 사람들에게만 국한될 것이 절대로 아니다. 손님을 대접하려는 자세는 그리스도인 여성의 성품의 시금석이기도 하다고 바울은 말한다. 디모데에게 그는 "참 과부인 과부를 존대하라… 선한 행실의 증거가 있어 혹은 자녀를 양육하며 혹은 나그네를 대접하며 혹은 성도들의 발을 씻으며"(딤전 5:3, 10)라고 말한다. 베드로도 모든 그리스도인에게 "서로 대접하기를 원망 없이 하"(벧전 4:9)라고 권면한다. 또 히브리서 기자는 13장 2절에서 "손님 대접하기를 잊지 말라"고 말한다.

바울은 또 우리 몸을 하나님께 "산 제사"로 드린다는 것이 무슨 뜻인지 설명하면서 로마서 12장의 덕목 목록에도 손대접을 포함시킨다. 그는 "형제를 사랑하여 서로 우애하고… 성도들의 쓸 것을 공급하며 손 대접하기를 힘쓰라"(롬 12:10, 13)고 썼다.

사실 초대 교회가 손대접을 널리 시행했다는 것은 중요하게 눈여겨볼 대목이다. 누가는 오순절 후에 그들이 "집에서"(행 2:46) 떡을 뗐다고 기록했다. 뿐만 아니라 초대 교회에서는 성만찬을 하기 전에 항상 함께 식사를 했는데, 그때 각 가정에서 가져온 음식을 서로 나누었다(고전 11:17-22, 33). 물론 손대접을 할 집이 없는 사람들도 있다. 당신은 부모와 함께 살고 있을 수도 있고, 대학 기숙사나 군 막사에 살고 있을 수도 있다. 만일 그렇다면 우리 주님도 집이 없었음을 잊지 말라. 그분은 "여우도 굴이 있고 공중의 새도 거처가 있으되 인자는 머리 둘 곳이 없다"(마 8:20)고 말씀하셨다. 그러므로 손대접은 예수님이 하실 수 없는 일이었다. 대신 그분은 손대접을 고맙게 잘 받으셨다. 좋은 손님이 되는 것에 관해서는 이번 장 끝부분에 잠시 거론할 것이다. 하지만 언젠가는 당신도 대접을 베풀 수 있게 될 날이 올 것이고, 그때가 되면 과연 우리 주님의 말씀처럼 "주는 것이 받는 것보다 복이 있다"(행 20:35)는 것을 당신도 깨닫게 될 것이다.

손대접이란 무엇인가

「옥스퍼드 사전(The Oxford Dictionary)」에 보면 손대접이 "손님이나 나그네를 친절하고 후하게 영접하는 것"으로 되어 있다. 그렇다면 그리스도인의 손대접은 그것을 그리스도의 이름으로, 그분을 위하여 하는 것이다. 여기에서 짚고 넘어가야 할 것이 있다. 그리스도인의 손대접은 단순히 즐겁게 해주는 문제가 아니다. 방문객들을 접대하고, 어른들에게나 아이들에게나 친교의 장을 만들어주는 것을 원래 좋아하는 사람들이 있다. 그런가 하면 그것이 고역으로 느껴지는 사람들도 있다. 그런 사람들은 음식을 준비하고 모든 외양을 꾸미는 데 시간이 아주 많이 걸리고, 다 끝나면 안도의 한숨을 내쉰다.

그리스도인의 손대접은 그 이상이다. 그것은 어려움에 처한 우리의 형제자매들에게 시간과 도움을 주는 것이다. 하루 이틀 잠자리를 제공하는 것일 수도 있고, 어머니가 병원에 있는 가정을 불러서 식사를 대접하는 것일 수도 있으며, 커피나 한 잔 하면서 마음이 무거운 사람의 말을 따뜻하게 들어주는 것일 수도 있다. 풀 코스 식사를 대접할 시설이나 돈은 당신에게 없을지 몰라도, 그리스도의 이름으로 뭔가 먹고 마실 것을 내

줄 수는 있다. 손대접은 아주 간단할 수 있다.

베다니의 마르다가 잘 이해하지 못했던 것이 바로 그것이다. 마르다와 마리아는 둘 다 고결한 성품을 가진 여성이었고 예수님의 친구였다. 둘 다 손대접을 잘했으나 마르다는 도가 지나쳤다. 그녀는 정말로 근사한 식사를 차려내는 것이 손대접인 줄로 알았다. 물론 그렇게 해야 할 경우도 있고, 우리 중에 더 많은 사람들이 더 자주 그렇게 한다면 아주 좋을 것이다. 그러나 그리스도인의 손대접은 단순히 즐겁게 하거나 접대하는 것 이상이다. 그날 마리아와 마르다의 집에 오셨을 때 예수님이 가장 원하신 것은 그리스도인의 교제였다(눅 10:38-42).

그날 예수님은 아마도 여정 후에 지치고 배고프고 목마르셨을 것이다. 그러나 그런 육체적인 필요보다도 그분은 하나님의 것들을 다른 사람들과 함께 나누고 싶은 갈망이 더 크셨다. 마리아는 그것을 이해했고, 그래서 언니 마르다가 부엌에서 바쁘게 일하는 동안 마리아는 예수님의 "발치에 앉아" 그분의 말씀을 들었다. 그러나 누가의 기록에 보면 마르다는 일이 더 중요했다.

"준비하는 일이 많아 마음이 분주한지라 예수께 나아가 가로되 주여 내 동생이 나 혼자 일하게 두는 것을 생각하지 아니하시나이까 그를 명하사 나를 도와주라 하소서 주께서 대답하여 가라사대 마르다야 마르다야 네가 (준비하는) 많은 일로 염려하고 근심하나 몇 가지만 하든지 혹은 한 가지만이라도 족하니라 마리아는 이 좋은 편을 택하였으니 빼앗기지 아니하리라 하시니라"(눅 10:40-42).

일류 요리가 그분의 최고 우선순위가 아님을 우리 주님은 분명히 밝히신다. 우리 모두는 몸을 위하여 양식이 필요하지만 또한 그보다 더 중요한 것이 있다. 바로 영혼의 양식이다. 마리아는 하나님의 복이라는 더 좋은 편을 택하였고, 예수님은 친히 주실 수 있는 영적인 양식을 그녀에게서 빼앗지 않으실 것이었다.

"손대접하기를 힘쓴다"는 것은 고급 접대를 뜻하지 않는다. 그것은 뭔가를 털어놓고 싶거나 속 시원히 기도하고 싶은 사람에게, 잠시 들러서 그렇게 할 수 있는 집이 되어준다는 뜻이다. 당신의 우정과 교제를 필요로 하는 사람들을 돕고 격려하기 위해서 항상 집을 열어둔다는 뜻이다(차 한 잔을 내든, 식사를 하든 그것은 상관없다). 이런 손대접을 실천하려면 시간과 에너지도 꽤 들어가고, 재정적인 비용도 꽤 들어가며, 프라이버시도 좀 잃어야 한다. 하지만 그것은 그리스도와 그분의 교회를 놀랍게 섬기는 일이다.

손대접의 축복

기독교는 본래 공공 건물과 주일에 국한되는 것이 아니다. 지금은 그런 경우가 너무 많지만 말이다. 주일마다 공공 건물에서 모이는 교회의 일이 주중에는 우리의 가정들로 연장되어야 한다. 신약 성경에는 아무개와 그 사람의 "집에 있는 교회"라는 말이 거듭 되풀이된다(롬 16:5, 골 4:15, 몬 1:2). 모든 그리스도인의 집이 그렇게 되어야 한다.

1. 그리스도인의 교제를 북돋운다

지금처럼 급속한 도시화 시대에는 우리의 가정들을 활용하여 그리스도인의 교제를 북돋는 것이 중요하다. 머잖아 세계 인구의 90퍼센트는 대도시에 살고 10퍼센트만 시골에 살게 될 것이다. 이런 도시 집중 현상의 무서운 사실은, 사람들이 서로 모르게 된다는 것이다. 사람들은 거대한 군중 속에서 길을 잃고 외로워하며, 자신을 불필요한 사람처럼 느낀다. 이런 일은 가장 평판이 좋은 교회들에서도 벌어질 수 있다. 교회에 나온 지 반 년이나 1년이 된 교인들도 여전히 대다수 교인들에게 모르는 존재일 수 있다. 서로 얼굴을 볼지는 모르지만 말을 거는 일은 없다. 서로 웃음만 지을 뿐 서로의 집을 오가며 알아가는 일은 없다.

하지만 우리는 하나의 큰 가정, 하나님의 가정에 속한 자들이 아닌가? 우리는 하나님의 자녀들이며 그리스도 안에서 형제자매들이 아닌가? 우리가 서로 알고 서로 관심을 갖는 것이 하나님의 뜻이 아닌가? 바울은 로마서 15장 7절에 "그러므로 그리스도께서 우리를 받아 하나님께 영광을 돌리심과 같이 너희도 서로 받으라"고 했고, 또 "너희가 거룩하게 입맞춤으로 서로 문안하라"(롬 16:16)고 했다. 서로 알아가는 것이 우리가 할 일이다. 매주 주일마다 교회에서 우리는 여태까지 한 번도 말해본 적이 없거나, 한동안 말해본 적이 없는 사람을 최소한 한 사람이라도 찾아서 말을 걸고자 애써야 한다.

그러나 예배 후의 시간은 한정되어 있으므로 다음 단계는 사람들을 당신의 집으로 초대하여 좀더 느긋하게 대화의 시간을 갖는 것이다. 내가 상황을 바로 읽고 있다면, 그리스도인들이 다른 사람들에게 현관문을 열어야 할 필요성은 절박하다. 그리스도인 가정마다 한 달에 한 번만 다른 그리스도인 가정과 집에서 식사를 같이 해도 그리스도인의 교제를 촉진하는 방향으로 좋은 출발이 될 것이다.

2. 다른 그리스도인들의 영적 성장을 격려한다

우리의 가정은 다른 그리스도인들의 영적 성장을 격려하는 데 사용될 수 있다. 통계를 보면 그리스도를 새로 믿는 모든 사람들 가운데 영적으로 성장할 소지가 가장 높은 사람들은 그리스도인 가정에 살고 있거나, 그리스도인 가정과 친구로 지내는 사람들이다. 사실 18세기에 존 웨슬리의 회심자들이 조지 휫필드(George Whitefield)의 회심자들보다 제자 훈련도 더 잘 되고 믿음 안에서 더 잘 연합한 이유가 바로 거기에 있다. 두 사람 다 야외나 큰 건물에서 말씀을 전했으나 웨슬리는 더 조직적이었고, 따르는 사람들로 하여금 매주 집에 모여서 평신도 설교자들에게 더 교육과 양육을 받도록 했다. 웨슬리의 회심자들은 비록 주일에는 성공회 교회 건물들에서 예배를 드렸지만, 매주 가정 모임이라는 새로운 방법을 사용하여 하나님의 말씀을 자신들의 일상생활에 조직적으로(methodically) 적용했다. 그들이 감리교도(Methodists)로 불리게 된 것도 그 때문이다. 사실 감리교도라는 단어는 그로부터 몇 년 전에 존 웨슬리가 이끈 옥스퍼드 대학교의 '홀리 클럽' 회원들에게 처음 붙여졌는데, 역시 같은 이유에서였다.

운동이 커지고 그들이 자체 예배 처소들을 지으려고 하면서부터 감리교의 불은 사그라지기 시작했고, 지금 영어권 감리교회들은 갈수록 더 자유주의가 되어가고 있다. 그러나 감사하게도 20세기 말부터 성령님은 여러 다양한 교단의 사람들을 인도하셔서 기독교 사역을 다시 그리스도인 가정들로 돌려놓기 시작하셨다. 오늘날 전 세계의 가정들에서 헤아릴 수 없이 많은 성경 공부 소그룹과 기도 소그룹이 주중에 모이고 있고, 사람들은 거기서 커다란 축복을 얻고 있다.

한때 교회당 안의 많은 사람들 틈에서는 절대 기도를 못하겠다던 사람들이 누군가의 거실에서 열리는 소규모 모임에서는 기도할 수 있음을 스스로 깨닫고 있다. 대규모 성경 공부 모임에서는 절대 의견을 발표하지 않았을 사람들이 소수의 친구들과 함께 식탁에 둘러앉은 가정 교제 모임에서는 질문도 하고, 토의에 기여도 할 수 있음을 스스로 깨닫고 있다. 급속도로 성장하는 도시에서 이것은 성령의 놀라운 운동들 가운데 하나다. 모든 그리스도인 가정이 기도와 성경 공부와 토의 시간을 위하여 집을 개방하는 것을 주님은 분명히 기뻐하실 것이다. 그러나 그 이상의 것이 또 있다.

3. 공동체 전도를 촉진한다

공동체 전도를 촉진하는 데 사용되면 우리의 집은 비신자들에게 축복이 될 수 있다. 손대접은 사람을 회심시키는 힘이 있다. 먼저 우리의 집에 와보았고 거기서 그리스도인들을 만나본 사람이라면 교회에 와서 복음을 받아들일 소지가 그만큼 높다. 기독교에 뭔가 진짜가 있음을 비신자들에게 납득시키려면 그리스도인의 가정에서 그들을 만나는 것보다 더 좋은 길은 없다. 진심으로, 우리는 비신자들을 교회로 인도하기 전에 먼저 우리의 가정으로 인도해야 한다. 당신의 집에서 그들과 친구가 된다면, 그리고 당신이 단지 교인 수를 늘리려고 그들에게 잘해주는 것이 아님을 그들이 안다면, 그제야 사람들은 당신을 진지하게 대할 것이다.

많은 사람들이 그 방법으로 믿음을 갖게 되지 않는가? 대부분 그들은 자기와 참으로 친구가 되어주는 그리스도인을 통해서 믿음을 갖게 된다. 얼마 후에 당신이 그들에게 복음을 전할 기회가 오면, 그들은 이미 당신을 잘 알고 있고, 또 그들이 잘되기를 바라는 당신의 마음도 신뢰하게 되었으므로 당신의 말을 진지하게 대할 것이다. 이런 식으로 우리는 그들의 존중과 신임을 얻고, 복음을 들려줄 적절한 기회도 얻게 된다.

4. 하나님의 종들에게 숙소를 제공한다

우리의 가정은 또 하나님의 종들의 숙소로 이용될 수 있다. 초대 교회는 우리보다 훨씬 더 많이 순회 설교자들과 교사들에게 의존했다. 그래서 사도들은 그런 일꾼들에게 잠자리를 내주고 다음 목적지로 보내주는 것이 그리스도인들의 본분임을 초대 교인들에게 아주 분명히 가르쳤다(딛 3:13). 요한의 세 번째 서신은 전체가 그런 목적으로 쓴 것이다. 요한은 이렇게 썼다.

> "사랑하는 자여 네가 무엇이든지 형제 곧 나그네 된 자들에게 행하는 것은 신실한 일이니 그들이 교회 앞에서 너의 사랑을 증언하였느니라 네가 하나님께 합당하게 그들을 전송하면 좋으리로다 이는 그들이 주의 이름을 위하여 나가서 이방인에게 아무 것도 받지 아니함이라 그러므로

우리가 이같은 자들을 영접하는 것이 마땅하니 이는 우리로 진리를 위하여 함께 일하는 자가 되게 하려 함이니라"(요삼 1:5-8).

그리스도인들이 자기 교회를 섬기러 온 방문 설교자나 선교사에게 자신의 가정을 열어야 한다고 요한은 분명히 말한다. 그렇게 함으로써 우리는 그들과 함께 수고하여 예수님 안의 진리를 선포하는 것이다.

그러나 신약 성경에서 손대접을 금한 경우가 하나 있다. 이것은 요한의 두 번째 서신에 나온다. 이단의 설교자는 절대로 대접하지 말라는 것이다. 그는 당신의 집에 묵게 해서는 안 될 유일한 사람이다. 그는 성경을 왜곡해왔고 더 이상 복음을 똑바로 전하지 않는 사람이다. 그런 사람에게 숙소를 내주면 당신은 그의 악한 사상을 전파하는 일을 돕는 것뿐이다. 요한은 "누구든지 이 교훈을 가지지 않고 너희에게 나아가거든 그를 집에 들이지도 말고 인사도 하지 말라 그에게 인사하는 자는 그 악한 일에 참여하는 자임이니라"(요이 1:10-11)고 말한다. 그러나 이것만 예외로 하고 우리는 잠자리와 음식이 필요한 하나님의 참된 종이라면 누구라도 집에 영접해야 한다. 모든 그리스도인 가정은 언제라도 이 일에 쓰일 수 있어야 한다. 우리가 살고 있는 이 시대에는, 다른 사람들과 너무 가까워져서 자신의 약점을 보이기를 원치 않는 사람들이 많이 있다. 그러다보니 미국의 경우 이제는 방문 설교자나 선교사들을 일반 집보다 모텔에 묵게 하는 경우가 더 흔해졌다. 우리가 그 사이클을 깨뜨리고 지금부터 우리의 가정을 예수 그리스도를 위하여 사용하자.

거룩한 가정들이야말로 종교에 대한 관심을 세상에 보존시키는 최고의 보존자들이 되어야 한다.

— 리처드 백스터

가정은 기독교 최고의 전도체다.

— 헨리 드러먼드(Henry Drummond)

당신의 집에 그리스도가 계시면 이웃들이 금방 알게 된다.

— D. L. 무디

가정의 신앙을 잘 간수하고 제대로 실행하면, 내 생각에 말씀 전파는 회심의 통상적 도구가 되지 않을 것이다.

— 리처드 백스터

손대접의 자세

이제 손대접을 베푸는 자세로 우리의 관심을 돌려보자. 주목해야 할 고려 사항은 크게 세 가지다.

1. 손대접은 원망 없이 베풀어야 한다

베드로전서 4장 9절에 "서로 대접하기를 원망 없이 하"라고 했다. 다시 말해 우리는 손님을 대접할 때 돈, 시간, 수고, 프라이버시 침해 등 자신이 지불해야 할 대가에 대해서 불평해서는 안 된다. 우리의 관심이 사람들 자체에 있는지, 아니면 그들이 먹는 음식의 양이나 그들이 빼앗아 가는 시간의 양에 있는지 그들은 금방 감지한다. 손대접의 관심은 어디까지나 사람에게 있다. 사물보다 사람이 중요하다. 손대접이 다른 사람들에게 그처럼 복이 되는 것은 우리의 따뜻한 사랑과 나누는 기쁨 때문이다.

2. 손대접은 보상을 생각하지 말고 베풀어야 한다

손대접은 내가 특별한 애정을 가지고 있는 친구들에게만 국한되어서는 안 된다. 연령대나 사회적 지위가 나와 비슷한 사람들만 찾아서도 안 된다. 친구나 또래에게 대접을 베푸는 것도 좋지만 흔히 그것은 순전히 나의 이기심에서 그리고 그들과 함께할 때 얻는 개인적 즐거움에서 비롯될 수 있다. 손대접은 나그네들에게도 베풀어야 한다고 성경은 말한다(딤전 5:10, 히 13:2).

아울러 우리는 나의 손대접을 도로 갚을 수 있는 사람들만 초대해서는 안 된다. 참된 손대접은 절대로 사업상의 거래("내가 너를 초청하면 너도 나를 네 집에 초청해주겠지")가 아니다. 사실 우리 주님은 똑같이 갚을 수 없는 사람들을 대접하는 데 주력하라고 우리에게 명하셨다. 예수님은 말씀하신다.

"네가 점심이나 저녁이나 베풀거든 벗이나 형제나 친척이나 부한 이웃을 청하지 말라 두렵건대 그 사람들이 너를 도로 청하여 네게 갚음이 될까 하노라 잔치를 배풀거든 차라리 가난한 자들과 몸 불편한 자들과 저는 자들과 맹인들을 청하라 그리하면 저희가 갚을 것이 없으므로 네게 복이 되리니 이는 의인들의 부활시에 네가 갚음을 받겠음이니라"(눅 14:12-14).

흔히 듣는 이야기지만, 우리가 만일 여기서 사람들의 보상을 구한다면 구한 대로 얻겠지만, 장래에 하나님의 보상은 바라지 말아야 한다. 그보다 우리는 호의를 도로 받을 것을 바라지 말고 우리의 가정을 열어야 한다. 다른 사람들에게 하나님의 호의를 보인다는 것 말고는 아무런 이유 없이 손님을 대접해야 한다.

3. 손대접은 하나님께 합당하게 베풀어야 한다

손대접을 베풀 때 우리는 "네가 하나님께 합당하게 그들을 전송하면 좋으리로다"라고 한 요한삼서 1장 6절의 권고를 따라야 한다. 요한은 가이오가 평소에 늘 하던 것처럼 자기 교회에 오는 설교자들을 대접할 것을 알았다. 그들의 사명이 끝나거든 최대한 편하게 다음 교회로 빨리 보내주고 "하나님께 합당하게" 공급해주라고 요한은 쓰고 있다. 그러므로 우리는 모든 손님을 마치 다름 아닌 하나님인 것처럼 섬겨야 한다. 자신이 가진 최선의 시간과 배려와 물질로 그들을 대해야 한다.

우리가 베풀어야 할 것이 다른 누구의 최선이 아니라 바로 자신의 최선임에 유의하라. 다른 사람들은 베풀 수 있는 것을 나는 베풀 능력이 없다는 생각에 손대접을 사리는 경우가 비일비재하다. 손대접에서 우리의 강조점은 그리스도인의 사랑과 교제의 질보다 음식과 가구의 수준 쪽으로 훨씬 더 기울어 있다. 그래서 우리는 뒷걸음을 친다. 그러나 우리 집이 그리스도께 너무 볼품없고 누추하다는 이유로 그분을 쫓아낼 것인가? 그분은 왕궁에 오시지 않고 목수의 오두막에 오셨다. 돈과 호화 주택이 없다고 해서 그것이 영광의 주이신 예수 그리스도를 모시지 못할 이유가 되지는 않는다.

이처럼 우리 집이 만왕의 왕께 너무 누추하지 않다면, 그보다 낮은 인간들이야 누구도 그것을 수수하다는 이유로 거부할 수 없다. 반대로 손대접의 가장 큰 아름다움은 그 수수함에 있다. 수수할수록 좋다. 우리의 손대접이 하나님께 합당하다면 우리는 두려워할 것이 없다. 그분께 충분한 것이면 그분의 사람들에게도 마땅히 충분하고도 남아야 한다.

손대접의 보상

구약 성경에 보면 손님을 대접한 사람들에게는 대부분 보상이 따랐다. 아브라함의 손님들은 드디어 그와 사라가 아들을 낳을 것이라는 희소식을 가져왔다(창 18:1-10). 엘리야는 자기를 공궤한 사르밧의 여주인에게 기름 한 병과 가루 한 통을 선물로 주었는데, 그것이 여러 달의 기근 중에도 떨어지지 않았다. 그는 또 그녀의 죽은 아들도 살려주었다(왕상 17:8-24). 선지자 엘리사를 위하여 자기 집에 방 한 칸을 늘렸던 여자도

후한 보상을 받았다. 그녀의 아들이 죽었을 때 선지자가 와서 아들을 다시 살려주었던 것이다(왕하 4:8-37).

손대접에는 보상이 있다. 나는 지금 우리가 사려 깊게 집주인에게 줄 수 있는 초콜릿 한 통이나 장식품이나 기타 선물만 말하는 것이 아니다. 우리가 떠날 때 우리의 대화와 심방이 조금이라도 우리 주 예수 그리스도의 향기를 남긴다면(고후 2:14-16, 3:5-6) 그것이 집주인에게 훨씬 좋은 보상이 된다. 그 부분을 생각해본 적이 있는가? 우리는 친구 집에 식사하러 갈 때 옷차림에 신경을 쓴다. 그러나 손님으로서 우리의 마음가짐을 준비하는 것이 훨씬 더 중요하다. 친절하게도 우리를 자기 집에 반겨주는 사람들에게 우리의 대화와 전체적인 성품의 몸가짐으로 기쁨을 주는 것이 훨씬 더 중요하다.

우리가 때로 다른 사람들의 대접에 무례를 일삼으며 경솔한 언동이나 부정적인 비판만 남기고 가는 것은 얼마나 가련한 일인가? 우리는 그리스도인으로서 집주인만 아니라 손님도 되어야 한다. 하나님이 특별히 우리의 손님들을 통해 우리의 손대접에 보상해주시기 때문이다. 그래서 성경은 "손님 대접하기를 잊지 말라 이로써 부지중에 천사들을 대접한 이들이 있었느니라"(히 13:2)고 말한다. 우리가 천국에 가니 한 천사가 우리를 만나서 말하기를 "언젠가 내가 당신의 집에 갔었다"고 한다면 충격이 되지 않겠는가? 우리는 너무 의심이 많아서는 안 된다. 아브라함에게 그런 일이 있었다. 롯과 기드온에게도 있었다. 나그네를 잘 대접하라. "이로써 부지중에 천사들을 대접한 이들이 있었느니라."

설령 실제 천사를 대접하는 일은 없다고 해도, 그리스도인 나그네의 방문이 우리 집에 얼마나 큰 축복을 가져올지 우리는 모른다. 손님으로 묵은 방문 선교사나 설교자의 존재와 간증 덕분에 자녀나 배우자가 회심했다는 사연을 우리는 자주 접한다. 우리 부부는 내가 목회하고 있는 교회에 성경 사경회가 열리는 동안 유능한 강해 설교자들을 우리 집에 모신 덕에 성경에 대한 지식이 몰라보게 풍성해졌다. 일대일 토론을 통해서 그들은 우리가 성경 이해에 어려움을 겪고 있는 부분들을 풀어주었는데, 이것은 세미나나 책으로는 얻을 수 없는 것이었다.

목회 초기에 우리는 요하네스버그 바로 서쪽에 교회를 개척하라는 부름을 받았는데, 마침 그곳은 세 개의 해외 선교단체에서 파송된 선교사들이 살고 있던 지역이었다. 그들을 우리 집에 모시면서 나는 전에 없이 세계 복음화를 후원하고 활성화시키고 싶은 열정에 불이 붙었다. 뿐만 아니라 우리 교회 청년 네 명에게 선교지에 나갈 훈련을 받도록 독려해준 것도 다분히 그 선교사들의 공로였고, 그 네 사람은 지금도 선교지에서 섬기고 있다. 모두가 손대접 사역을 통해서 일어난 일이다. 우리의 가정을 그리스도를 위하여 쓰면 하나님은 우리에게 보상해주신다.

당신은 신약 성경에 권면한 대로 "손대접하기를 힘쓰고" 있는가? 당신은 하나님이 주신 집의 좋은 청지기인가? 당신의 집은 그리스도 안의 형제자매들이 모일 수 있는 곳인가? 그리스도인의 손대접은 이 세상에서 볼 수 있는 가장 값진 일 가운데 하나이며, 따라서 그것은 그리스도인이 베풀 수 있는 가장 소중한 것 가운데 하나다.

청지기로 산다는 것　　　　Totally Committed to Christ

손대접은 하나님이 주신 선물인데 우리는 그것을 과소평가하고 그냥 놀려둘 때가 너무 많다. 우리는 종종 친구들과 이웃들에게 전도할 기회를 주시기를 기도하면서 정작 그럴 수 있는 최고의 길 가운데 하나를 간과한다. 바로 우리의 가정이다. 집이 아무리 누추해도 상관없다. 그리스도인인지 여부를 떠나서 사람들은 음식보다 우정에 더 굶주려 있다. 그들은 자기를 하나의 전인으로 보고 진정한 관심을 보여줄 사람, 시간과 배려를 들여 자기에게 다가와줄 사람을 원한다. 우리의 도시들과 마을들은 외로운 사람들로 가득하다. 친절하게 챙겨주는 그리스도인 가정 하나가 그들에게, 죄인들의 친구이신 예수님께 마음을 열도록 격려해주는 놀라운 장이 될 수 있다.

삶을 바꾸는 질문　　　　Totally Committed to Christ

1. 그리스도인의 손대접을 정의해보라. 로마서 12장 13절, 히브리서 13장 2절을 참조하라.

2. 다른 사람들을 대접할 때 그리스도인의 태도는 어떠해야 하는가? 베드로전서 4장 9절, 요한삼서 1장 6절을 읽으라.

3. 하나님은 어떤 방식들로 그리스도인 가정을 사용하셔서, 그분의 이름에 영광과 존귀를 돌리게 하시는가? 누가복음 5장 27-32절, 사도행전 2장 46-47절, 로마서 15장 7절, 요한삼서 1장 5-8절을 참조하라.

4. 예수님은 손대접에 보상을 약속하셨는가? 누가복음 14장 12-14절에 어떻게 나와 있는가?

5. 당신은 손대접을 꾸준히 실천해왔는가? 아니라면 지금부터 그 사역을 시작할 수 있는 길들을 모색해보라.

기도하기　　　　　　　　　　　　　　Totally Committed to Christ

1. 당신에게 천국 집을 열어주시려고 기꺼이 갈보리 십자가에서 고난당하시고 죽으신 예수 그리스도께 감사를 드리라.

2. 지금까지 당신의 가정을 하나님을 위하여 다른 사람들을 사귀고 돕는 장으로 사용해오지 않았다면 하나님께 용서를 구하라.

3. 원망 없이, 상대에게 아무런 보상도 바라지 않고, 하나님께 합당한 방식으로 지금부터 손대접을 실천할 은혜를 주시기를 기도하라.

Totally Committed to Christ

나 맡은 본분은 구주를 높이고
뭇 영혼 구원 얻도록 잘 인도함이라.

부르심 받들어 내 형제 섬기며
구주의 뜻을 따라서 내 정성 다하리.

주 앞에 모든 일 잘 행케 하시고
이후에 주를 뵈올 때 상 받게 하소서.

나 항상 깨어서 늘 기도드리며
내 믿음 변치 않도록 날 도와주소서.

– 찰스 웨슬리(1707-1788)

Totally Committed to Christ

10장 청지기직의 회계

"두렵고 떨림으로 너희 구원을 이루라 너희 안에서 행하시는 이는 하나님이시니 자기의 기쁘신 뜻을 위하여 너희에게 소원을 두고 행하게 하시나니"(빌 2:12-13).

우리가 거룩한 청지기직이라는 주제를 그리 달가워하지 않는 이유는 하나님께 대한 우리의 임무에서 부족한 부분이 어디인지 알고 싶은 사람이 우리 가운데 아무도 없기 때문이다. 미국의 유명한 정치인 대니얼 웹스터(Daniel Webster)는 여태까지 자신의 주목을 끌었던 가장 중요한 주제가 무엇이냐는 질문을 받은 적이 있다. 그의 대답은 "나의 개인적인 책임"이었다. 그것을 누구보다도 더 통감해야 할 사람이 바로 그리스도인이다. 그는 자신의 창조주요 구속자이신 전능하신 하나님, 모든 주인들 가운데 가장 높으신 분의 청지기인 까닭이다. 맡겨진 재산이 많든 적든 상관없다. 하나님께 대한 책임이야말로 우리의 가장 중요한 책임이다. 뿐만 아니라 좋든 싫든 그 책임에는 회계가 포함된다. 사랑이 많으시고 너그러우신 우리의 창조주는 모든 물리적인 삶과 시간과 재능과 물질을 우리에게 주셨고, 우리는 거기에 대하여 그분께 회계하는 것을 피할 수 없다.

그래서 바울은 고린도 교인들에게 이렇게 일깨우고 있다.

> "이는 우리가 다 반드시 그리스도의 심판대 앞에 나타나게 되어 각각 선악간에 그 몸으로 행한 것을 따라 받으려 함이라 우리는 주의 두려우심을 알므로 사람들을 권면하거니와… 그리스도를 대신하여 간청하노니 너희는 하나님과 화목하라"(고후 5:10-11, 20).

우리는 다 비참하게 하나님을 실망시켰다. 우리는 그분의 이익이 아니라 우리의 이익을 챙겼다. 그것이 죄의 본질이다. 우리는 "죄를 알지도 못하신" 그리스도로 말미암아 하나님과 화목해질 필요가 있다. 하나님이 그분을 "우리를 대신하여 죄로 삼으신 것은 우리로 하여금 그의 안에서 하나님의 의가 되게 하려 하심"(고후 5:21)이다. 죄인들과 하나님의 이 화해는 예수님이 우리 죄를 대신 지시고 마땅히 우리가 당해야 할 죽음의 형벌을 십자가에서 치르심으로 가능해졌다. 그분이 거기서 죽으신 것은 "살아 있는 자들로 하여금 다시는 그들 자신을 위하여 살지 않고 오직 그들을 대신하여 죽었다가 다시 살아나신 이를 위하여 살게 하려 함"(고후 5:15)이라고 바울은 말한다. 바울은 로마서 14장 10, 12절에도 이 경고를 되풀이한다. "우리가 다 하나님의 심판대 앞에 서리라… 우리 각 사람이 자기 일을 하나님께 직고하리라."

그러나 우리 중에는 자신의 죄를 하와 탓으로 돌린 아담처럼 자기 행동의 책임을 남에게 전가하기에 아주 능한 사람들이 있다. 결혼한 지 45년 된 어느 노인이 병원에 입원한 이야기가 생각난다. 그는 병상을 지키고 있던 자기 아내를 보며 말했다. "여보, 이런 생각이 드는구려. 당신, 우리가 결혼하던 첫해가 기억나시오? 흉년이 들어서 우리 농장을 반이나 잃었지. 그때도 당신은 내 곁에 있었소." 부인은 "그랬지요"라고 대답했다. 노인은 계속해서 "이듬해에도 흉년이 들어 남은 절반까지 농장을 다 잃었지. 그때도 당신은 내 곁에 있었소"라고 말했다. 부인은 또 "그랬지요"라고 수긍했다. 노인은 "우리가 자식 열을 두었는데 다들 대학에 가고 싶어도 아무도 장학금을 받지 못했지. 그때도 당신은 내 곁에 있었소"라고 말했다. 부인은 미소를 지으며 "그랬지요"라고 말했다. 그러자 노인이 나지막한 소리로 말했다. "이제 나는 여기 병원에서 죽어가고 있소. 의사들 말이 여기서 살아 나갈 수 없다는구려. 그런데 지금도 당신은 이렇게 내 곁에 있소. 여보, 아무래도 내가 재수 없는 여자를 만난 것 같소!"

누가복음 16장에서 우리 주님이 제자들에게 들려주신 비유는 이렇게 시작된다.

"어떤 부자에게 청지기가 있는데 그가 주인의 소유를 낭비한다는 말이 그 주인에게 들린지라 주인이 그를 불러 이르되 내가 네게 대하여 들은 이 말이 어찌 됨이냐 네가 보던 일을 셈하라 청지기 직무를 계속하지 못하리라 하니"(눅 16:1-2).

예수님은 미래를 회계의 날 – 심판의 날 – 로 보셨다. 지혜로운 사람이라면 누구나 그렇게 볼 것이다. 일찍이 새뮤얼 존슨(Samuel Johnson)은 이렇게 말했다. "양은 오른쪽에 두고 염소는 왼쪽에 두겠다고 하신 내 창조주의 말씀을 나는 기억하고 있다. 이것은 이 천박한 시대가 들어야 하는 엄숙한 진리다." 그가 말한 천박한 시대는 18세기였거니와 지금도 천박함은 사방에 넘쳐난다.

이 불의한 청지기 비유의 경고를 귀담아듣자. "내가 네게 대하여 들은 이 말이 어찌 됨이냐 네가 보던 일(청지기직)을 셈(회계)하라." 이야기 자체는 아주 단순하지만 메시지는 약간 어렵다. 1절의 부자는 자신의 전 재산을 관할하도록 청지기를 고용해야 했던 부재지주다. 불행히도 청지기는 신용의 직위를 이용해서 주인의 재산을 착복하여 자기 주머니를 채웠다. 머잖아 그 실상에 대한 보고가 주인의 귀에 들어갔고, 주인은 즉시 청지기를 불러 회계를 명했다. 그리고 당장 짐을 꾸려서 주인의 집을 떠나라고 했다.

익히 상상이 되다시피 그 부정직한 청지기에게 이것은 심각한 상황이었다. 그는 직업을 잃었다. 주인의 돈을 도적질해온 것이 알려졌으니 아무도 그를 고용하려 하지 않을 것이었다. 궁핍이 그의 얼굴을 노려보고 있었다. 그래서 청지기는 최대한 자신의 미래를 준비하는 일에 착수했다. 그는 이렇게 했다. 주인에게 돈이나 물건을 누가 얼마나 빚졌는지 아는 사람은 그밖에 없었다. 그래서 청지기는 주인의 채무자들을 전부 불러들여서 그들을 자신의 채무자로 만들었다. 빚을 원래보다 대폭 깎아준 것이다. 다시 말해서 그는 채무 증서를 고쳤다. 주인에게 기름 백 말(약 3

천 리터)을 빚진 사람에게 그는 "여기 네 증서를 가지고 빨리 앉아 오십이라 쓰라"고 말했다.

청지기는 주인의 모든 채무자들에게 일일이 다 그렇게 했다. 그들을 자기에게 빚진 자로 만든 것이다. 나중에 보상을 구할 대상과 살아갈 집을 미리 마련해둔 셈이다. 바로 여기서 예수님은 이야기를 예사롭지 않게 맺으신다. 그분은 주인이 그 수작을 알고는 "이 옳지 않은 청지기가 일을 지혜 있게 하였으므로 칭찬"(눅 16:8)했다고 말씀하신다. 주인은 "이 청지기는 정직하지는 않지만 아주 지혜롭다. 암담한 곤경에서 빠져나가려고 그런 재주를 이렇게 악한 방식으로 쓰다니 참 딱하다"라고 말한다. 주인이 청지기의 부정직함을 용인할 수 없었던 것은 분명하다. 그러나 앞날의 대책에 관한 한 그가 지극히 영리하다는 것만은 주인도 인정한다.

예수님은 비유를 이렇게 맺으신다. "이 세대의 아들들이 자기 시대에 있어서는(직역하면 자기네 것을 다루는 데 있어서는) 빛의 아들들보다 더 지혜로움이니라"(눅 16:8). 다시 말해서, 의인들이 다음 세상에서 자신의 더 나은 미래를 가꾸는 것과 악인들이 이 세상에서 자신의 더 나은 삶을 가꾸는 것을 보면 악인들이 더 똑똑하다. 청지기도, 주인의 채무자들도 거리낌 없이 부정직해져서 서로 누이 좋고 매부 좋게 증서를 위조했다. 그들은 다 함께 악한 책략을 꾸몄다. 그러나 하나님의 재산을 사용하여 동료 신자들을 돕고 그리하여 그들과 끈끈한 사랑의 끈 – 영원까지 이어질 끈 – 을 가꾸는 일에 있어서 "빛의 아들들"은 그와 같은 열정과 재능을 보이지 않는다고 예수님은 말씀하신다. 주님은 우리가 이 비유에서 교훈을 얻기를 원하시는데 지금부터 그 교훈을 몇 가지 살펴보자.

우리의 전 존재와 소유는 하나님의 위탁물이다

우리의 전 존재와 소유가 하나님의 위탁물이라는 진리는 성경 전체에서 되풀이된다. 우리가 끊임없이 상기해야 할 진리인 까닭이다. 우리는 하나님의 청지기들이다. 우리의 능력과 재물은 그분의 것이며, 그분 나라의 유익을 위하여(사람들을 그 나라로 초대하고 그 나라의 모든 기이한 복을 누리는 데에) 사용되어야 한다. 그러므로 "이것은 내가 벌었으니 내 것이다"라든지, "내 인생이니 내 마음대로 살겠다"는 말은 죄다. 그런 식으로 말하는 것이 죄인 까닭은 우리의 은행 계좌에 있는 모든 돈, 우리가 관리하고 있는 자신의 모든 재능과 달란트와 모든 재물이 실제로 우리의 것이 아니기 때문이다. 그것들은 우리의 전능하신 창조주의 것이다. 우리는 그것들의 청지기일 뿐이며, 우리의 손에 맡기신 재산을 어떻게 관리했는지 하나님께 반드시 회계해야 한다.

세상의 진짜 주인이 누구인지는 조금도 모호하지 않다. 하나님은 시편 50편에 "이는 삼림의 짐승들과 뭇 산의 가축이 다 내 것이며… 세계와 거기에 충만한 것이 내 것임이로다"(10, 12절)라고 선포하신다. 세상은 하나님의 재산이며 그 안의 만물도 그분의 것이다. 우리가 만일 그분의 목적을 진척시키기는커녕 사리를 채웠다면 심판날에 그분 앞에서 책임을 지게 될 것이다. 우리의 좋으신 주인은 "우리에게 모든 것을 후히 주사 누리게 하시는"(딤전 6:17) 분이다. 그러나 그분의 재산의 부는 궁극적으로 우리의 일이 아니라 그분의 일을 진보시키는 데 사용되어야 한다.

예수님은 누가복음 16장 12절에서 "너희가 만일 남의 것에 충성하지 아니하면 누가 너희의 것을 너희에게 주겠느냐"고 말씀하신다. 이것은 심판날의 또 다른 그림이다. 만일 하나님이 심판의 날에 책들을 검토하실 때 만일 우리가 이생에서 그분의 재산을 맡아 관리하는 것에서 신임할 수 없는 사람으로 밝혀지면, 그분은 천국에 있는 우리 자신의 참된 부를 우리에게 상으로 주지 않으실 것이다. 그것이 이 비유에 대한 우리 주님의 첫 번째 적용이다. 우리에게 있는 이 땅의 모든 혜택들은 하늘 아버지가 맡겨주신 것이며, 그분은 우리가 그것을 그분의 영광을 위하여 사용하기를 원하신다. 이것을 잊어서는 안 된다. 어느 날 우리는 그분의 재산을 어떻게 썼는지 그분께 보고해야 한다.

이 땅의 재산은 영원하지 않기에 모든 보물 중 가장 작은 것이다

누가복음 16장에서 예수님은 불의의 재물(맘몬)을 언급하신다. '맘몬'이라는 말은 모든 형태나 모양의 부나 이 땅의 자산을 가리키는 아람어 단어를 음역한 것이다. 우리 주님이 그것을 불의한 맘몬이라고 부르신 것은 그것이 이기적이고 불의한 세상의 가장 으뜸가는 낙이자 욕망의 대상인 까닭이다. 사람들은 하나님을 위해 살지 않고 이 땅의 재물을 위해서 산다. 예수님은 우리에게 돈을 조심하라고 경고하신다. 바울도 디모데전서 6장 10절에서 "돈을 사랑함이 일만 악의 뿌리가 되나니"라고 경고한다. 돈 자체는 악이 아니지만 돈은 중독성이 강하다. 가지면 가질수록 더 갖고 싶어진다. 그리고 마약처럼 욕구가 아주 강해서 머지않아 당신은 그것을 위해서라면 못할 일이 없어진다. 어떤 사람은 돈을 오늘날 시장에 나도는 가장 무서운 마약이라고 했다. 그래서 예수님은 모든 종류의 세상적인 부를 '불의의 맘몬'(그리스어를 그대로 읽으면)이라고 하셨다. 그것이 인간의 가장 추악한 모습을 들추어내고, 온갖 이기적이고 악한 행동으로 이어지기 때문이다. 계속해서 예수님은 "집 하인이 두 주인을 섬길 수 없나니 혹 이를 미워하고 저를 사랑하거나 혹 이를 중히 여기고 저를 경히 여길 것임이니라 너희는 하나님과 재물을 겸하여 섬길 수 없느니라"(눅 16:13)고 말씀하신다. 인간이 이 땅의 재물을 탐하면 재물은 그들이 숭배하고 섬기는 우상이 된다. 돈이 세상의 성공과 쾌락을 얻는 열쇠이다보니 맘몬은 멋대로 지시하고 정책을 하달한다. 그래서 성경은 탐심을 우상 숭배로 정죄하는 것이다. 그것은 하나님 아닌 다른 것을 숭배하는 것이다. 그래서 당신은 하나님과 맘몬을 겸하여 섬길 수 없다.

누가는 "바리새인들은 돈을 좋아하는 자들이라 이 모든 것을 듣고 비웃거늘"(눅 16:14)이라고 말한다. 바리새인들은 자신들이 하나님의 참된 종이라고 생각했다. 그러나 우리 주님은 그들에게 곧바로 알려주셨다. "너희 마음을 하나님께서 아시나니 사람 중에 높임을 받는 그것은 하나님 앞에 미움을 받는 것이니라"(눅 16:15). 사람들은 세상의 보물이 전부인 줄 알지만, 하나님은 그분의 영광을 위하여 사용되지 않는 한 그것이 아무것도 아니라고 말씀하신다. 어느 날 하나님은 맘몬을 그것이 만들어낸 모든 악과 함께 멸하실 것이다. 인간이 이생에서 상대해야 할 모든 중요한 것들 중에서 돈과 한시적 자산이야말로 하나님 보시기에 가장 덜 중요한 것이다. 그것 자체가 목적이 되어서는 안 되고, 다만 하나님의 영광과 동료 인간들의 영원한 유익이라는 그 최고의 목적을 이루는 수단으로 남아야 한다. 그래서 우리 주님은 "지극히 작은 것에 충성된 자는 큰 것에도 충성되고 지극히 작은 것에 불의한 자는 큰 것에도 불의하니라"(눅 16:10)고 말씀하신다. 그리스도를 닮아가고 다른 사람들을 도움으로써 하나님을 섬기는 것이, 하나님을 저버리면서 부와 명예와 권력을 얻는 것보다 더 중요하다.

다시 11절에서 예수님은 "너희가 만일 불의한 재물(맘몬)에도 (하나님 앞에) 충성하지 아니하면 누가 참된 것으로 너희에게 맡기겠느냐"고 말씀하신다. 세상의 자산은 참된 부가 아니다. 그것은 참된 부로 가는 디딤돌일 뿐이다. 돈이란 하나님을 위하여 궁핍한 사람들을 도와주고 잃어버린 영혼들을 구원하는 수단일 뿐이다. 맘몬이 목적이 되어서는 절대 안 된다. 그것은 삶에서 가장 덜 중요한 것이다. 하나님이 가장 작은 것에서도 우리를 신임하실 수 없다면 어떻게 그분 스스로 "참된 부"라고 표현하신 것(복음의 진리, 성령의 은사들, 교회 안의 그리고 교회를 통한 기도와 섬김 같은 것)을 우리에게 맡기실 수 있겠는가?

세상적 재산의 중요성을 이렇게 경시하다보면, 당신은 혹 우리가 돈에는 전혀 신경 쓰지 말고 기도와 묵상과 예배와 전도 같은 하늘의 신령한 것들에만 전적으로 관심을 기울여야 한다고 생각하고 싶을지 모른다. 그러나 그렇지 않다. 9-12절에서 예수님이 실제로 하시는 말씀을 보면 안다. 그것은 하나님이 지금 맡겨주시는 이 땅의 부를 우리가 어떻게 관리하느냐에 따라 장차 우리의 참된 부가 결정된다는 것이다. 돈은 아주 작은 것이지만 다른 어떤 것도 하지 못하는 일을 한다. 바로 우리의 영적 상태의 실상을 보여주는 것이다. 그것이 예수님이 말씀하시는 요지다. 그분의 말씀처럼, 땅에서 우리가 맡은 것들은 진짜 우리의 것이 아니다. 우리는 죽을 때 그것을 가지고 갈 수 없다. 우리는 청지기일 뿐이다. 잠시 동안만 우리에게 있기 때문에 그것들은 작은 것이다. 그러나 천국에서 우리가 얻을 부는 본질적으로 영원히 우리의 것이다. 그런데 천국에서 무엇을 받을 것인지는 우리가 이 땅에서 하나님이 맡기신 작은 것들을 어떻게 사용하느냐에 따라 달려 있다.

여기서 꼭 말해야 할 것이 있다. 지금 예수님은 우리가 돈으로 많은 선행에 힘쓰거나 사람들을 도움으로써 천국 입장권을 살 수 있다고 가르치시는 것이 아니다. 구원이란 돈으로 사거나 노력으로 얻을 수 없는 것이다. 사실 예수님은 마태복음 16장 26절에서 인간이 무엇을 주고도 제 목숨(영혼)을 얻을 수 없고 자신의 잃어버린 영혼을 도로 살 수 없다고 말씀하신다. 당신은 세상의 모든 은금과 사람들이 아끼는 다른 모든 자산을 얻을 수 있지만, 그래도 그리스도의 보배로운 피 한 방울을 사기에는 여전히 부족하다. 그런데 그 피가 없이는 죄 사함이 없다고 성경은 말한다(히 9:22). 이와 같이 베드로도 "너희가… 대속함을 받은 것은 은이나 금 같이 없어질 것으로 된 것이 아니요 오직… 그리스도의 보배로운 피로 된 것이니라"(벧전 1:18-19)고 말한다.

이렇듯 예수님은 일시적인 부가 인간을 천국에 들여보내줄 수 있다고 말씀하시는 것이 아니다. 오히려 그분은 인간의 마음이 성령으로 말미암아 변화되지 않고는 하나님을 영화롭게 하는 방식으로 맘몬을 사용할 수 없다고 설명하신다. 물론 여기에 명시적으로 그렇게 말씀하시는 것은 아니지만, 이 진리는 성경 다른 곳들에 진술되어 있고 이 비유에도 아주 명백히 암시되어 있다. 회심할 때 선물로 받는 성령만이 이 땅의 보물에 대한 우리의 태도를 바꾸어주실 수 있다. 이렇게 변화된 태도를 볼 때, 또 이 세상의 부를 참으로 충성되게 하나님의 영광을 위하여 사용하는 사람을 볼 때 우리는 하나님의 은혜가 그 사람의 삶 속에 역사하고 있음을 알게 된다. 이 땅의 재산은 영원하지 않기에 모든 보물 중에 가장 작은 것이다. 그것이 이 비유에서 배워야 할 두 번째 교훈이다. 이 땅의 재산은 세상과 함께 없어진다. 그러나 하나님은 우리가 여기서 우리의 재산으로 무엇을 하는가에 관심이 있으시다. 우리의 영적 상태가 그것으로 드러나기 때문이다. 그분의 영광을 위하여 우리에게 맡겨졌을 뿐인 그분의 것들(롬 11:36)을 사용하는 부분에서 우리가 믿을 만한 사람인지 그렇지 않은지도 역시 재물을 사용하는 것에서 드러난다.

우리는 이 땅의 재산이 없어질 때를 대비해야 한다

이제 우리는 비유의 핵심으로 들어간다. 예수님은 이 청지기의 부정직을 칭찬하시는 것이 아니다. 우리는 언뜻 보고 그렇게 생각하는 경향이 있지만 말이다. 오히려 그분은 그를 "옳지 않은", 즉 불의한 청지기라고 부르신다. 누가복음 16장 8절에서 "주인이 이 옳지 않은 청지기가 일을 지혜 있게 하였으므로 칭찬하였으니"라고 분명히 나와 있다. 여기 "지혜 있게" 했다는 말은 자기가 곧 실직할 것을 알고서 그 불가피한 상황에 미리 대비했다는 뜻이다. 그는 미래를 내다보았고, 아주 영리하지만 부정직한 방법으로 미래의 이득을 위해서 현재의 기회를 이용했다. 우리가 본받아야 할 점은 그의 부정직이 아니라 바로 미래를 준비하는 그 부지런함이다.

인생에 절대적으로 확실한 것이 하나 있다면 곧 죽음이다. 죽음은 우리 가운데 소수나 심지어 대다수에게만 영향을 미칠 사실이 아니다. 죽음은 모든 사람이 맞이하는 것이다. 성경은 "한 번 죽는 것은 사람에게 정해진 것이요 그 후에는 심판이 있으리니"(히 9:27)라고 말한다. 바울은 "그런즉 우리는… 주를 기쁘시게 하는 자가 되기를 힘쓰노라 이는 우리가 다 반드시 그리스도의 심판대 앞에 나타나게 되어 각각 선악간에 그 몸으로 행한 것을 따라 받으려 함이라"(고후 5:9-10)고 했다. 이와 같이 예수님은 누가복음의 비유에서 빛의 아들들을 책망하시는데, 이는 그들이 어느 날 자기가 이 세상 재물을 모두 남겨두고 죽어야 될 줄 뻔히 알면서도 그 불의한 청지기와 달리 그 날을 준비하지 않고 있기 때문이다. 천국에서 누릴 미래를 위해서 현재 이 땅의 재산을 어떻게 이용할 것인가에 대해 그들은 아무런 계획이 없다.

교훈은 너무도 분명하다. 세상 사람들이 자신들의 목표를 이루려고 재주를 쓰는 것만큼만 그리스도인들이 하나님의 목표를 이루는 데 재주를 쓴다면 그들의 미래는 더욱 밝아질 것이다. 누가복음 16장 9절은 "내가 너희에게 말하노니 불의의 재물로 친구를 사귀라 그리하면 그 재물이 없어질 때에 그들이 너희를 영주할 처소로 영접하리라"고 말한다. 하나님이 주시는 이 세상의 모든 재산(당신의 돈, 에너지, 시간, 재능)을 하나님 나라를 세우는 데 쓰라. 그리하면 죽음을 초월하는 우정을 맺게 될 것이다. 당신이 하나님을 위해 영향을 미치는 그 사람들은 당신과 함께 영원한 집의 한 식구가 될 것이다.

바울도 디모데에게 똑같이 말한다.

> "네가 이 세대에 부한 자들을 명하여 마음을 높이지 말고 정함이 없는 재물에 소망을 두지 말고 오직 우리에게 모든 것을 후히 주사 누리게 하시는 하나님께 두며 선한 일을 행하고 선한 사업을 많이 하고 나누어 주기를 좋아하며 너그러운 자가 되게 하라 이것이 장래에 자기를 위하여 좋은 터를 쌓아 참된 생명을 취하는 것이니라(딤전 6:17-19).

바울도 우리 주 예수님과 동일한 교훈을 확언하고 있다. 부자들은 보물을 땅에 쌓아두지 말고 하늘에 쌓아두어야 한다. 그러려면 다른 사람들이 하나님 나라에 들어가 영원히 구원을 얻을 수 있도록, 하나님이 내게 맡기신 모든 것을 그들을 돕는 데 사용해야 한다.

> 오, 하나님 제 눈동자에 영원을 인쳐주소서!
> – 조나단 에드워즈

> 사물의 참 가치는 그것이 영원을 가져오기 위해 들어갈 값이다.
> – 존 웨슬리

천국에 갈 생각은 있으면서 이 땅에 머물고 싶어하는 것과 천국을 사모하지만 기꺼이 이 땅에 머물고자 하는 것은 다르다.

– 데이비드 포슨(David Pawson)

신자들은 자신의 행위 때문에 보상을 받는 것은 아니지만 자신의 행위에 따라 보상을 받는다고 복음은 가르친다.

– R. L. 대브니(Dabney)

이 비유에 담긴 예수님의 가르침이 우리의 영혼을 사로잡는 것이 중요하다. 우리는 하나님의 영광을 위하여 돈을 충실하고 지혜롭게 쓰는 법을 배울 필요가 있다. 하나님이 이생에서 우리에게 주시는 다른 모든 자산도 마찬가지다. 이 불의한 사람이 세상에서 자신의 미래를 보장받기 위해 그렇게 지혜와 열정이 대단했다면, 하물며 우리는 영원한 미래를 보장받는 일에 얼마나 더 큰 상상력과 넘치는 열정을 다하여 하나님을 영화롭게 하는 방식으로 우리의 자원을 사용해야 하겠는가? 우리 그리스도인의 관심사가 그 청지기의 세상적인 관심사보다 훨씬 더 중요하고, 하나님을 위한 우리의 일이 그의 일보다 훨씬 더 고결하며, 우리의 궁극적인 성공이 그의 성공보다 훨씬 더 확실하고, 우리의 천국 보상이 그의 어떤 보상보다 훨씬 더 영광스럽고 영원하기 때문이다.

우리는 그것을 알고 있는가? 우리의 말과 행실로 다른 사람들을 그리스도께로 인도하는 것이 곧 하나님이 우리에게 모든 재산을 주신 주된 이유임을 우리는 믿고 있는가? 물론 우리는 날마다 어려운 선택을 해야 한다. 하나님의 요구와 부해지거나 유명해지려는 요구가 충돌할 때면, 하나님이 주인이신지 맘몬이 주인인지 곧 밝혀지게 되어 있다. 누가복음 16장 13절에서 예수님은 모든 것을 바로 거기로 귀결시키신다. 우리 모두의 자원은 한정되어 있다. 우리는 모든 일을 할 수 없다. 모든 일을 할 수 없기에 우리는 선택을 해야만 한다. 선택하려면 이것에는 된다고 말하고 저것에는 안 된다고 말해야 한다. 하나님과 세상이 동시에 우리에게 무엇인가를 요구할 때, 어떤 요구에 응할 것인가? 누가 중요한가? 어느 쪽이 주인인가? 예수님은 바로 그것을 묻고 계신 것이다. 그리고 이것은 아주 심각한 문제다.

예를 들어, 가정을 그리스도인의 방식대로 세우려면 큰 대가가 따른다. 어느 가정이 하나님의 말씀을 가르치는 교회까지 다니려면 이동 거리가 생각보다 멀 수도 있다. 또 우리는 자녀를 홈스쿨 방법으로 교육하거나, 아니면 비용을 더 들여서라도 자녀의 영적 발달에 방해가 아니라 도움이 될 만한 좋은 기독교 학교에 보내야 할 수도 있다. 또 우리의 이웃들과 세상을 복음화하려면 이런저런 희생들이 반드시 필요하다. 이런 결정들을 내리는 데 재정의 여파는 이생에만 아니라 장차 오는 생에까지 미친다. 엄마가 가정에 남아서 자녀들을 보살필 것인가, 아니면 이 땅의 안락을 추구할 것인가? 별장이나 요트나 기타 사치품을 사는 데 뛰어들 것인가, 아니면 다른 사람들에게 그리스도가 전해질 수 있도록 그런 것들 없이 지낼 것인가?

쉬운 선택들이 아니다. 그러나 우리의 영적인 책임들과 우리가 돈과 에너지를 쓰는 방식은 알게 모르게 서로 연결되어 있다. 그것은 또한 우리가 은퇴할 만한 시점에 이른다고 해서 끝나는 것도 아니다. 우리에게 이 땅의 재물이 주어져 있는 한 하나님은 아직 우리를 청지기직에서 은퇴시키신 것이 아니기 때문이다. 그때는 "평생 열심히 일했으니 이제 여행이나 다니고 취미나 즐기면서 여생을 보내련다"라고 말할 때가 아니다. 아니, 하나님 나라에는 아직도 할 일이 많다. 전임 선교사들을 선교지에 파송해야 하고, 국내외 학생들에게 신학교에서 공부할 장학금을 주어야 한다. 우리의 교회와 지역 사회에는 지원이 필요한 가난한 사람들이 있다. 사람들이 구원받거나 양육을 받을 수 있도록 기독교 서적과 소책자와 테이프도 배포해야 한다. 우리가 하나님 나라를 확장시킬 수 있는 방법들은 수없이 많다. 그런 생각을 할 관심과 재간만 있다면 말이다.

예수님이 이 비유를 말씀하시고 설명하신 후에 누가는 "바리새인들은 돈을 좋아하는 자들이라 이 모든 것을 듣고 비웃거늘"(눅 16:14)이라고 했다. 그들은 스스로 실리적이고 성공한 사람이라는 자부심이 대단했다. 지금도 세상은 부와 권력과 명예가 있는 사람들을 떠받든다. 그러나 예수님은 "사람 중에 높임을 받는 그것은 하나님 앞에 미움을 받는(가증스러운) 것이니라"(눅 16:15)고 말씀하신다. 마지막 회계가 아직 우리를 기다리고 있다. 하늘의 주인이 장부를 펴서 우리가 그분의 재산으로 무엇을 했는지 보여주실 때, 우리는 그분께 뭐라고 말씀드릴 것인가?

청지기로 산다는 것　　　　　　　Totally Committed to Christ

우리의 창조주이자 구속자이신 하나님에게서 그렇게 많이 받을 수 있다고 생각하면서 그것으로 무엇을 했는지 심판날에 회계할 일은 없다고 믿는 것은 있을 수 없는 일이다. 39개 비유 가운데 7개에서 예수님은 이생이 끝날 때 우리가 해야 할 회계에 전적으로 초점을 맞추신다. 이런 엄숙한 경고들을 무시한 채 마치 이 땅에서 행복하고 형통한 삶만이 이 순간에 중요한 모든 것인 양 살아가는 것은 어리석은 일이다.

> 영혼의 불멸성에 대한 믿음과 죽은 후 자신의 인생을 회계할 것에 대한 믿음은 모든 종교의 기본 신념이다.
> – J. 오스왈드 샌더스(J. Oswald Sanders)

삶을 바꾸는 질문　　　　　　　Totally Committed to Christ

1. 누가복음 16장 1-13절을 읽고 다음 물음에 답하라.

    1) 옳지 못한 청지기가 칭찬받은 이유는 무엇인가?

    2) 맘몬(재물)은 무엇이며 그것을 불의하다고 한 까닭은 무엇인가?

    3) 예수님이 말씀하시는 참된 부란 무엇인가?

    4) 하나님과 맘몬을 겸하여 섬길 수 없는 이유는 무엇인가?

2. 누가복음 16장 9, 19-30절에 비추어 당신의 삶을 점검해보라. 당신의 충성된 청지기직 때문에 천국에서 당신을 보고 반가워할 사람이 있는가?

3. 마태복음 25장 14-46절, 고린도전서 3장 9-15절, 디모데전서 6장 17-19절을 바탕으로, 당신이 현재 그리스도와 그분의 사람들을 섬기기 위하여 하고 있는 일들을 적어보라.

4. 마지막 날 우리가 심판받을 때 하나님은 선한 의도도 고려해주시는가? 고린도후서 5장 10절, 야고보서 2장 14-26절을 참조하라.

기도하기   Totally Committed to Christ

1. 공의로우신 하나님을 찬양하라. 마지막 날 모든 사실에 기초하여 공정하게 심판하실 그분께 감사를 드리라.

2. 당신이 청지기직에 불의했고, 주인의 재산을 주로 자신의 일시적인 이득에 사용했던 많은 시간들을 부끄러운 마음으로 고백하라.

3. 하나님이 주신 당신의 자원들을 가능한 한 최선의 방법으로 그분의 더 큰 영광을 위하여 사용할 수 있도록 성령의 힘과 지혜를 주시기를 기도하라.

Totally Committed to Christ

언제 주님 다시 오실는지 아는 이가 없으니
등 밝히고 너는 깨어 있어 주를 반겨 맞아라.

주 오늘에 다시 오신다면 부끄러움 없을까.
잘하였다 주님 칭찬하며 우리 맞아주실까.

주 예수님 맡겨주신 일에 모두 충성 다했나.
내 맘속에 확신 넘칠 때에 영원 안식 얻겠네.

주 예수님 언제 오실는지 한밤이나 낮이나
늘 깨어서 주님 맞는 성도 주의 영광 보겠네.

주 안에서 우리 몸과 맘이 깨끗하게 되어서
주 예수님 다시 오실 때에 모두 기쁨으로 맞아라.

— 패니 J. 크로스비(Fanny J. Crosby, 1820-1915)

Totally Committed to Christ

11장. 깨어 있는 청지기

"주께서 이르시되 지혜 있고 진실한 청지기가 되어 주인에게 그 집 종들을 맡아 때를 따라 양식을 나누어 줄 자가 누구냐 주인이 이를 때에 그 종의 이렇게 하는 것을 보면 그 종은 복이 있으리로다 내가 참으로 너희에게 이르노니 주인이 그 모든 소유를 그에게 맡기리라"(눅 12:42-44).

20세기 초의 미국의 위대한 전도자이자 성경학자인 R. A. 토레이(Torrey)는 「성경이 가르치는 것들(What the Bible Teaches)」이라는 책에서 이렇게 말했다. "우리 주님의 임박한 재림은 순결하고 사심 없고 헌신적이고 속세를 떠난 적극적인 섬김의 삶을 살게 하는 성경의 위대한 논거다." 예수님이 누가복음 12장 35-48절의 깨어 있는 종들의 비유에서 전하시려는 교훈이 이 말 속에 유감없이 압축되어 있다. 누가복음 12장 전체의 주제는 탐심이다. 거기 보면 육신의 삶을 보전하는 데 집착하는 우리의 우상 숭배와 그런 삶을 증진시키는 모든 물질적 안락에 대한 말씀이 나온다.

예수님은 음식과 의복이 이 세상의 인생살이에 꼭 필요한 것임을 제자들에게 신중히 인정하신다. 그분은 "너희 아버지께서는 이런 것이 너희에게 있어야 할 것을 아시느니라"(눅 12:30)고 말씀하신다. 그러나 우리의 주된 관심사는 이 땅에 보물을 쌓는 것이 되어서는 안 된다. 그것이 누가복음 12장 앞부분에 나오는 어리석은 부자의 비유에서 농부가 범한 과오다. 그는 이생에 관한 한 미래를 준비해두었으나 이 땅의 재물이 더 이상 쓸모없게 될 내세의 삶은 고려하지 않았다. 반대로 우리의 목표는 하나님의 이익을 도모하는 것이어야 하며, 그러려면 우리의 보물은 "하늘에 둔 바 다함이 없는 보물"이어야 한다. "거기는 도적도 가까이 하는 일이 없고 좀도 먹는 일이 없느니라"(눅 12:33)고 하셨다. 21절에 "하나님께 대하여 부요"해야 한다고 하신 그리스도의 말씀이 바로 그런 뜻이다. 이것이야말로 항상 그분의 제자들의 지대한 관심사가 되어야 한다. 그들은 일차적으로 하나님을 위하여 살아야 한다.

C. S. 루이스는 현명하게 이렇게 지적했다. "역사를 읽어보면 현 세상을 위하여 가장 많은 일을 한 그리스도인들일수록 내세를 가장 많이 생각한 사람들이다." 대표적인 예를 지난 두 세기에서 찾아본다면, 샤프스베리(Shaftesbury) 경은 정신 질환자, 노숙자, 광산에서 일하는 여자와 아이들, 공장에서 일하는 아이들에 대한 영국의 접근 방식에 혁신을 일으켰다. 토머스 바나도(Thomas Barnardo)는 고아원들의 훌륭한 연계망을 수립했고, 엘리자베스 프라이(Elizabeth Fry)는 광범위한 감옥 개혁을 촉발시켰다. 윌리엄 윌버포스(William Wilberforce)는 영국의 노예 무역 철폐를 이루었고, 장 앙리 뒤낭(Jean Henri Dunant)은 국제 적십자사 창설을 이끌어낸 책을 썼다. 이런 근대사의 위대한 인물들은 모두 하나님의

말씀과 자신의 양심에 따라 그분을 섬기는 데 일생을 바친 그리스도인들이었다. 그들이 이 세상에 큰 축복을 가져다줄 수 있었던 것은 바로 큰 보물을 다음 세상을 위하여 쌓았기 때문이다.

그러므로 우리 주님의 이 말씀은 구체적으로 제자들에게, 즉 그분을 따르며 "그의 나라를 구하"(눅 12:31)는 사람들에게 주시는 것이다. 32절에 그분은 그들에게 "적은 무리여 무서워 말라 너희 아버지께서 그 나라를 너희에게 주시기를 기뻐하시느니라"고 말씀하신다. 이 비유에서 예수님은 물질 만능의 세상에서 탐심을 이기고 하나님께 대하여 부요해지는 법을 우리에게 일러주신다(눅 12:35-38). 그 모두는 우리의 사고방식과 상관이 있다. 그렇다면 우리는 삶을 어떻게 볼 것인가?

우리는 자신을 예수님의 재림을 기다리는 종으로 보아야 한다

이 비유에서 예수님은 자신이 우리의 주인이시며, 이 땅의 집을 두고 혼인집에 가셨다고 말씀하신다. 혼인을 준비하러 가셨다는 말인데, 이것은 예수님이 말씀하신 비유들에 빈번히 나오는 주제다. 이 장면을 이해하려면 동양의 혼인 풍습을 알 필요가 있다. 성경 시대에 결혼으로 이어지는 첫 번째 사회적 절차는 정혼이었는데, 이것은 현대의 약혼 풍습보다 훨씬 더 진지한 단계였다. 결혼은 부모들이 주선했고, 증인들 앞에서 관계의 조건들이 합의되면 신부와 신랑은 서로에 대한 헌신을 다짐했다.

정혼과 실제 결혼 사이에는 시간 간격이 있었는데 이는 신부의 아버지에게 예물을 줄 시간을 신랑에게 주기 위한 것이었다. 야곱은 라헬을 신부로 맞아들이기 위해 7년간 라반을 위하여 일해야 했다(창 29:18). 신랑은 예물을 준 후에야 혼인 잔치를 베풀고 신부를 맞이할 수 있었다. 그때가 되면 신랑은 친구들을 데리고 신부 집으로 가서 자기 집의 혼인 잔치로 신부를 데려오곤 했다.

그것이 이 비유의 배경이다. 예수님은 하나님 아버지와 함께 사상 최고의 혼인을 준비하러 가셨다. 비유의 목적은 단순히 한 가지 핵심 요점을 전하는 것이므로, 구원의 모든 측면을 다 담아낼 수 있는 비유는 물론 없다. 그래서 이 비유에서 이 땅의 집에 남겨진 그리스도인들은 기다리는 신부가 아니라 그분의 종으로 그려지고 있다. 예수님의 초점이 천국의 혼인 잔치에서 우리를 기다리고 있는 큰 기쁨에 있는 것이 아니라, 여기 이 땅에서 우리가 당면한 진지한 영적 책임들에 있기 때문이다. 우리가 사랑하고 섬기는 그분은 아주 중요한 일로 가시면서 그분의 집을 우리에게 맡기셨다. 더 중요하게, 예수님은 우리에게 다시 오실 그분을 기다리라고 하셨는데, 그 급한 일이 그분을 얼마나 오래 붙들어둘지 우리는 모른다.

로마인들은 보초 근무를 위해서 하룻밤을 세 시간 단위의 네 경점(更點)으로 나누었다. 예수님은 주인이 이경이나 삼경에 돌아올 수도 있다고 말씀하신다(눅 12:38). 다시 말해 꼭두새벽에 올 수도 있다는 뜻이다. 게다가 밤에는 도둑이 들지 못하도록 집 문을 안에서 걸어 잠갔기 때문에 주인이 아무리 오밤중에 돌아와도 종들이 문을 열어주어야만 들어갈 수 있었다는 말이다. 그 시각에 자다가 발각된다면 그것은 아주 심각한 문제였다. 주인은 피곤하고 허기져서 문간에서 계속 기다릴 생각이 없을 것이다.

이와 같이 하나님의 모든 종들도 그리스도의 재림에 대비하고 있는 것이 마땅한 본분이다. 예수님은 이렇게 말씀하신다.

"허리에 띠를 띠고 등불을 켜고 서 있으라 너희는 마치 그 주인이 혼인 집에서 돌아와 문을 두드리면 곧 열어 주려고 기다리는 사람과 같이 되라 주인이 와서 깨어 있는 것을 보면 그 종들은 복이 있으리로다… 주인이 혹 이경에나 혹 삼경에 이르러서도 종들이 그같이 하고 있는 것을 보면 그 종들은 복이 있으리로다 너희도 아는 바니 집 주인이 만일 도둑이 어느 때에 이를 줄 알았더면 그 집을 뚫지 못하게 하였으리라 그러므로 너희도 준비하고 있으라 생각하지 않은 때에 인자가 오리라"(눅 12:35-40).

그리스도인의 삶은 미래 지향적이다. 이 비유에서 예수님은 그분의 지상 재림에 예비하고 있으라고, 혹은 깨어 있으라고 우리에게 다섯 번이나 명하신다. 우리의 눈은 그분이 오시는 첫 번째 징후를 찾아 살펴야 한다. 우리는 세상처럼 시대의 풍조와 감각적인 것들에 빠져 있어서는 안 된다. 우리의 소망은 미래에 머물러야 한다. 아담 때부터 시작해서 하나님의 백성들은 모두 그랬다. 아담이 사탄의 거짓말을 믿어 죄에 빠졌을 때, 하나님은 뱀의 머리를 상하게 할 구원자를 사람들에게 여자를 통하여 주시기로 약속하셨다(창 3:15). 그래서 아담은 인자(人子)의 오심을 고대한 신자였다. 그의 희망은 약속된 메시아에 중심을 두고 있었다.

구약 성경 전체에서 우리는 그리스도가 오실 것을 기대하며 기다린 하나님의 사람들을 보게 된다. 그것이 바로 에녹과 아브라함, 모세와 다윗, 이사야와 그 밖에 예수님의 출생 때까지 있었던 모든 선지자들의 이야기다. 누가의 시대에도 "이스라엘의 위로를 기다리는" 시므온이 있었다고 누가는 말한다(눅 2:25). 하나님은 시므온에게 그가 죽기 전에 메시아를 볼 것이라고 약속하셨는데, 그는 기다리다가 어느새 노인이 되었다. 드디어 마리아와 요셉이 아기 예수를 성전에 데려오던 날 시므온은 그를 알아보고 "주재여 이제는… 종을 평안히 놓아 주시는도다 내 눈이 주의 구원을 보았사오니"(눅 2:29-30)라고 말한다. 그런가 하면 안나라는 여선지자도 마리아의 품에 안긴 예수님을 보고는 "하나님께 감사하고 예루살렘의 속량을 바라는 모든 사람에게 그에 대하여 말"(눅 2:38)했다.

이런 대망(待望)의 태도는 신약 성경 전체에도 계속된다. 예수 그리스도가 2천 년 전에 오시기는 했지만 하나님의 사람들은 이제 "구원에 이르게 하기 위하여 죄와 상관 없이… 두 번째 나타나"실 그분을 "바라는" 중이다(히 9:28). 신미표준역에는 예수님이 "그분을 간절히 기다리는 사람들에게 죄와 무관하게 구원을 위하여 두 번째로 나타나시리라"고 되어 있다. 예수님의 초림은 30여 년의 짧은 방문일 뿐이었다. 그때 그분은 인간의 모양으로 오셔서 우리 죄를 담당하셨고, 그 죄에 대한 하나님의 공의로운 정죄를 십자가에서 친히 그 몸으로 당하셨다. 바울은 "성경대로 그리스도께서 우리 죄를 위하여 죽으시고… 성경대로 사흘 만에 다시 살아나"(고전 15:3-4)셨다고 했다. 사십 일째 되던 날 예수님은 천국으로 올라가셨고, 지금 아버지의 오른편에 앉아 계시며(막 16:19), 거기서 자신의 신부를 데리러 오실 것이다. 그러니까 그분의 재림은 그 백성의 구원을 완성하기 위한 것이다. 그래서 죽으시기 전날 밤에 예수님은 제자들에게 "너희는 마음에 근심하지 말라 하나님을 믿으니 또 나를 믿으라… 내가 너희를 위하여 처소를 예비하러 가노니 가서 너희를 위하여 거처를 예비하면 내가 다시 와서 너희를 내게로 영접하여 나 있는 곳에 너희도 있게 하리라"(요 14:1-3)고 말씀하셨다. 뿐만 아니라 예수님이 하늘로 승천하실 때 두 천사는 그분의 제자들에게 "너희 가운데서 하늘로 올려지신 이 예수는 하늘로 가심을 본 그대로 오시리라"(행 1:11)고 말했다.

이렇듯 그리스도인들은 그리스도가 자기들의 구원을 완성하기 위하여 재림하실 것을 간절히 기다리는 사람들이다. 그러므로 만일 우리가 지금 여기만을 위하여 살고 있다면, 자신이 구원을 받았는지 의문을 품어볼 이유가 있는 것이다. 바울은 데살로니가 교인들에게 "너희가 어떻게 우상을 버리고 하나님께로 돌아와서 살아계시고 참되신 하나님을 섬기는지와 또… 그의 아들이 하늘로부터 강림하실 것을 너희가 어떻게 기다리는지 말하니 이는 장래의 노하심에서 우리를 건지시는 예수시니라"(살전 1:9-10)고 말한다. 당신은 예수님의 재림을 사모하는가? 당신의 삶은 그 사건을 기대하는 삶이라고 할 수 있는가? 그분의 재림이 당신의 행동과 섬김에 영향을 미치고 있는가? 당신은 땅의 것들에, 즉 무엇을 먹고 무엇을 입을까에 집착하고 있는가? 그리스도인들은 그런 것들에 정신이 팔려 있어서는 안 된다. 우리의 지대한 관심사, 궁극의 관심사는 주인이

다시 오실 것을 준비하는 것이다. 그분의 재림을 준비하는 가장 좋은 길은 부지런히 그분의 일을 하는 것이다. "고양이가 없으면 쥐들이 날뛴다"는 말은 세상의 사고방식이지 그리스도인의 사고방식이 아니다. 사장이 언제 올지 모를 때에도 자기 일에 최선을 다하는 직원처럼, 우리도 그리스도가 불시에 다시 오시는 것을 고대하며 살수록 더 성실하고 부지런하게 된다.

한번은 어떤 부인이 존 웨슬리에게 "내일 밤 자정에 돌아가실 것을 아신다면 그때까지 무엇을 하며 시간을 보내시겠어요?" 하고 물었다. 그의 대답은 이랬다. "부인, 원래 하려던 것을 그대로 하며 보낼 것입니다. 오늘 밤과 내일 새벽 5시에는 글로스터에서 설교해야 합니다. 그러고나면 오후에는 튜크스베리에 가서 설교하고 저녁때에는 사람들을 만나야 합니다. 그 다음에는 나를 대접하려고 기다리고 있는 친구 마틴의 집에 갔다가 밤 10시에 내 방으로 돌아와서, 하늘 아버지께 나를 의탁하고는 편안히 누워서 영광 중에 깨어날 것입니다." 우리 주 예수 그리스도의 재림을 가장 잘 기다리는 방법도 바로 그것이다. 어느 찬송가 작사가는 이렇게 표현했다.

그 모습 주인이 보면
오 그는 복된 종이라
기쁨으로 주를 뵙고
영광의 면류관 쓰리.

우리는 그리스도가 언제라도 다시 오실 것에 준비되어 있어야 한다

비유에서 예수님은 누가복음 12장 39절에 "너희도 아는 바니 집 주인이 만일 도둑이 어느 때에 이를 줄 알았더라면 그 집을 뚫지 못하게 하였으리라"고 말씀하신다. 이것은 아주 간단한 유추다. 도둑들이 우리 집에 언제 올지 미리 안다면 우리는 그 시간에 준비하고 집을 지킬 것이다. 그러나 실제로 사람들은 예기치 못한 시간에(집에 없을 때나 곤히 잠들어 있을 때) 집을 털린다.

예수님은 자신의 지상 재림을 도둑이 집을 터는 것에 견주신다. 그분은 아무도 예상하지 못한 시각에 오실 것이다. 예수님이 다시 오실 정확한 시각을 아무도 모른다는 사실은 신약 성경에 계속 되풀이된다. 마가복음 13장에 예수님은 인자가 "구름을 타고 큰 권능과 영광으로" 오신다고 하시고는 "그러나 그 날과 그 때는 아무도 모르나니 하늘에 있는 천사들도 아들도 모르고 아버지만 아시느니라 주의하라 깨어 있으라 그 때가 언제인지 알지 못함이니라"고 말씀하신다(막 13:26, 32-33). 베드로후서 3장 10절에 사도는 "그러나 주의 날이 도둑 같이 오리니"라고 말한다. 데살로니가전서 5장 2절에 바울도 똑같이 말한다. "주의 날이 밤에 도둑 같이 이를 줄을 너희 자신이 자세히 알기 때문이라." 그리고 신약 성경 맨 끝에 예수님은 "보라 내가 도둑 같이 오리니 누구든지 깨어 자기 옷을 지(키는)… 자가 복이 있도다"(계 16:15)라고 말씀하신다. 여기에서 자기 옷을 지키는 자란 옷을 입고 그분을 맞을 준비가 되어 있는 사람을 말한다.

이렇게 경고가 되풀이되고 있는데도 그리스도가 오실 시점을 예언하려는 사람들이 교회사에 끊이지 않았으니 희한한 노릇이다. 지난 100년 사이에만 해도 모르몬교, 여호와의 증인, 안식일교는 물론 심지어 일부 복음주의 그리스도인 저자들까지도 여러 번 그런 예측을 내놓았으나 수포로 돌아갔다. 예수님이 오지 않으실 때마다 그들은 똑같이 뻔한 답을 내놓았다. 소위 예언자들은 그분이 오셨는데 아무도 그분을 보지 못했다거나, 아니면 자기들이 성경의 다른 요인들을 참작하지 못해서 날짜를 잘못 알았다고 주장했다.

그리스도인들은 이런 거짓 예언자들에게 속아서는 안 된다. 그리스도가 오실 연도나 달이나 날짜나 시간은 아무도 모른다. 그 이유 중에는 이것도 있다. 예수님은 우리가 그분의 재림이 언제라도 우리를 깜짝 놀라게 할 수 있음을 믿고서, 성실하게 부지런히 일하기를 원하신다. 그분은 우리가 빈둥거리려는 유혹에 빠지기를 원치 않으신다. 그분의 품꾼으로 합당한 사람은 빈둥거리는 사람이 아니라 일하는 사람이다. 안나와 시므온이 그리스도의 초림에 준비되어 있었던 것은 그들이 성전에서 자신에게 맡겨진 일들을 충실히 행하고 있었기 때문이다. 하나님에 관한 한 그들은 제자리에서 자신이 할 일을 하고 있었다. 그들은 일손을 놓고 잠자거나 술 취하지 않았다(눅 12:45). 아기 예수님이 성전에 오셨을 때 그들은 바로 거기서 주님이 맡기신 일을 하고 있었다. 안나와 시므온이 예수님을 맞이하여 기쁨으로 품에 안을 준비가 되어 있었던 것은 바로 그들이 자신의 임지(任地)에 있었기 때문이다.

우리도 그와 마찬가지다. 예수님은 "지혜 있고 진실한 청지기가 되어 주인에게 그 집 종들을 맡아 때를 따라 양식을 나누어 줄 자가 누구냐 주인이 이를 때에 그 종이 그렇게 하는 것을 보면 그 종은 복이 있으리로다"(눅 12:42-43)라고 말씀하신다. 우리도 예수님의 재림에 바로 그렇게 준비되어 있어야 한다. 우리는 그분의 집에서 그분이 맡기신 일을 하고 있어야 한다. "허리에 띠를 띠"라고 하신 35절 말씀에도 그것이 분명히 나온다. 왜 그래야 할까? 당시에는 옷이 치렁치렁 흘러내려서 일하는 데 방해가 되었기 때문이다. 그래서 사람들은 일할 준비를 하려면 옷자락을 모아서 허리띠 안으로 쑤셔넣었다. 움직이는 데 거추장스럽지 않도록 말이다. 뿐만 아니라 예수님은 "등불을 켜고" 있으라고 하신다. 왜 그럴까? 밤이 되면 캄캄해서 일할 수 없기 때문이다. 핵심은 빈둥거리거나 잠자지 말고 열심히 일하는 것이다. 주님의 재림에 대비하여 깨어 있는 것이야말로 게으름이나 악함을 물리칠 수 있는 최상의 방책이다. 그리스도가 "강림하실 때에 우리로 담대함을 얻어 그 앞에서 부끄럽지 않게"(요일 2:28) 그분을 맞이하기를 원하지 않는가? 예수님은 "너희는 마치 그 주인이 혼인 집에서 돌아와 문을 두드리면 곧 열어 주려고 기다리는 사람과 같이 되라"(눅 12:36)고 말씀하신다.

> 그날을 숨겨두심은 우리로 날마다 깨어 살게 하시려는 것이다.
> – 어거스틴

그리스도는 우리에게 다시 오신다고만 하시고 때는 말씀하지 않으셨는데

이는 우리가 한시도 옷을 벗거나 촛불을 끄지 않게 하시기 위해서다.

– 윌리엄 거널(William Gurnall)

예수 그리스도가 다시 오신다는 사실은 별을 관찰해야 할 이유가 아니라 성령의 능력으로 일해야 할 이유다.

– 찰스 스펄전(Charles Spurgeon)

그리스도의 깨어 있는 종들은 상을 받는다

누가복음 12장 37절에서 예수님은 "주인이 와서 깨어 있는 것을 보면 그 종들은 복이 있으리로다"라고 말씀하신다. 38절 끝에서도 그분은 또다시 "그 종들은 복이 있으리로다"라고 말씀하신다. 여기 팔복 외에도 예수님의 입술에서 나오는 또 다른 복이 있다. 그것은 그분의 재림에 인내로 깨어 있는 사람들에게 약속된 복이다. 그 약속된 복이란 무엇인가? 예수님은 "내가 진실로 너희에게 이르노니 주인이 띠를 띠고 그 종들을 자리에 앉히고 나아와 수종들리라"(눅 12:37)고 선포하신다. 얼마나 놀라운 겸손인가! 얼마나 비할 데 없는 사랑과 자비인가! 주인이신 하나님은 고사하고 어떤 인간 주인에게서도 기대할 수 없는 행동이다.

예수님 시대에는 주인이 먼 행로 끝에 밤늦게 집에 돌아오면 종에게 나귀를 건네면서 "외양간에 데려가서 여물을 주어라"고 했다. 그리고 다른 종에게 "내 식사를 차리고 잠자리를 보아라"고 했다. 종들이 온종일

일하고 밤늦게까지 일했다 할지라도 주인의 시중을 드는 것은 당연한 일이었다. 그러나 이 비유에서는 피곤하고 허기진 몸으로 꼭두새벽에 집에 온 주인이 어떻게 하는가? 영광의 주이신 예수 그리스도가 친히 띠를 두르고 일하신다. 종들에게 앉아서 마땅히 취할 휴식을 누리라고 명하시고는 자신이 직접 음식을 차려서 종들을 섬기신다.

우리가 섬기는 하나님과 예수님이 그런 분이시다. 이것은 천국의 영광의 일면이며, 하나님의 말씀은 절대로 우리가 이 면을 간과하도록 그냥 두지 않는다. 하나님의 사랑이 우리로 일하게 한다면 사랑의 하나님은 우리에게 상을 주신다. 물론 우리는 예수님의 종이며, 천국에 가서도 밤이 없는 곳에서 그분을 섬길 것이다(계 22:3, 5). 그것은 중단 없는 예배가 될 것이다(계 7:15). 우리는 그분 앞에 우리의 면류관을 던지며 마음과 힘을 다하여 그분을 경배할 것이다. 그분이 무엇을 명하시든 우리는 그대로 할 것이다. 그러나 그리스도의 재림과 천국의 영광에는 다른 면이 있으니 곧 그분이 우리의 시중을 드신다는 것이다. 그분은 우리를 앉히시고 영원무궁토록 계속될 "어린 양의 혼인 잔치"에서 먹게 하실 것이다. 그분은 우리의 눈물을 닦아주시고 우리의 지친 손발을 쉬게 하실 것이다. 우리는 더 이상 배고픔도 목마름도 없을 것이다. 그분의 오른편에서 우리는 영원한 즐거움을 누릴 것이다(계 7:16-17, 21:4, 시 16:11).

예수님이 이 비유에서 하고 계신 말씀이 바로 그것이다. '수종한다'고 번역된 말은 집사라는 명사의 동사형이다. 그분의 재림에 깨어 있고 맡겨주신 일을 열심히 하는 자신의 종들에게 예수님은 친히 집사처럼 행동하실 것이다.

예수님은 처음 오셨을 때에도 그러셨다. 십자가에 달리시기 전날 밤에 그분은 수건을 가져다 허리에 두르시고 제자들의 지치고 더러운 발을 씻기 시작하셨다. 그분은 자기 종들의 종이 되셨고, 그들을 위하여 십자가에서 죽기까지 하시면서 자신을 그들의 대속물로 주셨다. 다시 오실 때에도 하나님의 아들은 친히 자기 종들을 섬기시며, 그들에게 말로 다할 수 없는 위안과 즐거움을 주실 것이다. 존 캘빈은 "하나님이 우리에게 풍성한 상을 약속하셨고 우리의 그 기대가 절대 실망으로 끝나지 않을 것이므로, 하나님을 섬기는 것은 헛된 노동이 아니다"라고 말했다. 찰스 스펄전도 같은 목소리로 "비록 보수를 주말마다 지급하지는 않으실지라도 하나님은 확실한 경리부장이시다"라고 말했다.

당신은 예수님의 깨어 있는 종인가? 당신은 탐심과 속된 마음에서 자유로운가? 그리스도가 다시 오실 때에 당신이 하고 있는 것을 보기 원하시는 일, 그 일이 당신의 삶을 지배하고 있는가? 당신은 이 지고한 복을 원하는가? 어린 양의 혼인 잔치에 앉아서 천국의 모든 즐거움을 받아 누리고 싶은가? 그 잔치석상에 앉을 사람들은 "살아 계시고 참되신 하나님을 섬기는" 사람들과, 또 죽은 자들 가운데서 다시 살리신 그의 아들이 하늘로부터 강림하실 것을 기다"리는 사람들뿐이니 그분은 "장래의 노하심에서 우리를 건지시는 예수"시다(살전 1:9-10). 열 처녀의 비유에서, 신랑을 맞을 준비가 되어 있지 않았던 미련한 다섯 처녀는 혼인 잔치에 들어가지 못했다. 우리는 그렇게 어리석은 행동을 하지 말자. 사랑하는 사람들과의 잔치는 놓칠 수 없는 복된 시간이다. 우리는 지혜로워지자. 다가오는 "어린 양의 혼인 잔치"(계 19:9)에 준비된 모습으로 임지를 지키자.

청지기로 산다는 것

우리가 살고 있는 이 시대는 주 예수 그리스도가 모든 인간(산 자들과 죽은 자들)을 심판하시려고 능력과 큰 영광으로 눈에 보이게 직접 재림하신다는 사실을 많은 강단의 설교에서 부정하거나 빼버리는 시대다. 그 결과, 인생이란 그저 가정을 이루고 즐겁게 지내다가 결국은 천국에 가는 것뿐이라고 생각하는 교인들이 너무 많다. 주님이 재림하실 때 부끄럽지 않게 준비되어 있을 수 있도록, 이 땅에서 하나님 집의 본분에 맞게 하늘에 계신 주인을 충성되게 섬긴다는 개념은 거의 사라졌다. 그날이 가깝든 멀든 간에, 그리스도의 재림에 준비되어 있을 사람은 자신의 임지를 지키는 종이다.

예수님이 오시는 순간 우리는 그 즉시 일의 보람을 맛볼 것이다.
– 데이비드 N. 존스(David N. Jones)

삶을 바꾸는 질문

1. 당신은 예수 그리스도가 어느 날 능력과 큰 영광으로 눈에 보이게 직접 이 땅에 다시 오실 것을 믿는가? 당신의 대답을 뒷받침해줄 성경 구절을 신약에서 최소한 세 곳을 찾아보라.

2. 이 땅에 재림하실 때 예수 그리스도가 하실 일은 무엇인가? 마태복음 25장 31-46절, 누가복음 12장 41-48절, 베드로후서 3장 10-14절을 참조하여 답해보라.

3. 만일 그리스도가 오늘 재림하시거나 또는 당신이 오늘 죽어야 한다면, 당신은 데살로니가전서 2장 19절, 디모데후서 4장 6-8절, 요한일서 2장 18절

말씀들에 공감할 수 있는가? 조금이라도 불확실한 마음이 있다면 하나님 앞에서 당신의 마음을 점검하고 바로잡으라.

기도하기 — Totally Committed to Christ

1. 이 땅에 다시 오셔서 악인들을 심판하시고 의인들에게 상을 주겠다고 하신 약속을 충실히 이행하실 예수 그리스도께 감사를 드리라.

2. 그분을 충성되게 섬기지 못한 것을 자백하고, 본분을 소홀히 하고 자원을 허비한 것에 대하여 용서를 구하라.

3. 세상의 부와 쾌락을 탐하는 마음을 물리칠 수 있도록 그리고 맡겨주신 본분을 부지런히 수행할 수 있도록 성령의 도우심을 구하라.

Totally Committed to Christ

죄에서 놓인 이 심령 주 찬양하리라
값없이 나 위하여 피 흘리셨으니.

보좌에 앉으신 주를 겸손히 높이리.
그 음성 홀로 발하여 주 다스리시네.

통회하는 심령으로 온전히 믿으니
생사도 끊지 못하네 내 안에 사신 주.

새롭게 변화된 생각 충만한 주 사랑
순전하고 의로우니 주 닮은 것일세.

은혜의 주여 오셔서 주 성품 주소서.
주 사랑의 새 이름을 내 맘에 쓰소서.

— 찰스 웨슬리(1707-1788)

Totally Committed to Christ

12장. 겸손한 청지기

"너희 각 사람에게 말하노니 (자신에 대하여) 마땅히 생각할 그 이상의 생각을 품지 말고 오직 하나님께서 각 사람에게 나누어 주신 믿음의 분량대로 지혜롭게 생각하라"(롬 12:3).

"이와 같이 너희도 명령 받은 것을 다 행한 후에 이르기를 우리는 무익한 종이라 우리의 하여야 할 일을 한 것뿐이라 할지니라"(눅 17:10).

하나님의 충성된 청지기가 부딪히는 가장 큰 유혹은 하나님 나라를 위한 자신의 헌신과 성취에 대한 교만이다. 자신에 대하여 마땅히 생각할 그 이상의 생각을 품는 것이 우리의 본능이다. 그래서 바울은 우리 자신을 드려 하나님을 섬기라고 명하면서 로마서 12장 3절에 바로 그 유혹을 물리치라고 경고하고 있다. 자만의 씨앗은 사탄이 에덴동산에서 인간의 마음속에 처음 심었다. 그는 하나님의 이전의 모든 종들 가운데서 가장 교만한 자였다. 어거스틴이 아주 확실히 말한 것처럼 "천사를 악마로 둔갑시킨 것은 교만이었고 인간을 천사가 되게 하는 것은 겸손이다." 불행히도 하와는 금단의 열매를 먹으면 자기도 하나님처럼 지혜롭고 크게 될 수 있다는 마귀의 거짓말을 정말로 믿고는 그 열매를 먹었다. 그때부터 인간은 비뚤어진 자애심과 자존심으로 가득해졌다.

사실 자화자찬은 오직 하나님만이 치유하실 수 있을 정도로 우리의 타락한 본성에 아주 당연한 것이다. 다행히도 예수 그리스도의 은혜로 인간의 교만을 고치는 하나님의 치료책은 우리가 회심하여 새로운 피조물이 되는 순간부터 효력을 발휘하기 시작한다. 하지만 우리의 거짓되고 교만한 자아상의 깊은 뿌리는 우리가 부활하여 영화롭게 될 때에만 이 몸에서 완전히 뿌리 뽑힐 것이다. 그때까지 교만은 우리가 매순간 싸우며 살아야 할 대상이다. 그것만이 우리 자신에 대한 바른 시각이라고 바울은 로마서 12장 3절에 말한다. "너희 각 사람에게 말하노니 (자신에 대하여) 마땅히 생각할 그 이상의 생각을 품지 말고 오직 하나님께서 각 사람에게 나누어 주신 믿음의 분량대로 지혜롭게 생각하라."

당신도 이 말씀에서 예외일 수 없다. 바울의 이 명령은 모든 그리스도인에게 주는 것이다. 여기서 그가 말하는 "믿음의 분량"이란 믿음을 재는 하나님의 잣대로서, 모든 사람이 자신의 평가 기준으로 삼아야 하는 것이다. 그렇다면 이 잣대란 무엇인가? 모든 남녀 인간을 측정하는 복음 내지 그리스도인의 믿음, 곧 예수님의 삶과 섬김이라는 기준이다. 그 기준으로 보면 우리는, 우리가 당할 정죄를 대신 당하신 그리스도를 통해서만 용서받고 하나님과 화목해질 수 있는 반항적이고 떳떳치 못한 죄인들이다. 다시 말해, 갈보리 십자가에 비추어 자신을 마땅히 지옥에 가야 할 죄인에 지나지 않는 자로 볼 때에만 우리는 "지혜롭게" 생각할 수 있다. 그래서 스펄전은 "은혜의 경지가 높은 사람일수록 자신에 대한 평가는 낮아진다"고 말했다.

그리스도인들에게 자기 자신을 정도 이상으로 높게 생각하지 말라고 경고한 것은 사도 바울만이 아니다. 예수님도 그러셨다. 누가복음 17장 1-10절에서 예수님은 그리스도인의 삶의 본분에 대해서 제자들에게(모든 신자들에게) 말씀하고 계신다. 한편으로 그들은 다른 사람들을 잘못된 길로 이끌어서는 안 된다. 다른 한편으로 누가 그들에게 잘못을 범하면 그들은 그를 책망해야 하고, 그가 잘못을 회개하면 용서해야 한다. 예수님은 "만일 (네 형제가) 하루에 일곱 번이라도 네게 죄를 짓고 일곱 번 네게 돌아와 내가 회개하노라 하거든 너는 용서하라"(눅 17:4)고 말씀하신다.

이것은 삶의 힘든 기준이다. 사도들은 자기들이 그렇게 용서할 수 있으려면 하나님을 믿는 믿음이 훨씬 더 필요함을 대번에 느꼈다. 그래서 그들은 예수님께 "우리에게 믿음을 더하소서"(눅 17:5)라고 아뢰었다. 그러나 예수님은 참된 경건의 비결은 믿음의 분량이 아니라 믿음의 진실성에 있다고 힘주어 말씀하신다. 우리가 진정으로 하나님을 신뢰한다면 하나님의 뜻을 행할 능력은 따라오게 되어 있다. 우리에게 요구되는 것은 하나님께 대한 큰 믿음이라기보다는 크신 하나님께 대한 참된 믿음이다. "주께서 이르시되 너희에게 겨자씨(씨앗 중에서 가장 작은 것) 한 알만한 믿음이 있었더라면 이 뽕나무더러 뿌리가 뽑혀 바다에 심기어라 하였을 것이요 그것이 너희에게 순종하였으리라"(눅 17:6). 랍비들은 뽕나무를 팔레스타인에서 가장 뿌리가 견고한 나무로 여겼다. 그 뿌리를 뽑기란 몹시 어려운 일이다. 그렇다고 지금 예수님이 그분의 제자들에게 뽕나무를 바다 속으로 옮기는 따위의 무의미하고 어려운 일들에 매달리라고 말씀하시는 것은 분명 아니다. 그분의 관심은 하나님이 요구하시는 어려운 일들을 할 만한 참된 믿음이 우리에게 있어야 한다는 것이다. 믿음만 있으면 불가능할 것이 없다. 그 믿음을 하나님의 뜻 안에서 사용한다면 말이다.

그러나 바로 거기서 문제가 생긴다. 자신에게 하나님을 위하여 큰 일을 할 만한 믿음이 있으면 인간은 영적인 교만에 빠질 수 있기 때문이다. 교만은 하나님이 미워하시는 것이다(잠 6:16-17). 바로 이런 교만한 생각을 완전히 봉쇄하기 위해서 예수님은 계속해서 제자들에게 그들이 한낱 종에 불과할 따름임을 이렇게 일깨워주신다.

"너희 중에 누구에게 밭을 갈거나 양을 치거나 하는 종이 있어 밭에서 돌아오면 그더러 곧 와 앉아서 먹으라 말할 자가 있느냐 도리어 그더러 내 먹을 것을 준비하고 띠를 띠고 내가 먹고 마시는 동안에 수종들고 너는 그 후에 먹고 마시라 하지 않겠느냐 명한 대로 하였다고 종에게 감사하겠느냐 이와 같이 너희도 명령 받은 것을 다 행한 후에 이르기를 우리는 무익한 종이라 우리가 하여야 할 일을 한 것뿐이라 할지니라"(눅 17:7-10).

예수님이 이 예화를 가지고 제자들에게 가르치시려는 것이 무엇인지 지금부터 살펴보자.

영적인 교만을 물리치라는 경고

아주 단순하게 예수님은 우리에게 영적인 교만을 물리치라고 경고하신다. 최악의 형태의 교만은 다른 인간에 대한 우월감이 아니다. 최악의 교만은 하나님을 누르고 스스로 높아지는 것이다. 그런데 우리가 가장 흔히 범하는 형태의 교만은 하나님이 당연히 내게 뭔가 해주셔야 한다고 생각하는 것이다. 인간에게 권리가 있어서 하나님이 그 권리를 존중하셔야 한다고 믿는 것, 그것이 가장 깊고 가장 악한 형태의 교만이다.

서구인들은 "양도할 수 없는 권리"가 만인에게 있는 민주주의 사회에 살고 있다. 그러다보니 하나님께 자기 피조물들에 대한 절대적인 권리가 있다는 것을 보기가 우리로서는 아주 어렵거나 아예 불가능하다. 우리에게 임의로 무엇이든 요구할 권리가 누군가에게 있을 수 있다는 생각은 우리의 사회적 정의감에 저촉된다. 하지만 바로 그것이 우리의 창조주 하나님께 있는 우리를 향한 권위다. 시편 기자는 "그는 우리를 지으신 이시요 우리는 그의 것"(시 100:3)이라고 했다. 우리에게 있는 모든 재능이나 능력은 이 세상에서 하나님의 목적에 쓰라고 그분이 구상하신 것이다. 그것을 순전히 우리 자신을 위하여 쓸 수 있는 권리가 우리에게는 없다.

그뿐 아니라 날마다 우리를 지탱시켜주시는 분도 하나님이시다. 우리의 호흡은 하나님에게서 온다. 우리의 기력도 하나님에게서 온다. 우리가 할 수 있는 일이 무엇이든 우리는 그것을 하나님이 공급하시는 육적, 영적인 힘으로 한다. 내 시간이나 에너지나 기술이나 흥미가 내 주인의 그것들보다 위에 있다는 생각은 교만이며 진실이 아니다. 하나님은 우리 삶의 매순간에 우리에게 무엇이든 임의로 요구하실 수 있는 권리가 얼마든지 있다. 하나님의 청지기 내지 종이 된다는 것이 바로 그런 뜻이라고 예수님은 말씀하신다. 사실 예수님은 누가복음 17장 9절에서 종이 주인에게서 "고맙다. 수고했다. 이제 내가 너를 섬기겠다!"는 말을 듣는 것보다 더한 충격과 놀라움은 없다고 말씀하신다. 아침에 일어나는 순간부터 밤에 자리에 눕는 순간까지 종이 주인을 섬기는 것은 당연한 의무다.

하나님은 우리에게 갚으셔야 할 것이 하나도 없다

그러나 이 예화 내지 비유에서 주님이 우리에게 가르쳐주시는 것이 또 있다. 우리가 무슨 일을 해도 그것 때문에 하나님이 우리에게 갚으셔야 할 것은 하나도 없다는 것이다. 아주 흥미롭게도 이 이야기 속에는, 주인을 향한 이 종의 섬김에 어떤 흠이 있다는 암시는 전혀 없다. 지금 예수님은 우리에게 절대적 충성으로 부지런히 섬기는 사람의 그림을 보여주신다. 그는 아침 일찍 나가서 주인이 시키는 대로 한다. 아주 열심히 밭을 갈거나 양을 친다. 그러다가 날이 저물어 집에 돌아오면 그는 즐거이 음식을 준비하여 주인을 시중든다. 주인이 하라는 일이면 그는 어느 것도 소홀히 하지 않았다. 그는 하루 종일 열심히 일했고 손재주도 대단히 뛰어났다.

그러나 9절에서 예수님은 "명한 대로 하였다고 (주인이) 종에게 감사하겠느냐"고 말씀하신다. 아니라는 말이다. 종은 그저 할 일을 했을 뿐이다. 주인은 고마울 것도 없고 종에게 뭔가 갚아야 할 것도 없다. 종은 의무 수준을 넘어서지 않았다. 이것이 우리에게 이상하고 매정해 보인다면 그 이유는 하나뿐이다. 타락한 죄성으로 인하여 우리가 자꾸만 하나님을 인간으로, 그리고 그분께 바치는 우리의 섬김을 대등한 존재에 대한 봉사로 생각하기 때문이다. 하지만 하나님의 참된 종들은 절대로 그렇게 생각하지 않는다. 구약이나 신약이나 마찬가지다.

엘리바스는 자신의 무죄를 항변하는 욥에게 이렇게 말한다.

"사람이 어찌 하나님께 유익하게 하겠느냐
 지혜로운 자도 자기에게 유익할 따름이니라
 네가 의로운들 전능자에게 무슨 기쁨이 있겠으며
 네 행위가 온전한들 그에게 무슨 이익이 되겠느냐"(욥 22:2-3).

답은 물론 강한 부정이다! 하나님은 어떤 식으로든 우리에게서 득을 보실 수 없다. 설령 우리가 죄 없는 삶을 살 때라도 그렇다. 그래봐야 우리는 다만 하나님이 본래 살도록 창조하신 대로 사는 것뿐이다. 그것 때문에 하나님이 우리에게 신세를 지실 수 있다는 상상이 어찌 가당키나 하겠는가? 마땅히 할 일을 한 것에 대해 당연히 하나님의 보상이 있어야 된다는 생각이 어떻게 우리 머릿속에 들어올 수나 있겠는가?

바울도 로마서 11장 35-36절에서 (역시 욥기에서 인용하여) 똑같이 말한다. "누가 주께 먼저 드려서 갚으심을 받겠느냐 이는 만물이 주에게서 나오고 주로 말미암고 주에게로 돌아감이라 그에게 영광이 세세에 있을지어다 아멘." 유사 이래로 하나님을 빚진 자로 만들 만큼 그렇게 산 사람은 없었고, 그것은 범죄하기 이전의 아담도 다를 것이 없다. 처음부터 끝까지 성경은 그것이 불가능하다고 말한다. 오히려 우리는 하나님이 해주신 일 때문에 항상 그분께 보답하려고 애쓰는 위치에 있다. 우리는 비참한 죄의 굴레에서 우리를 대속하셔서 그분을 섬기는 영광스런 자리로 높여주신 하나님께 감사드릴 뿐이지, 그 감사에 그분이 다시 고마워하시기를 바랄 처지가 못 된다. 하나님을 위한 우리의 섬김은 아무리 잘해봐야 부족할 따름이다. 그래서 우리는 하나님을 섬긴다는 것이 우리에게 얼마나 감사한 일인지 아무리 해도 그분께 다 표현할 수 없다는 느낌을 늘 떨칠 수 없다. 그분을 섬기는 것은 온전한 자유의 상태다(약 1:25).

로마서 4장 2절에서 바울은 "만일 아브라함이 행위로써(죄 없는 삶을 살아서) 의롭다 하심을 받았으면 자랑할 것이 있으려니와"라고 말한다. 누구에게 자랑한다는 말인가? 그는 당신과 나에게 자랑할 것이다. 우리는 죄 없는 완전한 삶을 살지 못했고, 따라서 자기가 우리보다 한 수 위일 테니 말이다. 그러나 "하나님 앞에서는 없느니라"고 바울은 말한다. 하나님께는 그도 아무것도 내세울 게 없다. 하나님은 그에게 갚으셔야 할 것이 하나도 없다. 바울은 계속해서 "성경이 무엇을 말하느냐 아브라함이 하나님을 믿으매 그것이 그에게 의로 여겨진 바 되었느니라 일하는 자에게는 그 삯이 은혜로 여겨지지 아니하고 보수로 여겨지거니와"(롬 4:3-4)라고 말한다. 아브라함은 은혜의 수혜자였다. 그는 하나님을 빚진 자로 만든 것이 아니라 오히려 자기가 하나님께 막중한 빚을 졌다.

예수님께 가르침을 받은 사도들도 마찬가지였다. 사도들은 예수 그리스도를 위하여 얼마나 큰 일들을 했던가? 그들은 허다한 무리들을 그분께로 인도했다. 복음을 위하여 고난과 박해를 받았고, 결국 다는 아니어도 대부분이 그리스도를 위하여 순교했다. 그러나 자신들의 최선의 섬김이 하나님께 조금도 내세울 것이 없는 것임을 그들은 하나같이 알았다. 그들의 모든 수고는 하나님의 은혜로만 가능했다. 바울은 고린도전서 15장 9-10절에서 그것을 거리낌 없이 인정하고 있다.

"나는 사도 중에 가장 작은 자라 나는 하나님의 교회를 박해하였으므로 사도라 칭함 받기를 감당하지 못할 자니라 그러나 내가 나 된 것은 하나님의 은혜로 된 것이니 내게 주신 그의 은혜가 헛되지 아니하여 내가 모든 사도보다 더 많이 수고하였으나 내가 한 것이 아니요 오직 나와 함께 하신 하나님의 은혜로라."

당신과 나도 평생 동안 하나님을 위하여 행하는 모든 일에 대하여 바로 그와 같이 생각해야 한다. 우리가 하나님을 섬기도록 부름 받은 것은 은혜이며, 그렇게 섬길 능력도 그분이 주신다. "이와 같이 너희도 명령 받은 것을 다 행한 후에 이르기를 우리는 무익한 종이라 우리의 하여야 할 일을 한 것뿐이라 할지니라"(눅 17:10)고 예수님은 말씀하신다.

> 참된 회심의 가장 확실한 표는 겸손이다.
> – J. C. 라일

겸손은 순전한 정직함이다.

– 잭 맥앨리스터(Jack McAlister)

겸손은 하나님의 자비에 경탄하고 자신의 악을 미워하면서, 자기를 낮추고 얕보는 자세로 하나님의 발밑에 엎드리는 은혜다.

– 제임스 해밀턴(James Hamilton)

겸손은 주일의 정장이 아니라 평일의 작업복이다.

– J. 오스왈드 샌더스

하나님은 우리의 섬김을 어떻게 보시는가

예수님은 지금 하나님이 그분을 위한 우리의 섬김을 무심하게 몰라주신다고 말씀하시는 것이 아니다. 그분은 하나님을, 요구만 일삼고 상대하기 힘든 주인으로 그리지 않으신다. 부득불 비유란 지금 가르치려는 핵심 교훈에 초점을 맞추어야만 한다. 진리의 양면을 동시에 다 담아낼 수 있는 예화는 극히 드물다. 그래서 그림의 이면을 보려면 우리는 앞장에서 보았던 누가복음 12장의 비유로 돌아가야 한다. 거기서 우리 주님은 "주인이 와서 깨어 있는 것을 보면 그 종들은 복이 있으리로다 내가 진실로 너희에게 이르노니 주인이 띠를 띠고 그 종들을 자리에 앉히고 나아와 수종하리라"(눅 12:37)고 말씀하신다.

이것은 상호 모순이 아니다. 누가복음 17장은 우리가 어떻게 늘 자신을 "무익한 종"으로 보아야 하는가에 대한 예수님의 그림이다. 죄인인 우리는 어떻게 해도 하나님을 우리에게 빚진 분으로 만들 수 없다. 반면 누가복음 12장은 하나님이 우리의 섬김을 어떻게 보시는가에 대한 예수님의 그림이다. 우리가 의무를 다하는 것뿐인데도 그분은 우리를 은혜로 보아주시며 우리의 충성된 섬김을 알아주신다.

마태복음 25장에 나오는 달란트 비유의 가르침도 그것이다. 심판날에 예수님은 자신의 사람들에게 "잘하였도다 착하고 충성된 종아 네가 작은 일에 충성하였으매 내가 많은 것을 네게 맡기리니 네 주인의 즐거움에 참여할지어다"(마 25:23)라고 말씀하실 것이다. 우리 하나님은 우리가 감히 바라지도 못할 만큼 우리를 극진히 대해주시는 은혜로우시고 자비로우신 주인이시다. 과거에 사탄을 섬길 때 우리는 그가 매정한 주인임을 배웠다. 그는 우리에게 열심히 죄 짓기를 요구하며 그러고나서는 불행과 사망을 삯으로 준다. 그는 우리의 건강과 삶을 망쳐놓고나서는 우리를 지옥에 던져넣고 더 이상 쳐다보지도 않는 잔인한 폭군이다.

그러나 하늘에 계신 우리의 사랑 많으신 아버지는 그렇지 않으시다! 우리는 감사로 그분을 섬기는 것이 마냥 좋다. 그분이 자기 아들의 피로 말미암아 우리를 죄의 굴레에서 다시 사셨기 때문이다. 또 그분은 우리에게 그분 집에서 섬길 수 있는 특권을 주셨다. 우리는 즐겁게 고용된 사람이며 보상도 크다. 또한 죽음 대신 우리는 영생을 상속받을 것이다. 그것은 값없는 선물이다. 우리가 그분을 섬겨서 얻어내는 것이 아니다. 우리가 그분께 고용되어 받는 모든 복은 은혜다. 그래서 시편 기자는 "악인의 장막에 사는 것보다 내 하나님의 성전 문지기로 있는 것이 좋"(시 84:10)다고 말한다. 지옥에서 마귀와 함께 불타는 것보다 이 땅에서 그리스도를 위하여 불살라지는 편이 낫다. 사탄의 애인이 되는 것보다 하나님의 종이 되는 것이 낫다. 하나님은 사람 잡는 도깨비가 아니라 한없이 자비로우신 분이기 때문이다.

누가복음 17장 10절 말씀은 이렇게 간단한 것이지만 우리 삶에 주는 큰 의미가 함축되어 있다.

1. 우리는 선행으로 하나님께 공로를 쌓을 수 없다

첫 번째 함축된 의미는 선행으로 하나님께 공로를 쌓을 수 있다는 우리의 착각과 관계된 것이다. 천주교는 일부 사람들이 청빈과 독신의 서원을 하고 독실한 생활을 함으로써 하나님이 요구하시는 것 이상을 할 수 있다고 믿는다. 이런 여분의 선행으로 그들은 하나님 앞에 공로를 벌 수 있고, 그 공로는 하나님께 본분을 다하지 않은 사람들에게로 전가될 수 있다고 말한다. 그 사람들이 그 여분의 공로를 자기들에게 전가해달라고 소위 성인들에게 기도한다면 말이다. 천주교에서는 그것을 '공덕의 행위들'이라고 한다. 그러나 누가복음 17장 10절은 그리스도인이 하나님의 요구 이상의 행위를 한다는 것은 불가능한 일이라고 말한다. 우리는 다 무익한 종이다. 이익이란 종이 자기에게 요구되는 수준을 넘어설 때에야 비로소 시작되는 것이다. 여기 종이라는 말은 노예를 뜻하는 말인데, 노예는 주인에게 모든 것을 빚진 자다. 레온 모리스(Leon Morris)는 자신의 주석에 "우리는 아무리 잘 섬겨도 하나님께 조금도 내세울 수 없다"고 했다.

더욱이 우리는 회심한 후에도 모두 계속 죄를 지어 하나님의 영광에 이르지 못한다. 그런 우리를 하나님이 받아주실 수 있는 이유는 하나뿐이다. 공로가 무한한 행위인 그리스도의 죄 없는 삶과 대속의 죽음이 우리에게 전가되었기 때문이다. 어느 시인은 그것을 이렇게 압축해서 표현했다.

내가 살지 않은 삶

내가 죽지 않은 죽음,

그분의 삶과 죽음에

내 모든 영원을 건다.

우리 모두에게 구원은 전부 은혜다. 우리는 우리 자신에 대해서나 다른 사람에 대해서나 하나님께 절대로 의무를 지울 수 없다. 우리가 용서와 수용을 얻을 수 있는 희망이라고는 오직 예수 그리스도 한 분을 통한 하나님의 은혜와 호의뿐이다.

2. 그리스도인의 섬김에는 교만의 여지가 없다

누가복음 17장 10절에 함축된 두 번째 의미는 그리스도인의 섬김에는 교만의 여지가 없다는 것이다. 유대인들은 자기 만족에 빠져 스스로 흡족해하다가 한 나라로서 하나님을 섬기는 일에서 끊어짐을 당했다(마 21:43). 그러나 우리 이방인 그리스도인들에게도 똑같은 화가 닥칠 수 있다고 바울은 말한다. "높은 마음을 품지 말고 도리어 두려워하라 하나님이 원 가지들도 아끼지 아니하셨은즉 너도 아끼지 아니하시리라"(롬 11:20-21). 사도 바울은 자기 자신도 안일에 빠지는 것을 허용하지 않았다. 고린도전서 9장 27절에 그는 "내가 내 몸을 쳐 복종하게 함은 내가 남에게 전파한 후에 자신이 도리어 버림을 당할까(자격을 잃을까, NKJV) 두려워함이로다"고 했다.

하나님을 위한 우리의 섬김이 지금껏 아무리 성공적이었더라도 상관없다. 우리가 이루는 모든 일은 오직 그분의 은혜와 능력 주심으로만 가능하다. 우리에게 그분의 일을 할 수 있는 자원과 기술과 힘을 주시고 그에 뒤따르는 성공까지 주시는 분은 하나님이시다. 우리는 일꾼으로 고용되었을 뿐이다. 당신이 하나님을 섬긴 햇수가 아주 오래되었을지는 모르지만, 그래도 아침마다 일어나서 "명령 받은 것을 다"(눅 17:10) 행하는 것이 당신의 의무다. 하나님의 종의 사전에 자기 만족이나 안일은 없다. 토머스 거스리(Thomas Guthrie)는 "그리스도인은 익어가는 옥수수와 같다. 옥수수는 익어갈수록 더 고개를 숙인다"고 했다.

3. 우리는 자신이 무가치한 존재임을 진심으로 느껴야 한다

예수님의 이 예화에 세 번째로 함축된 의미는 자신의 섬김이 하나님께 부족하다고 느끼는 사람들을 위한 것이다. 당신이 만일 그렇게 느낀다면, 그 느낌은 좋은 것이라고 예수님은 말씀하신다. 자존감 높이기에 경도된 사회에서는 특히 더하다. 훌륭한 사람들은 절대로 자기가 훌륭하다고 생각하지 않고, 변변찮은 사람들은 절대로 자기가 변변찮다고 생각하지 않는다. 칭찬을 받기에 합당하신 분은 오직 하나님뿐이시다. 우리는 칭찬이나 축복을 받을 자격이 없다. 하나님 말씀의 요구와 갈보리의 모본에 비추어 보면, 우리는 결코 자신의 직무를 다하지 못했다. 돈, 에너지, 시간, 달란트, 손대접, 전도 부분에서 우리가 아무리 많이 드렸다 해도 하나님은 마땅히 그보다 더 좋은 섬김을 더 많이 받으셔야 할 분이다. 우리 자신이 피조물로서 변변찮은 존재이며 하나님 앞에 죄인으로서 무가치한 존재임을 늘 의식하는 것은 지당한 일이다.

바빌론 사람들이 예루살렘을 함락시키기 전에 유대인들은 자기들이 하나님을 위하여 지은 성전과 거기서 그분께 바친 섬김을 자랑했다. 그들은 자기들이 조상 대대로 하나님께 해드린 모든 일에 그분이 마땅히 갚으셔야 한다고 생각했다. 그래서 그들은 그 도시가 이방인들의 손에 넘어가는 것을 하나님이 절대로 허용하지 않으실 줄로 알았다. 그러나 이사야서에 하나님은 이렇게 말씀하신다.

"하늘은 나의 보좌요
땅은 나의 발판이니
너희가 나를 위하여 무슨 집을 지으랴
내가 안식할 처소가 어디랴…
내 손이 이 모든 것을 지었으므로 그들이 생겼느니라"(사 66:1-2).

다시 말해, "이 성전을 지을 힘과 기술과 재력을 내가 너희에게 주었다. 내가 아니었으면 너희는 절대로 그 일을 할 수 없었다. 그렇기 때문에 나는 거기 거하거나 그것을 지킬 의무가 조금도 없다"는 것이다. 그렇다면 하나님이 즐거이 거하실 곳은 어디인가? 그분이 보시기에 겸손한 사람은 누구인가? 하나님은 말씀하신다.

"무릇 마음이 가난하고 심령에 통회하며
나의 말을 인하여 떠는 자
그 사람은 내가 권고하려니와"(사 66:2).

자신이 무가치한 존재임을 진심으로 느끼는 것은 하나님이 우리의 영혼 안에 행하시는 일이다. 그것은 그분 보시기에 기쁘신 일이다. 그분을 근원으로 인정하기 때문이다. 토머스 맨턴(Thomas Manton)의 말을 인용하자면, "최고의 하나님의 사람들은 자신을 싫어했다. 첨탑의 꼭대기가 그렇듯이 우리도 절대로 최고 위치에 있지 않다." 그러니 낙심하지 말고, 당신이 사물을 실체대로 보고 있다는 사실에 오히려 위안을 얻으라. 하나님은 우리에게 빚진 것이 하나도 없지만 우리는 모든 것을 그분께 빚진 자다. 우리가 그것을 아는 것은 지극히 당연한 일이다. 로버트 머레이 맥체인(Robert Murray M'cheyne)의 자세가 그랬다. 그는 "오, 참되고 거짓 없는 겸손이여! 나는 내가 겸손해야 할 이유가 있음은 알지만 그 이유는 절반도 모른다. 나는 내가 교만하다는 것은 알지만 그 교만은 절반도 모른다"고 말했다.

은혜 아래 하나님의 청지기인 모든 사람들도 이 땅의 남은 삶 속에서 날마다 그런 정신으로 나가, 하나님이 명령하신 일을 수행하기를 바란다. 하나님이 그렇게 되게 해주시기를 기도한다.

청지기로 산다는 것   Totally Committed to Christ

세상의 눈으로 보기에 최고의 연예인, 운동선수, 정치가, 군 지도자들은 도도하고 자신감이 넘치며 자신을 자랑하는 사람들이다. 또한 겸손은 나약함, 자신감 부족, 초라한 자존감 따위의 표시다. 그러나 하나님이 보시기에 그리스도인들이 자신과 자신의 성취에 대해 자만하는 것은 가증한 것이다. 그것은 당신의 삶과 재능과 성공이 모두 전능하신 하나님의 과분한 은혜 덕분이라는 것을 고의로 인정하지 않는 것이기 때문이다. 반면 그리스도를 닮은 겸손은 그분이 자신의 종들에게서 간절히 보기 원하시는 의복이자 장신구다.

오만은 늘 더러운 곳에 자라는 잡초와 같다.
– 조지 스위노크(George Swinnock)

교만은 주님이 미워하시는 죄다. 그분을 가장 대적하는 죄이기 때문이다. 다른 죄들은 하나님의 율법을 대적하지만 이 죄는 그분의 존재와 주권을 대적한다.
– 스피로스 조디아테스(Spiros Zodhaites)

삶을 바꾸는 질문   Totally Committed to Christ

1. 하나님을 향한 그리스도인의 섬김에 교만이나 자기 만족이 들어설 자리가 있는가? 이사야 6장 1-9절, 66장 1-2절, 로마서 12장 3절, 빌립보서 3장 1-16절을 읽고, 당신의 대답을 뒷받침해주는 이유를 이 본문들이나 그 밖의 성경 구절에서 최대한 많이 찾아보라.

2. 로마서 12장 3절에서 바울은 "하나님께서 각 사람에게 나눠 주신 믿음의 분량대로 지혜롭게 생각"해야 한다고 말한다. 그가 말하는 "믿음의 분량"이란 무슨 뜻인가? 그리고 그것은 당신 자신을 보는 시각에 어떤 영향을 미

치는가?

3. 누가복음 12장 35-37절, 17장 7-10절, 마태복음 25장 14-23절, 로마서 11장 2-22절을 읽고 다음 물음에 답하라.

   1) 당신이 하나님을 충성스럽게 섬긴다고 해서 그분이 당신에게 무엇인가 갚으셔야 한다는 것이 가능한 일인가?

   2) 하나님은 당신이 그분을 섬기는 것을 몰라주시는가?

   3) 당신은 하나님께 드리는 자신의 섬김에 만족해도 되는가?

4. 마틴 로이드 존스 박사는 "우리는 스스로의 겸손에 대해 교만해질 수 있다. 사실 다른 사람들에게 겸손한 인상을 남기려고 한다면 우리는 언제나 교만해질 수밖에 없다고 생각한다"고 말한 바 있다. 이것은 당신이 경계해야 할 일인가?

기도하기   Totally Committed to Christ

1. 하나님을 위한 당신의 삶과 섬김에 있어 당신의 교만과 자기 만족의 죄를 그분께 자백하라.

2. 바울이 빌립보서 2장 3-8절에서 말한 그리스도의 마음을 당신에게 주시도록 기도하라.

가이드 시리즈의 활용법

이 책은 가이드 시리즈 중에서 가장 최근에 나온 것이다. 이 시리즈에는 전도서, 욥기처럼 성경을 책별로 다룬 것도 있고 창조, 그리스도인의 위로처럼 적절한 주제들을 다룬 것도 있다. 시리즈의 목적은 기독교 신앙을 솔직하고 읽기 쉽게 전달하여 믿음을 삶 속에서 실천하는 것을 격려하는 데 있다.

가이드 시리즈는 하나님 말씀을 더 깊이 공부하도록 돕고자 각 책의 장들이 비교적 짧고 간결하며, 매 장 끝에 개인 공부나 그룹 토의를 위한 질문이 실려 있다.

가이드의 혁신적이고 흥미로운 특징은 자체 웹사이트와 연결되어 있다는 점이다. 웹사이트의 도움으로 당신은 하나님 말씀을 직접 탐구할 수 있을 뿐 아니라 책과 관련된 질문도 올릴 수 있다. 당신 자신의 질문에 대한 답변은 물론 다른 독자들에게 주는 일부 답변들도 함께 볼 수 있다. 웹사이트 주소는 www.evangelicalpress.org/TheGuide이다. 사이트에 들어가서 페이지 상단의 'select' 버튼만 클릭하면 질문을 올리고 싶은 책을 선택할 수 있다. 웹사이트 책임자이자 「골로새서와 빌레몬서(Colossians and Philemon)」 저자인 마이클 벤틀리(Michael Bentley) 또는 하나님 말씀에 대한 이해와 경험과 주님의 영광을 위하여 일하는 헌신을 기초로 선발된 다른 사람들이 당신의 질문에 답변해줄 것이다.

다른 책들도 가이드 시리즈로 더 출간될 예정이다. 대화식 웹사이트의 긍정적인 반응과 대중화에 힘입어 앞으로도 이 일이 지속되기를 바란다.

이 책이 자극이 되어 당신이 기독교 신앙을 더 깊이 생각하게 되고, 여기서 도움과 격려를 얻어 – 하나님 말씀의 공부를 통하여 – 당신에게 그리스도인의 삶이 생활화되었으면 하는 것이 편집진의 소망이다. 우리는 복잡다단한 시대를 살고 있다. 하나님의 영광을 추구하는 우리에게 방향을 알려주고 실제적인 격려를 들려줄 하나님의 말씀이라는 확실한 나침반이 필요하다.

Totally Committed to Christ

내 죄 속해주신 주께 힘과 정성 다하니
나의 온갖 언행심사 주를 위한 것일세.
내게 있는 모든 것을 주를 위해 바치리.
내게 있는 모든 것을 주를 위해 바치리.

나의 손과 발을 드려 주의 명령 행하고
오직 주만 바라보며 주만 찬양하겠네.
항상 주를 찬송하며 주께 바치오리다.
항상 주를 찬송하며 주께 바치오리다.

내가 주를 바라보니 나의 영혼 밝아져
십자가를 지신 주만 항상 바라봅니다.
십자가를 바라보며 주만 따르오리다.
십자가를 바라보며 주만 따르오리다.

신기하고 놀랍도다 영광스런 왕의 왕
나를 친구 삼아주사 편히 쉬게 하시네.
주의 날개 아래 숨어 영원 안식 얻겠네.
주의 날개 아래 숨어 영원 안식 얻겠네.

— 메리 D. 제임스(Mary D. James, 1810-1883)

Totally Committed to Christ

선한 청지기로 살아가라

1쇄 인쇄 2009년 11월 20일
3쇄 발행 2017년 1월 20일

지은이 브라이언 러셀
옮긴이 윤종석
펴낸이 고종율

펴낸곳 주)도서출판 디모데 〈파이디온선교회 출판 사역 기관〉
등록 2005년 6월 16일 제319-2005-24호
주소 서울특별시 서초구 서초대로 141-25(방배동, 세일빌딩)
전화 마케팅실 070) 4018-4141
팩스 마케팅실 031) 902-7795
홈페이지 www.timothybook.com

값 12,000원
ISBN 978-89-388-1450-0 03230
ⓒ 주)도서출판 디모데 2009 〈Printed in Korea〉